NO TE ARREPIENTAS

José Javier Esparza

NO TE ARREPIENTAS

35 RAZONES PARA ESTAR ORGULLOSO
DE LA HISTORIA DE ESPAÑA

la esfera de los libros

Primera edición: febrero de 2021
Sexta edición: mayo de 2021

Avenida de San Luis, 25
28033 Madrid
Tel.: 91 296 02 00
www.esferalibros.com

ISBN: 978-84-1384-014-7
Depósito legal: M. 30.688-2020
Fotocomposición: J. A. Diseño Editorial, S.L.
Impresión y encuadernación: Anzos
Impreso en España-*Printed in Spain*

ÍNDICE

III
LAS HAZAÑAS

IV
LA CIVILIZACIÓN

Para Clara.

INTRODUCCIÓN

MORDER CABEZAS DE SERPIENTE

Este es un libro pensado para ti. Y para tus padres. Y para tus abuelos. Para ti, porque nada de lo que aquí se cuenta te lo van a enseñar en el colegio. Para tus padres, porque probablemente les habrán enseñado todo lo contrario. Y para tus abuelos, porque tal vez un día conocieron muchas de estas historias, pero desde hace medio siglo les están diciendo que tienen que avergonzarse de ellas. Y no, no hay que avergonzarse de ser español. No hay que arrepentirse de la huella que España ha dejado en la Historia. Al revés, hay sobradas razones —por lo menos, treinta y cinco— para estar muy orgullosos de la Historia de España.

Por supuesto, nuestro suelo ha dado una buena porción de criminales, fanáticos, ladrones y bárbaros. Claro que sí. Como todos los pueblos del mundo, porque los humanos estamos hechos en todas partes de la misma pasta. Nadie es mejor por ser español, ruandés o noruego. Pero, en el otro plato de la balanza, nuestros antepasados han hecho cosas maravillosas, cosas que cambiaron el curso de la historia, también cosas que hicieron del mundo un lugar más habitable; cosas que nos pertenecen porque son la herencia que nos han dejado y a las que no deberíamos renunciar porque, sin ellas, ¿quiénes seríamos? ¿Simples contribuyentes, simples votantes, simples consumidores de Netflix, intercambiables unos por otros? Es decir, ¿nadie?

Fueron españoles los que dibujaron el mapa del mundo abriendo el Atlántico, primero; dando la vuelta al globo después y, en fin, conquistando el océano Pacífico. En España nació el primer parlamento de Europa y también los primeros estatutos de ciudades libres. España fue la primera —y, durante mucho tiempo, la única— en prohibir que se esclavizara a los vencidos y en dictar leyes para protegerlos, y también la primera en traducir la religión propia a las lenguas de los conquistados. En España nació el germen de lo que luego conoceríamos como derechos humanos. Y las primeras formulaciones modernas de la economía. España organizó la primera expedición científica internacional y la primera campaña de vacunación en tres continentes. España alumbró la primera gramática de una lengua moderna. España fue el primer país de Europa que abandonó esa horrible práctica de quemar brujas. España revolucionó las artes con la impronta de sus «siglos de oro». Y otras muchas cosas más que en este libro vamos a ver una por una. ¿De verdad quieren que renunciemos a ellas?

Los episodios que aquí vamos a contar no son desconocidos. Pero sí han sido, con frecuencia, olvidados, silenciados o deformados. Toda nuestra historia padece desde hace mucho tiempo esa lacra de la deformación sistemática. En buena parte, porque vivimos de tópicos elementales que tienen poco que ver con lo que realmente ocurrió y que, sin embargo, se han tomado por verdades inquebrantables. ¿Ejemplos? Miles.

En los manuales de Bachillerato españoles aún se enseña esa superchería según la cual la gente, en la época de Colón, pensaba que la Tierra era plana y solo el navegante fue capaz de sacar al mundo de su error. No es verdad: todos los europeos cultos del siglo XV —y desde mucho antes— sabían perfectamente que la Tierra es una esfera. Lo interesante es constatar de dónde viene el tópico terraplanista: de un libro escrito en 1828 por el neoyorquino Washington

Irving (*La vida y viajes de Cristóbal Colón*) en el que, para defender la superioridad del mundo moderno sobre la Europa medieval, se inventaba la burda patraña. Burda, sí, pero sugestiva, porque ¿quién no desea ser superior a las generaciones precedentes? Y así sigue difundiéndose hoy la misma mentira.

Por lo mismo, hoy es común la convicción del «secular atraso científico y tecnológico de España». O sea que hemos dado al mundo muchos valientes, sí, pero científicos muy pocos, tal vez por algún tipo de tara en el ADN nacional. Al parecer, nadie consideró oportuno preguntarse cómo un país pudo ser la primera potencia mundial entre los siglos XVI y XVII, construir barcos cada vez más perfectos, trazar rutas marítimas en dos océanos, sembrar América de enormes edificios y ganar batallas en cualesquiera escenarios, y hacer todo eso careciendo de ciencia y de técnica. Una vez más, no es verdad. Por poner solo cuatro ejemplos, Francisco Hernández inventó la taxonomía moderna en 1576, Jerónimo Muñoz describió la supernova de 1572, Jerónimo de Ayanz creó la primera máquina de vapor en 1606 y Félix de Azara teorizó la evolución de las especies en 1800 antes que Darwin. Pero en España, desde principios del siglo XIX, rige el tópico del «secular atraso científico», y los historiadores, copiándose unos a otros, lo han convertido en verdad inquebrantable, por más que estudiosos actuales como García Tapia se esfuercen en sacar documento tras documento para demostrar lo contrario.

¿Más tópicos? El genocidio, claro. Ese brutal genocidio que España habría ejecutado sobre los indígenas de América. Es fascinante, porque uno ve hoy la América hispana y constata que hay decenas de millones de indios y, aún más, de mestizos. ¿Cómo es compatible eso con la tesis del genocidio? Y sin embargo, ahí tenemos a no pocos españoles denunciando, indignados, el tal genocidio al lado de ciudadanos de evidente origen indio y que suelen llevar apellidos como Martínez o Gómez, sin que la manifiesta incongruencia les incomode lo más mínimo.

Dejemos aquí la lista de disparates, porque todos ellos van a explicarse por lo menudo en las páginas que siguen. Quedémonos con lo esencial: los españoles hemos dejado que nuestra historia se deforme hasta lo grotesco, hemos aprendido a odiarla —y a odiarnos— y eso se debe a una acumulación de causas en la que sería prolijo entrar, pero que van desde la holgazanería de una historiografía oficial demasiado dependiente de las simplificaciones del siglo XIX hasta la boba sumisión a las versiones hostiles difundidas desde el extranjero, pasando por la conveniencia política de unas elites que no han dudado nunca en poner la historia común al servicio de sus ambiciones particulares. Política, sí. Porque la Historia es un campo de batalla, lo ha sido siempre y nada se gana ocultándolo. También este es, por supuesto, un libro de batalla.

Es fácil entenderlo: quien controla el pasado, o sea, quiénes somos y de dónde venimos, controla el presente, o sea, adónde queremos ir. Hablemos claro: en España, desde hace muchos años, el relato sobre quiénes somos y de dónde venimos lo controla una gente que tiene bastante poco interés en eso que se llama «identidad nacional». Unos, mayormente a la derecha, porque sueñan con un mundo transparente de individuos disueltos en un gran mercado mundial. Otros, mayormente a la izquierda, porque aspiran a dibujar un país de nueva planta según sus particulares convicciones. Y aun otros, en fin, porque ambicionan crear su propia identidad nacional, como es el caso de los separatistas. Los unos por los otros, el resultado es que una parte importante de los españoles de hoy sienten vergüenza de su propia historia, es decir, de sí mismos. Y así nos va. Porque, del mismo modo que ninguna persona puede vivir odiándose a sí misma, so pena de volverse loca, tampoco ningún pueblo puede vivir odiando su pasado y su propia existencia. ¿O lo que se pretende es volvernos locos?

Nietzsche cuenta en su *Así habló Zaratustra* una escena bastante truculenta que viene como anillo al dedo para nuestro caso. Paseaba Zaratustra por el campo cuando halló a un labrador en serios apuros: una negra serpiente se le había deslizado dentro de la boca y clavaba sus colmillos en la garganta del desdichado, que apenas podía hacer otra cosa que implorar auxilio con ojos de espanto. Zaratustra se dirigió al campesino y le increpó con palabras parecidas a estas: «¿Por qué gimes? ¡Muérdela! ¡Muérdele la cabeza y escúpela lejos!». El campesino mordió la cabeza de la serpiente y así se liberó. Hoy, en Europa en general y en España en particular, da la impresión de que una negra serpiente que se llama culpa nos ha atenazado la garganta mientras, a nuestro alrededor, un coro de lémures grita «¡Arrepiéntete!». Pues bien: muérdela; muerde esa cabeza de la culpa histórica y escúpela lejos. Porque toda esa gente que vivió en tu suelo, que se llamaba con tu nombre, que tenía tu misma cara, escribió hazañas asombrosas. No te arrepientas. Hay razones de sobra para que estés orgulloso de la Historia de España.

I

LAS RAÍCES

1
ROMA SOBREVIVIÓ EN NOSOTROS

Máximo Décimo Meridio, el «Hispano» de *Gladiator*, la película de Ridley Scott, nunca existió. Pero podía haber existido. Y precisamente por hispano.

Quizá no lo sepas, porque en las escuelas ya apenas se enseña el latín y hoy la palabra «latino» se aplica sobre todo a los hispanoamericanos de Estados Unidos, pero tú eres romano. Enteramente romano. De todas las naciones que Roma alumbró, solo dos conservan su nombre romano: Italia, su madre, y España, su hija. Roma creó Hispania. Aquí, por supuesto, había gente antes de que llegaran los romanos, pero fue Roma la que concibió la península como una unidad, la que implantó entre nosotros una lengua única; fue Roma la que creó una estructura administrativa y jurídica, y a través de Roma nos llegó la religión que muy pronto se convirtió en seña de identidad de los hispanos: el cristianismo.

Roma hizo Hispania. Convirtió a los celtas, íberos, celtíberos y vascones en hispanorromanos. Hispania, por su parte, dio a Roma emperadores, filósofos, guerreros, docentes. Gracias a aquella unidad, hoy podemos reconocer la historia de Roma como nuestra propia Historia. Y España, después, llevó a Roma por todas partes con una lengua, el español, hijo del latín, y una religión, la cristiana, que había hecho de Roma su sede, y al otro lado del mar construyó un mundo que no fueron colonias, sino virreinatos, igual que las colonias romanas fueron provincias. ¿Hay alguien más romano que nosotros? Aunque sea una torticera falacia francesa, no deja de haber algo de verdad en eso de que a Hispanoamérica le hayan puesto el nombre de Latinoamérica. Porque, por la romanidad de España, los hispanoamericanos son nietos del Lazio. Así que no deja de ser justo que hoy, en la lengua de los medios de comunicación, «latino» e «hispano» sean sinónimos. Después de todo, así fue.

ASÍ EMPEZÓ TODO

Hispania entra en la Historia en el contexto de las guerras púnicas, es decir, el largo conflicto entre Roma y Cartago por el control del Mediterráneo occidental. Estamos en el siglo III a.C. Los comerciantes cartagineses trafican en la península sin que nadie les moleste. Cartago es una colonia construida por los fenicios en el norte de África, lo que hoy es Túnez. Era un reino poderoso y rico, con una flota extraordinaria; una oligarquía comercial de costumbres pacíficas cuyo ejército estaba constituido fundamentalmente por mercenarios de otros pueblos. ¿Pacífico? Sí, pero contaba entre sus costumbres el sacrificio ritual de niños.

Ahora bien, pronto apareció una inesperada potencia hacia levante: Roma. Cartago y Roma entraron en conflicto por la posesión de Sicilia; fue la primera guerra púnica. Habría tres. En una de ellas, los romanos desembarcaron en la península ibérica. El primer romano que puso el pie aquí fue Cneo Cornelio Escipión, en 218 a.C., cuando tomó tierra en Ampurias, Gerona. Las guerras entre romanos y cartagineses duraron más de un siglo, desde 264 hasta 146 a.C. Roma ganó siempre. Cartago quedó borrada de la Historia.

Vencida Cartago, Roma se asentó en la península. El modelo romano de dominación consistía en ir suscribiendo pactos con los pueblos que las legiones encontraban por el camino. Por eso los ejércitos de Roma en Hispania incluían nutridos contingentes de hispanos. Son muchas las ciudades que pasaron a la esfera política de Roma por propia iniciativa. Y los romanos, por su parte, establecieron su sistema de poder pactando siempre que fue posible con las oligarquías locales.

Por supuesto, no siempre fue posible el pacto: si fue relativamente fácil la romanización del sur y del este, por el contrario resultó muy costosa la sumisión del interior y del norte. Lusitanos, celtas, celtíberos, astures y cántabros plantarán cara a las legiones, frecuentemente hasta la muerte, en largas guerras que traerán de cabeza a los romanos y dejarán en la Historia los nombres de Viriato, Numancia, Calagurris o Estepa. La belicosa fama de los hispanos arranca de estos episodios. La completa sumisión de la península no se obtiene hasta la derrota de los cántabros y los astures, y eso ocurre en el año 19 a.C., es decir, casi dos siglos después de que los romanos desembarcaran en Ampurias.

Hubo resistencia, pues. Sin embargo, lo más sorprendente es la rapidez con la que los hispanos se romanizaron. Incluso en las áreas donde los celtíberos opusieron una resistencia feroz a Roma, la verdad es que, una vez vencidos e incorporados al imperio, la romanización fue rapidísima. Estrabón, que escribe en el siglo I a.C., ofrece un buen ejemplo cuando habla de los turdetanos, que ocupaban todo el valle del Guadalquivir desde Cádiz hasta Sierra Morena, y que habían resistido a Roma con el apoyo de tropas celtíberas:

> *Tienen los turdetanos, además de una tierra rica, costumbres dulces y cultivadas, debidas a su vecindad con los celtas, o como ha dicho Polibio, a su parentesco, aunque en estos últimos se da en grado menor, pues la mayoría vive en aldeas. Sin embargo, los turdetanos, sobre todo los que viven en las orillas del Betis, han adquirido enteramente la manera de vivir de los romanos, hasta*

olvidar su idioma propio. Además, la mayoría se han hecho latinos, han tomado colonos romanos y falta poco para que todos se hagan romanos. Las ciudades ahora colonizadas muestran bien claro el cambio que se ha operado en su constitución política. Llámanse «togados» a los íberos que han adoptado este régimen de vida. Los celtíberos mismos están hoy día entre ellos, aunque hayan tenido fama en otro tiempo de ser más feroces.

Los celtíberos, en efecto, fueron quienes más ferocidad desplegaron contra Roma. Pero, tras su derrota, tardaron muy poco en hacerse romanos. Es un proceso muy simple, muy común en la historia, semejante al que luego desplegará España en América: una civilización más compleja, de formas más perfeccionadas, termina siendo asumida como propia por las poblaciones invadidas. Y por mucha simpatía que nos inspiren los viejos celtas e íberos, es indudable que la civilización romana era muy superior a las que había en la península antes de la invasión.

UNA CIVILIZACIÓN

Civilización, sí. Una vez aquí, Roma crea una civilización: divide el territorio en provincias, organiza un sistema de leyes, funda colonias, construye calzadas, generaliza el uso del latín... Siguiendo un método sistemático de colonización, Roma entrega tierras en diferentes puntos de su imperio a sus legionarios licenciados; son miles los que se asientan en Hispania.

Los conquistadores no se mantuvieron al margen de las poblaciones locales. Al revés, incorporaron a la ciudadanía romana a los nativos que colaboraron con ellos. Las concesiones individuales de ciudadanía fueron especialmente numerosas a partir de las guerras civiles, cuando los bandos rivales, necesitados del apoyo de las poblaciones autóctonas, utilizaron ese privilegio jurídico como recompensa. Con estatutos jurídicos variables, la población se divide en colonias romanas, municipios y ciudades no romanas. Las colonias eran ciudades particularmente privilegiadas, porque a todos los efectos eran sujetos de derecho romano: Córdoba, Tarragona, Cartagena, Mérida, Zaragoza, Écija, Elche, Itálica... Parece que a partir de Vespasiano, hacia el 73 d.C., todas las ciudades, o muchas de ellas, pasaron a ser municipios de derecho latino. En todo caso, la mayor parte de Hispania ya era mundo romano.

Hablemos de las ciudades, que se iban a convertir en los pivotes fundamentales de la civilización. Itálica, en Sevilla, fue la primera ciudad enteramente romana fundada en Hispania, hacia el 206 a.C. Pocos años antes, Escipión había asentado a sus tropas en Tarraco, la actual Tarragona, creando allí otro importante centro urbano. Escipión el Africano había hecho romana la vieja base púnica de Cartago Nova, Cartagena. En el año 25 a.C. nació Emérita Augusta, Mérida.

Las viejas elites indígenas se romanizan por completo y pasan a constituir las nuevas oligarquías de los grandes centros urbanos. Las instituciones sociales de los hispanos se solapan con las romanas: la *fides*, la clientela, que prescribe la fidelidad a un patrón; la *devotio*, que representa la culminación de la *fides* ofreciendo la vida por el jefe... Los guerreros hispanos combaten ahora bajo las águilas de Roma. Hay casos muy famosos, como el de un escuadrón de caballería compuesto por celtíberos: se considera que el primer contingente de soldados hispanos que obtuvo la ciudadanía romana fue la Turma Sallvitana, un escuadrón de caballería originario del Alto Ebro que combatió para Roma en el sitio de Ascoli (Asculum), en Italia, en el 89 a.C.

Poco a poco, los perfiles originales del mundo prerromano van difuminándose en la nueva situación. Esto, Hispania, ya es Roma. Lo será para dar cónsules, como el gaditano Cornelio Balbo, o senadores como Julio Gallo. Lo será incluso a la hora de servir como escenario para las guerras civiles entre Mario y Sila, o entre Pompeyo y César, que tuvieron en Hispania sus episodios más sangrientos. El momento de mayor esplendor de la Hispania romana llega con la dinastía Flavia, en el siglo I d.C. El imperio romano goza de su máxima extensión. En tiempos del emperador Nerva (96-98 d.C.) se creó en el Senado un clan hispanorromano que actuó como un auténtico *lobby*. A él pertenecían, entre otros, el tarraconense Licinio Sura, el barcelonés L. Minicius Natalis y el cordobés Annius Verus, abuelo de Marco Aurelio. Su influencia fue decisiva para coronar emperador al sevillano Trajano y, después, a Adriano, que probablemente también había nacido en Itálica. Es el siglo del filósofo Séneca, nacido en Córdoba, y del pedagogo Quintiliano, nacido en Calahorra.

Aparece en la historia la conciencia hispanorromana: los hispanos son romanos de la península ibérica, tan romanos como los de Roma; no hay una mentalidad de colono, de itálico trasterrado en otro lugar, sino que ser hispano es ser romano. Su hogar, su tierra, es Hispania. Un buen ejemplo de esa sensibilidad es el poeta Marcial, que vivió en el siglo I d.C. Marcial, nacido en Bílbilis, la actual Calatayud, partió para Roma y, tras una vida llena de vicisitudes, volvió a su tierra natal, instalándose en la hacienda que le donó una admiradora. Para un romano como él, en su tierra hispana, esa era la vida ideal: «Bílbilis, orgullosa de su oro y de su hierro, a la que vuelvo tras muchos inviernos, me ha acogido haciendo de mí un labrador; aquí, indolente, cultivo con un trabajo placentero Boterdo y Platea, pues estos son los nombres que hallarás en las tierras de Celtiberia (...) De esta forma me gusta vivir y de este modo me gustaría morir». Y así de hispano murió, en efecto.

A principios del siglo III, el emperador Caracalla extendió la ciudadanía romana a todos los habitantes del imperio. A partir de aquel momento todos los hispanos libres fueron oficialmente romanos. Uno de ellos, Teodosio, llegará a emperador en el siglo IV. Será el primer emperador cristiano. Porque, para esa época, el cristianismo ya se había extendido por toda la península, y esto también iba a ser decisivo para la Historia de España.

LA HISPANIA CRISTIANA

Retrocedamos a los primeros decenios de nuestra era, unos ochocientos años después de la fundación de Roma. El imperio romano se extiende por toda la cuenca mediterránea, llega desde el Atlántico hasta el Índico y desde los desiertos de Egipto hasta los bosques de Germania. En ese conjunto, Hispania es uno de los territorios más ricos y prósperos. Ahora bien, Roma, que es una extraordinaria construcción política, sin embargo acusa en su interior fuertes convulsiones de carácter social y cultural. La religión de la Roma pagana ha perdido su vigor, el poder la ha transformado en una herramienta de legitimación imperial, y al mismo tiempo han empezado a extenderse por todo el imperio numerosos cultos venidos de distintos lugares del orbe romano. Entre esos cultos se está difundiendo uno que acaba de nacer en Judea: en tiempos de Tiberio, un hombre ha sido crucificado por el sanedrín judío; ese hombre, Jesús de Nazaret, era venerado como el Mesías y anunciaba la Buena Nueva. Sus seguidores se aprestan a extender la noticia de la Redención por todos los rincones del imperio. También en Hispania.

Los primeros cristianos mostraron muy pronto su interés por Hispania. La principal prueba es la carta de san Pablo a los Romanos, fechada en el año 58. En ella, Pablo de Tarso, que habla desde el oriente del imperio, se dirige a sus hermanos de la propia Roma, les dice que ya ha concluido su misión en aquellas tierras y les anuncia su intención de viajar a occidente, tanto a Roma como a Hispania. Lo dice exactamente así: «Ahora, como ya no tengo campo de trabajo en estos países, y hace muchos años que estoy deseando ir a vosotros, espero visitaros de paso para España; confío en que me encaminaréis hacia allí, después de haber disfrutado un poco de vuestra compañía. En este momento estoy a punto de salir para Jerusalén (...). Una vez cumplida esta misión, partiré para España pasando por vuestra ciudad».

Sabemos que Pablo, en efecto, fue a Jerusalén, y que de ahí marchó a Roma. No sabemos si llegó a venir a España. Fuentes muy remotas lo dan por hecho, pero no son definitivas. La tradición dice que Pablo desembarcó en Tarragona y algunas fuentes dan incluso el nombre de los primeros conversos, dos mujeres: Xantipa, que era la esposa del prefecto romano Probo, y su hermana Polixena.

Esta no es la única tradición sobre el origen del cristianismo español. Una de las más hermosas y duraderas es la del apóstol Santiago el Mayor. Santiago predicó en Hispania y en su periplo recibió la aparición de la Virgen a orillas del Ebro; de vuelta a Jerusalén, fue martirizado y su cadáver, después, recogido por sus discípulos y enterrado en Compostela, Galicia. Lo dicen san Isidoro de Sevilla y Beato de Liébana. Otra de las tradiciones más conocidas es la de los siete varones apostólicos enviados por san Pedro. Eran Torcuato, Tesifonte, Indalecio, Segundo, Eufrasio, Cecilio y Hesiquio. Según esta tradición, los siete varones llegaron a Acci, la actual Guadix, en Granada. De allí fue la primera conversa: Luparia, noble hispanorromana. Acosados por las autoridades, los siete apóstoles, en su fuga, cruzaron un puente. Acto seguido, el puente se hundió de manera milagrosa, salvando a nuestros amigos de sus perseguidores. La ciudad de Guadix, impresionada, se convirtió en masa: fue la primera ciudad cristiana de España. Después los siete varones predicaron en Ávila, Granada, Almería, Jaén, Murcia... San Segundo es patrón de Ávila por este motivo.

A las tradiciones hay que darles el valor que merecen: no siempre corresponden a hechos precisos, pero obedecen a una realidad histórica que hay que saber interpretar. En nuestro caso, la penetración del cristianismo en España desde el siglo I está acreditada por fuentes tempranísimas (del siglo II), como Tertuliano o Ireneo de Lyon. ¿Quiénes trajeron a España la fe de Jesús en fecha tan temprana? Durante mucho tiempo se pensó que la difusión del cristianismo vino ligada a la diáspora judía tras la destrucción del templo de Jerusalén. Hoy sabemos que no fue exactamente así. Los historiadores israelíes sostienen hoy que la diáspora fue mucho menos numerosa de lo que se creía. Por otra parte, consta que los principales agentes de difusión religiosa fueron las legiones, con sus miles de hombres venidos de todos los confines del imperio. Fueron los legionarios los que llevaron a Roma cultos del medio oriente como el mitraísmo. Y del mismo modo, parece acreditado que en Hispania fueron también los soldados quienes trajeron ese nuevo culto que anunciaba la muerte del Mesías en la cruz y la redención de todos los hombres.

En efecto, son los soldados de la Legio VII Gemina quienes transportan la buena nueva en sus petates. La difusión del cristianismo en España sigue el camino de esta legión: desde Andalucía hasta Galicia y Zaragoza, sobre el eje de la Vía de la Plata. La Buena Nueva se extiende por todas partes y en particular por las zonas urbanas. El principal impulso tiene lugar entre los siglos III y IV. Comienzan igualmente las persecuciones y martirios. El primer martirio del que tenemos constancia documental tuvo lugar en el anfiteatro de Tarragona el 21 de enero del año 259: fueron quemados vivos el obispo Fructuoso y los diáconos Augurio y Eulogio. Pronto se les sumarían otros mártires: los niños Justo y Pastor en Alcalá de Henares, santa Justa y santa Rufina en Sevilla, san Vicente en Valencia…

El martirio forma parte esencial de la primitiva historia cristiana y es, además, el principal testimonio histórico del vigor religioso, social y cultural del cristianismo en la Roma de los siglos III y IV. ¿Por qué se martirizaba a los cristianos? Los cristianos morían por su fe, pero Roma los perseguía por razones políticas. El punto clave era este: reconocer la naturaleza divina del emperador. En el sistema imperial romano, el emperador se atribuía la misma naturaleza que los dioses. Hubo emperadores que interpretaron esta identificación como una metáfora política, pero también los hubo que se lo tomaron a pies juntillas y, en consecuencia, exigieron una sumisión ya no política, sino religiosa. Los cristianos, dispuestos a dar al césar lo que era del césar y a Dios lo que era de Dios, no podían dar al césar lo que era de Dios. Hay que decir que en esto los cristianos no estuvieron solos: otras escuelas del espíritu, como por ejemplo los estoicos, siguieron el mismo camino que inauguraron Pedro y Pablo, ajusticiados por Nerón.

Pero en Hispania el cristianismo proseguirá su expansión. Un acontecimiento fundamental fue el Concilio de Iliberis (Elvira, en Granada), a principios del siglo IV, que en ochenta y un cánones despliega la ley eclesiástica más antigua que conocemos sobre el celibato del clero y la institución de las vírgenes consagradas a Dios. En Roma, por su parte, es proclamado emperador Constantino I el Grande, cuyo Edicto de Milán, en 313, legaliza la religión cristiana. Constantino convoca además, ya en 325, el primer Concilio de Nicea, que otorgó al cristianismo plena legitimidad. En este Concilio de Nicea, un obispo español, Osio de Córdoba, consejero de Constantino, preside la primera definición doctrinal del Credo, que sigue vigente en nuestros días.

Llegamos así al primer emperador cristiano, Teodosio, un hispano cuya cuna se disputan Sevilla y Segovia. Un tipo de carácter muy vehemente, buen soldado y muy puntilloso con sus deberes, al que tocó lidiar con un imperio ya caótico y en descomposición. Teodosio hizo del cristianismo la religión oficial del imperio, Hispania incluida. Y a partir de ese momento, toda la historia de España va a ser inseparable del cristianismo. Lo será en la Roma agonizante, en el reino visigodo, en la reconquista contra el islam, en la unificación de los reinos peninsulares, en el descubrimiento y evangelización de América y Filipinas, en el imperio donde no se ponía el sol y, aun después, en el mundo hispano donde el sol se puso. Y esa religión, que era la de Roma, se anunciaba en una lengua hija del latín.

¿Hay razones para estar orgulloso de este linaje tan romano? Claro que sí: Roma, con sus excesos y sus crueldades, fue la matriz de lo que luego se llamará Occidente. Y es hermoso saber que España, hija de Roma, llevó la herencia de su madre por todas partes. Hasta en el nombre.

2

EL ESPLENDOR VISIGODO

En algún lugar de la costa norte de Galicia, año 613. El rey Sisebuto prepara una expedición anfibia contra los rebeldes que esquilman los campos en las tierras de los vascones. Son tiempos difíciles: una serie de eclipses recientes ha azuzado el temor popular; supersticiones, malos augurios. Entre los preparativos de la campaña, Sisebuto encuentra tiempo para escribir al sabio Isidoro. Lo hace en hexámetros latinos. El rey es claro: los eclipses no son cosa de hechicería, sino que se producen porque los planetas, en su órbita elíptica, cruzan de vez en cuando sus esferas, y por eso ocurre a veces que la luna tapa al sol. ¿Quién dijo que los antiguos creían que la Tierra era plana?

Alguna vez, en este suelo que pisas, pasó a caballo una tropa de guerreros germanos como los que ahora ves en las películas. No eran extranjeros: eran de aquí, como tú. Y tampoco eran solo guerreros: había sabios, santos, poetas, arquitectos, incluso astrónomos. La primera vez que alguien escribió una alabanza de España así, con ese nombre, *Laus Hispaniae*, fue a principios del siglo VII, cuando aquí gobernaban los visigodos. La firmó san Isidoro de Sevilla y, entre otras cosas, decía esto:

De todas las tierras existentes desde el Occidente hasta la India tú eres, España, piadosa y madre siempre feliz de príncipes y de pueblos, la más hermosa. Con razón tú eres ahora la reina de todas las provincias, de ti no solo el ocaso sino también el Oriente reciben su fulgor. Tú eres el honor y el ornamento del orbe, la más célebre porción de la tierra, en la que se regocija ampliamente y profusamente florece la gloriosa fecundidad de la estirpe goda. Con razón la naturaleza te enriqueció y te fue más benigna con la fecundidad de todas las cosas creadas. Tú eres abundante en frutos, rica en uvas, dichosa en cosechas; te cubres de mieses, gozas la sombra de tus olivos y te ves coronada de vides (…). Tú eres fecunda en ríos caudalosos y fulva por los torrentes auríferos; tú tienes la fuente engendradora de caballos, a ti te brillan con la fuerza de los colores tirios las lanas teñidas con púrpura indígena, a ti se te enciende con brillo semejante al del sol la piedra fulgurante en las oscuridades recónditas de los montes. Y, además, eres rica en hijos, en gemas y en púrpura, a la par que fértil en gobernantes y genios de imperios, y eres tan opulenta en realzar príncipes como dichosa en engendrarlos.

Nada menos. Pero san Isidoro tenía sus razones. Cuando toda Europa caminaba fatalmente hacia la fragmentación de lo que un día fue el imperio romano y la dispersión del poder público, en España apareció, por primera vez, un estado independiente que se reconocía a sí mismo en la palabra Hispania, ocupaba todo el solar de la península ibérica y buscaba conscientemente la unificación de todos sus súbditos en lo político, lo jurídico y lo religioso. Aquella primera España era precisamente la del reino visigodo de Toledo. Porque los visigodos fundaron España como unidad política.

LA EPOPEYA DE LOS GODOS

Situémonos. Corrían los años centrales del siglo VI. En aquel tiempo, Francia eran tres reinos (Austrasia, Neustria y Burgundia), Inglaterra eran siete (Mercia, Wessex, Northumbria, etc.), Italia se había roto antes de quedar subsumida en el imperio bizantino y Alemania no era todavía un nombre. Pero en España ya había un reino que se llamaba así. Esa fue la gran obra de los visigodos, el único pueblo germánico que en aquel tiempo logró crear un estado viable. Es verdad que, al final, todo acabó en desastre. Y sin embargo, por el camino nos dejaron cosas asombrosas: códigos de leyes, descripciones de eclipses solares, una población altamente alfabetizada para la época, la memoria de la sabiduría aristotélica, una arquitectura prometedora, un estado unificado... Cosas de las que no solo san Isidoro debería sentirse orgulloso.

Casi nada saben los españoles de hoy sobre el mundo visigodo. Ni siquiera la tediosa lista de reyes que los niños de antaño aprendían para olvidarla al día siguiente. Todo lo más, las irreales estatuas que observan, mudas, a los turistas japoneses en la Plaza de Oriente de Madrid. Lo cual es muy injusto, porque la epopeya de los visigodos, de nuestros visigodos, es digna de un poema épico.

Érase una vez, a principios de nuestra era, un legendario caudillo tribal llamado Berig que abandonó sus tierras escandinavas con un tercio de su pueblo. Eran los godos. Marcharon porque no había comida para todos. Marcharon y siguieron marchando. Se instalaron primero en la orilla del sur del Báltico, en lo que hoy es Polonia y Bielorrusia. Los godos viajaron después más al sur, hasta las actuales Ucrania y Rumanía, entre los ríos Dniéper y Dniéster, a orillas del Mar Negro. Allí se dividieron: al este quedaron los ostrogodos, al oeste los visigodos. Unos y otros se vieron empujados por la marea formidable de los hunos allá por el año 375. Incapaces de frenar la ola, pidieron auxilio a Roma: que les dejara instalarse dentro del imperio. Y Roma accedió, pero en condiciones tan crueles que los godos se rebelaron. El oriente del imperio romano ardió.

Los visigodos, hasta entonces desunidos, terminaron eligiendo a un caudillo: Alarico. Con este al frente estuvieron en condiciones de saquear Roma en 410. Siguió una época de pactos y desencuentros, de guerras y treguas, hasta que los visigodos obtuvieron de

Roma lo que buscaban: una tierra donde instalarse. Fue en el sur de la Galia, es decir, lo que hoy es Francia. A estas alturas, los visigodos ya eran el pueblo germánico más romanizado de todos cuantos entraron en las fronteras del imperio. Quizá por eso el servicio que Roma les encargó fue frenar a los otros pueblos germánicos que habían entrado en España: vándalos asdingos y silingos, suevos, alanos... Así los visigodos extendieron su influencia a buena parte de la península ibérica, aunque siempre desde su capital en Toulouse. Y en la Galia habrían permanecido de no ser porque, en el año 507, otros germanos que se habían instalado en el norte de Francia, los francos (que de ellos viene el nombre), los echaron de allí. Fue la batalla de Vouillé. A los visigodos solo les quedó una pequeña parte del sur de Francia que conservarían hasta el final. Necesitaban otra tierra. ¿Cuál? Hispania, España. Y así, cambiando su historia, cambiaron la nuestra.

Los godos, que ya habían ido entrando en la península, empezarán a llegar ahora en masa. Primero los guerreros; después, sus familias y el conjunto de sus clanes. ¿Cuántos eran? Se calcula que, en total, el número de visigodos que se estableció en España, en sucesivas oleadas, podría rondar los doscientos mil. No se extendieron de forma homogénea: se instalarían sobre todo en la meseta, dentro del triángulo Palencia-Toledo-Sigüenza (lo que más tarde se llamará Campos Góticos), y también en el entorno de La Rioja y La Bureba. El resto de la península seguiría siendo netamente hispanorromano. El contrato estaba claro: los visigodos asegurarían el orden político y militar en un país donde las viejas oligarquías hispanas seguirán llevando la voz cantante en lo económico y lo social. A partir de 531, con el rey Teudis, su capital se fija definitivamente en Toledo. Nace así un reino singular, con dos caras: una mayoría de población hispanorromana, de religión católica, que además controla la administración heredada del imperio, y una minoría germánica, de religión cristiana arriana —la herejía de moda en el siglo v— a la que corresponde el poder regio y la fuerza militar.

La distinción era tan neta que cada comunidad se regía por su propio derecho.

Esto no era aún un reino unificado. Para empezar, el territorio de la península estaba ostensiblemente fragmentado. En el noroeste se había consolidado el reino de los suevos, uno de los pueblos germánicos que había irrumpido en Hispania un siglo atrás. En el sureste mandaba el imperio bizantino, que controlaba una extensa región desde Elche hasta Cádiz. Para colmo, en el interior había anchos territorios que vivían en un estatuto de independencia de hecho: Sabaria en Zamora, Córdoba, Orospeda entre Jaén y Albacete... Por no hablar de las áreas nunca controladas al norte de la cordillera cantábrica. Así que a la fragmentación social, cultural, religiosa, jurídica y política había que sumar esta otra fragmentación territorial. Pero muy pronto eso iba a cambiar.

CÓMO CREAR UN REINO

En efecto, lo que le faltaba al reino de los visigodos para ser un reino cohesionado era poder unir a las dos comunidades —la hispanogoda y la hispanorromana— y controlar todo el territorio, y este es el proceso que van a promover una serie de figuras fundamentales. Primero, el rey Leovigildo, entre 572 y 586. Leovigildo consolida la capital del reino en Toledo, pacifica la península derrotando a sus enemigos y es el primer rey que usa corona y cetro. Esto es muy importante porque, hasta este momento, los reyes visigodos todavía eran, sobre el papel, tributarios del imperio romano: de él les venía su legitimidad. Por el contrario, usar corona y cetro equivalía a mandar a Roma un mensaje inequívoco de independencia. Pero además y quizá sobre todo, Leovigildo promulgará la primera ley sobre matrimonios mixtos, entre godos e hispanorromanos. Esto fue una revolución para aquel momento, porque hasta entonces ambas comunidades seguían jurídicamente separadas. Ahora comenzaba la fusión.

Aún persistía un fuerte elemento de separación que era el religioso: la distinción entre católicos y arrianos. Porque los visigodos, cuando se convirtieron al cristianismo dos siglos atrás, lo hicieron según la doctrina de Arrio, la cual defendía —y explicado muy sumariamente— que Jesús era hijo de Dios, pero no Dios mismo. El arrianismo era en aquel momento tolerado en Roma, pero enseguida fue declarado herético. ¿Por qué los visigodos siguieron siendo arrianos, a pesar de ello? Por razones fundamentalmente políticas: todos los pactos suscritos por los visigodos con Roma otorgaban beneficios en la medida en que eran, precisamente, visigodos, y la singularidad religiosa era parte fundamental de su identidad de grupo. Ahora bien, esta singularidad, una vez llegados a España y puestos en la tesitura de construir un reino sobre una población muy mayoritariamente católica, se convirtió en un problema de dimensiones brutales. El asunto creará un conflicto feroz entre Leovigildo, arriano, y uno de sus hijos, Hermenegildo, convertido al catolicismo; tan feroz que el episodio terminará con la ejecución de Hermenegildo, que será beatificado después. Pero el paso lo dará otro hijo de Leovigildo, Recaredo, el heredero del trono, cuando decida convertirse al catolicismo. Fue el 6 de mayo de 589. Y fue otra revolución, porque el mapa político de aquella España cambió de un plumazo.

Aquí hay que hablar de un gran godo que estaba en aquel concilio, san Isidoro de Sevilla (ese de cuya *Loa* hablábamos líneas arriba), personaje fundamental que muestra hasta qué punto los visigodos habían recogido el legado de Roma. San Isidoro (560-636) fue uno de los mayores sabios universales de su tiempo: el último de los grandes filósofos antiguos y el último gran padre de la Iglesia. Dominaba el latín, el griego y el hebreo. Enseñaba filosofía aristotélica en Sevilla mucho antes de que llegaran a España los árabes, a los que se atribuye el redescubrimiento de Aristóteles. Su obra cumbre, las *Etimologías* (veinte libros de los que las *Etimologías* propiamente dichas son solamente el décimo), fue la más reproducida en la Edad

Media, después de la Biblia. Cuando se invente la imprenta, hacia 1450, las *Etimologías* conocerán diez reimpresiones, diez, en el gozne de los siglos XV y XVI. Y en lo que a nosotros nos concierne, san Isidoro es un perfecto ejemplo de hasta qué punto los godos habían llegado a identificarse con España. Fue uno de los primeros en darse cuenta de que esta España ya no era la Hispania romana, sino que había nacido algo distinto. Algo a lo que él se propuso contribuir reuniendo el gran legado cultural de Roma y dando forma doctrinal a la monarquía visigótica, con la Iglesia como poder moderador y los concilios como cortes que debían aprobar la legislación del reino.

El último paso en la gran unificación fue el jurídico, la leyes, porque aún seguía habiendo dos derechos: el romano y el germánico. Y quien cambió eso, en la línea de sus predecesores, fue el rey Chindasvinto, que decidió elaborar un solo código para todos. ¿Quién le ayudó en la tarea? Braulio de Zaragoza, un sacerdote discípulo de san Isidoro. Así nació el *Liber Iudiciorum*, llamado también Código de Recesvinto, porque fue este, hijo de Chindasvinto, quien culminó la tarea en el año de nuestro Señor de 654. Y Recesvinto, de paso, introdujo una novedad fundamental: fijar el tesoro de la corona para que los reyes no pudieran aumentar sus bienes a costa de los súbditos. Un gran tipo.

En el curso de ese proceso surgen cosas realmente admirables. A despecho de la tópica imagen del rey bárbaro, siempre con la daga en una mano y, en la otra, la cabeza de un enemigo, la realidad del mundo visigodo es de una riqueza cultural admirable si la comparamos con los otros reinos germánicos de su tiempo. Las pizarras visigóticas, por ejemplo, que recogen transacciones y notas del ámbito agrario y civil, demuestran que el grado de alfabetización entre la gente de condición servil era muy elevado para la época. Las excavaciones de la ciudad de Recópolis, mandada elevar por Leovigildo en La Alcarria, ponen de manifiesto un contacto comercial y humano muy intenso con los puntos más lejanos del área mediterránea. Una carta como la del rey Sisebuto explicando a Isidoro de Sevilla por qué se producen los eclipses, en hexámetros latinos, es una pieza asombrosa: derrumba todos los tópicos sobre la ignorancia de una época supuestamente «oscura», evidencia que la elite del reino sabía que la Tierra es redonda, que las órbitas de los astros son elípticas y que algunos cuerpos celestes tienen luz propia, además de confirmar que el conocimiento de Aristóteles era relativamente común entre la gente culta de aquella España. No es exagerado hablar de esplendor visigodo.

POR QUÉ TODO SE VINO ABAJO

Junto a todas esas luces, el reino visigodo de Toledo también condensó sombras, naturalmente. El proyecto político de construcción de un Estado, es decir, de un poder público, visible en Leovigildo, Recaredo, Sisebuto, Chindasvinto y Wamba, por ejemplo, chocó permanentemente con la realidad oligárquica de un sistema donde los señores de la tierra imponían sus intereses y sus alianzas. La incapacidad para superar el esquema primitivo de la monarquía electiva hizo imposible configurar un poder público duradero. En lo social, el reino de Toledo terminó reproduciendo las mismas disfunciones que el imperio romano en su fase tardía, con la acumulación de cada vez más recursos económicos en cada vez menos manos e, inversamente, la multiplicación exponencial de la población desheredada, a la cual no le quedaba otra opción que entregarse a sus señores. En una situación así, los lazos de obediencia personal se hicieron mucho más fuertes que los vínculos de carácter político con la corona, en lo que es un claro anuncio del sistema feudal. Y sumemos a todo ello la legislación segregacionista contra los judíos, realmente obsesiva en el último medio siglo de la España visigoda, fruto de la definición política de la corona como guardiana de la fe cristiana. El resultado de todo esto fue un paisaje de inestabilidad crónica.

El resto fue una acumulación de desdichas. El reino podría haber sobrevivido a la incipiente feudalización del poder, como sobrevivieron los reinos francos o el imperio bizantino, pero no pudo soportar los estragos de la peste del año 693 en Narbona, que rápidamente se extendió hacia el sur y terminó afectando a toda la península. Hay quien calcula que más de una cuarta parte de la población hispana murió en aquel trance. Muerte, hambre, peleas desesperadas por conservar los menguantes recursos disponibles. Al final, inevitablemente, la guerra civil entre facciones opuestas por hacerse con el trono. Y al otro lado del Estrecho, un poder emergente, el califato omeya de Damasco, con la ambición de apoderarse de un país deshecho. Guadalete, año 711. Fin de la historia.

Es sugestivo imaginar qué habría podido dar de sí aquella España visigoda si no hubiera mediado aquella sucesión de calamidades que la hundió en apenas veinte años. Pero la pregunta sobre lo que pudo ser es la pregunta anti histórica por excelencia: a la Historia lo que le interesa no es lo que pudo ser, sino lo que fue. Y lo que fue es esto: la primera España. A mediados del siglo VII, Inglaterra aún no existía, Italia estaba deshecha, Francia y Alemania aún tendrían que conocer las divisiones y reconstrucciones de la herencia imperial. Pero en España, en un territorio que era prácticamente el mismo que forman hoy España y Portugal, teníamos una unidad política que era la monarquía visigótica, una unidad religiosa que era el catolicismo romano, una unidad cultural sobre la base del legado grecorromano y germánico, y además una unidad jurídica con un código común. Por eso son tan importantes los godos en la historia nacional española. Y después de ellos…

LO QUE QUEDA DE GODO EN TI

Después, dice la tradición que no todos los visigodos sucumbieron ni se rindieron al nuevo poder musulmán. Que muchos de ellos, casi indistinguibles ya del resto de la población hispana por tantos años de fusión, pudieron refugiarse en el norte, tras las montañas, como proscritos. Dice la tradición, cuidadosamente alimentada durante siglos, que uno de los que pudieron escapar se llamaba Pelayo. Este Pelayo, espatario del rey Rodrigo, logró llegar a Asturias, donde su familia tenía tierras, y allí se instaló. Añade también la tradición que otro importante visigodo halló igualmente refugio en el norte: el duque Pedro de Cantabria, el último defensor de Amaya, que tras la derrota pasó los montes hacia el norte y resistió al cobijo de las peñas.

Y dice la tradición que el gobernador moro de Gijón, que se llamaba Munuza, quiso emparentar con la nobleza local y escogió como esposa a la hermana de Pelayo, Adosinda, y que para garantizar el casorio y alejar a Pelayo lo envió al sur como rehén, y que Pelayo logró escapar y de inmediato encabezó la resistencia contra el musulmán. Y dice además la tradición que Pedro, el antiguo dux de Cantabria, levantó otro foco de resistencia. Y que Pelayo y los suyos, perseguidos por los musulmanes, terminaron encerrándose en Covadonga, donde el enemigo tuvo que retirarse porque aquello era inexpugnable. Y que, en su retirada, los musulmanes, emboscados en los desfiladeros cantábricos, sufrieron un atroz descalabro. Y que el duque Pedro y Pelayo unieron sus fuerzas y también sus linajes, y que Alfonso, hijo de Pedro, que sería Alfonso I, casó con Ermesinda, hija de Pelayo. Y que así nació el reino de Asturias.

Y dice la historia, ya no solo la tradición, que un bisnieto de Pelayo llamado Alfonso II llegó al trono de Asturias en 791 y restauró —literalmente— todo el orden gótico en palacio, tomándose a sí mismo por continuador de los reyes godos y a su reino por heredero directo del trono de Toledo. Y desde entonces los reinos cristianos de España (León, Navarra, Aragón, después Castilla) buscarán la herencia de la Hispania perdida en 711 y el linaje de la Corona de Toledo.

El reino de Toledo desapareció para siempre, pero sus códigos, convertidos en *Fuero Juzgo*, sobrevivieron hasta el siglo XIX, el concepto estético visigodo es perceptible en los grandes monumentos del prerrománico asturiano, el modelo municipal de nuestro medievo fue más godo que romano, la religiosidad isidoriana se prolongó mal que bien en la liturgia y en el mundo monástico y, mucho más a ras de tierra, la huella germánica sobrevive en apellidos tan comunes como Rodríguez, Ramírez, Ruiz, Gutiérrez, Guzmán, Álvarez o Fernández, por poner solo unos pocos ejemplos. O sea que los visigodos no murieron: como la energía, se transformaron. Se transformaron en lo que nosotros somos hoy. De algún modo, el fuego de la derrota terminó de fundir su silueta en el suelo común hispano, ese suelo donde ya había iberos y celtas y romanos. Así concluyó la historia de aquel pueblo que cruzó media Europa buscando una patria. Resulta que al final esa patria era la nuestra. La tuya.

3
EL MURO DEFENSIVO DE LA CIVILIZACIÓN EUROPEA

Decía Dominique Venner que, de todas las naciones de Europa, España es la más europea, porque es la única que ha tenido que combatir durante siglos para seguir siendo Europa. No le falta razón. Esos siglos ocupan toda nuestra Edad Media y suelen llamarse «Reconquista».

Hay mucha gente, últimamente, que pone en cuestión la propia palabra «Reconquista», que es un término acuñado en el siglo XIX. Ciertamente, es un término tan discutible como el de «Edad Media» (¿«media» de qué?) o el de «Renacimiento», igualmente inventado en el siglo XIX. Pero si nos metemos en discusiones terminológicas, tan del gusto del bizantinismo español, al final conseguiremos no entendernos.

Eso que se llama «reconquista» no es un episodio, un acontecimiento, un hecho concreto. Es más bien un proceso, una sucesión de hechos en una misma dirección. Ese proceso consistió, básicamente, en que un territorio europeo ocupado por una civilización exterior fue recuperado por la civilización previa, que era la europea cristiana. El nombre de ese territorio era Hispania, España, y por eso nuestras fuentes más antiguas (la *Crónica mozárabe* del año

754) hablan de la «pérdida de España». Así que eso que llamamos «reconquista» es, en rigor, la recuperación de la España perdida. Que no es la España-nación moderna que hoy conocemos, evidentemente, porque en los tiempos antiguos no había conceptos modernos (¿de verdad es preciso explicar esto?), pero sí la España histórica que había nacido con Roma, y esta sí es la misma que hemos heredado. Pero dejemos a un lado las discusiones terminológicas. Al final, los nombres que ponen los historiadores palidecen ante la realidad de los hechos, ante la sangre y el sudor de los hombres que los protagonizaron.

Escojamos un escenario significativo: paraje de Las Navas de Tolosa, al pie de Sierra Morena, hoy Jaén, 16 de julio de 1212. Va a librarse la mayor batalla nunca vista hasta entonces en nuestras tierras. El rey de Castilla, Alfonso VIII, ha logrado el apoyo de los reyes de Aragón, Pedro II, y de Navarra, Sancho VII el Fuerte. Además combaten en sus filas caballeros de León y de Portugal, cuyos reyes no han querido estar en la batalla, pero que no han tenido más remedio que dejar participar a sus guerreros. Y hay también caballeros de los condados catalanes. Incluso guerreros venidos de la Provenza, en Francia. Es el panorama más elocuente posible del estado de la cristiandad española en ese momento: los reinos constituidos en los siglos atrás han trazado sus propios proyectos, cada uno de ellos aspira a la hegemonía en la península, frecuentemente se combaten unos a otros y cada alianza es el prólogo de un nuevo conflicto. Esta vez, sin embargo, enfrente hay algo que compromete a todos en una causa común. Tanto que el rey de Castilla ha obtenido de Roma la proclamación de la Cruzada en tierras españolas. Por eso hay aquí, en Las Navas, caballeros de León y Portugal en las filas del rival castellano. ¿Qué es eso tan poderoso que ha logrado unir a todos en una empresa común? Un enemigo existencial: el imperio almohade.

INVASIONES AFRICANAS

Los almohades: una secta guerrera fundamentalista (hoy diríamos «yihadista») nacida en el sur del actual Marruecos y que, después de apoderarse del Magreb, ha invadido la península y domina Al-Ándalus desde medio siglo atrás. Hace tiempo que la historia de la España musulmana, de Al-Ándalus, es en realidad una sucesión de invasiones africanas. Vale la pena repasarla con un poco de detalle.

Tras la muerte del último gran califa de Córdoba, Alhakén II, el caudillo Almanzor se hizo con el poder sobre las lanzas de ingentes ejércitos bereberes venidos de África. El mundo de Almanzor se desplomó a la muerte de este en el año 1002 y Al-Ándalus tardó poco en fragmentarse en varios reinos musulmanes (las taifas) enfrentados entre sí. Pero entonces, a finales del siglo XI, llegó una invasión africana: los almorávides, una secta guerrera fundamentalista nacida entre los nómadas del Sahara. Los almorávides construyeron un gran imperio desde el estrecho de Gibraltar hasta la actual Mauritania y tardaron poco en poner sus ojos en el rico y decadente mundo andalusí. En apenas veinte años lograron dominar a los reinos musulmanes de taifas y plantar cara a los reinos cristianos del norte. Pero el imperio almorávide duró poco: la presión militar cristiana en el norte (especialmente la de Alfonso el Batallador de Aragón) y el malestar de la propia población andalusí, poco acostumbrada a los rigores islamistas que los almorávides predicaban, hicieron caer a los nuevos amos.

Hacia 1120 la España musulmana volvió a dividirse en reinos de taifas. Hasta que un nuevo poder emergió en el norte de África: los almohades, otra secta yihadista que depuso a los almorávides, se adueñó del Magreb desde Marrakech hasta Túnez y saltó a Al-Ándalus en 1147. El proyecto almohade era, sobre todo, apoderarse del rico mundo andalusí, tarea que les llevó cerca de cuarenta años. Sí: fue una guerra entre musulmanes. Pero hacia 1200, con Al-Ándalus prácticamente sometido, los almohades lograron reunir un enorme ejército para afrontar el gran reto: invadir el territorio cristiano del norte. Por eso estaban ahora allí, en el paraje de Las Navas, un 16 de julio de 1212, decenas de miles de bereberes, árabes, negros africanos y hasta kurdos, bajo la atenta mirada del califa Muhammad an-Nasir.

Muhammad ha jurado hacer la guerra a los cristianos hasta que su caballo abreve en el Tíber, el río de Roma. El juramento tiene algo de baladronada ritual, pero no cabe menospreciar la amenaza. Algunos años antes, en 1195, los almohades han desarbolado a los castellanos en la batalla de Alarcos. Si no penetraron hasta el corazón de Castilla fue por un problema logístico: los ejércitos almohades eran tan numerosos que no resultaba posible asegurar su avituallamiento en largas distancias. Hay que suponer que ahora, en Las Navas, habrán previsto ese problema. Hacía mucho tiempo que los cristianos no se enfrentaban a un problema de esa magnitud: las batallas habituales eran choques localizados por el control de una fortaleza, un paso, el cauce de un río... Nunca una invasión en toda regla con decenas de miles de hombres. ¿Cuántos? Aunque las crónicas de la época dan cifras exageradas, los historiadores calculan hoy que el contingente almohade debía de contar con aproximadamente treinta mil combatientes; para aquel tiempo, una auténtica muchedumbre. Por eso era un problema existencial: si se repetía una derrota como la de Alarcos y los almohades, esta vez sí, lograban desparramarse por La Mancha, toda la frontera cristiana saltaría por los aires desde Portugal hasta Aragón. La España cristiana retrocedería de forma angustiosa. Buena parte de la península volvería a ser musulmana.

LA ESPAÑA DE LOS CINCO REINOS

Miremos ahora el bando cristiano. ¿Qué tenían en común? ¿Por qué luchaban juntos? ¿Los españoles de la época se sentían españoles? Sin duda sí, sobre todo cuando tenían a su lado a gentes que venían del otro lado del Pirineo o de más allá del estrecho de Gibraltar. Pero sería absurdo pensar que aquellos antepasados nuestros tenían algo semejante a una «conciencia de nacionalidad»; ya no española, sino ni siquiera leonesa, navarra o portuguesa. En aquel momento, siglo XIII temprano, la conciencia de comunidad política funcionaba con otros criterios. La nacionalidad es un concepto moderno. A efectos políticos, uno pertenecía a un reino y esa pertenencia era inseparable de la relación personal de subordinación a un rey; con frecuencia, además, tal relación pasaba por el intermedio del vasallaje personal a un magnate —un conde, un obispo, etcétera—, que a su vez era vasallo del monarca. La estructura del orden medieval era así. Ahora bien, todo esto solo puede entenderse si lo ponemos en el contexto de un orden religioso. ¿Y por qué? Porque el reino del rey en la tierra era reflejo —pálido, pero reflejo al cabo— del reino de Dios en el mundo, y en eso residía su legitimidad.

En realidad, el verdadero factor de comunidad, lo que hacía que uno se sintiera parte de algo, era la religión, mucho más que el territorio y que el propio orden político. Los españoles del siglo XIII —leoneses, aragoneses, navarros, etcétera— se sentían sobre todo cristianos, y era el hecho de pertenecer a un orden cristiano lo que les confería una identidad colectiva. Eso era lo que les unía. No una cuestión «nacional», sino una cuestión religiosa, es decir, una cuestión de civilización. La civilización cristiana.

Miremos más de cerca la España de este tiempo. Hay cinco entidades políticas con corona propia: León, Navarra, Castilla, Aragón y Portugal. Todas se sentían vinculadas entre sí por distintos lazos —familiares, territoriales, de origen, etcétera—, pero no por eso van a dejar de pelearse cada vez que un conflicto surja en el horizonte. Inversamente, todas ellas ven ajena, extraña, a la España bajo poder musulmán, y ello precisamente por musulmana; por eso se considerarán con derecho a conquistarla para incorporarla a sus dominios.

¿Cómo eran cada uno de esos cinco reinos? ¿Qué idea tenían de sí mismos? Empecemos por León, el reino más antiguo de la España cristiana, heredero de la vieja corona asturiana. León había sido el auténtico motor de la Reconquista; de hecho, fue allí donde se hizo explícita la conciencia de que había algo que reconquistar. En el reino de León aparecieron algunos de los rasgos fundamentales del medioevo español: la organización política mediante fueros, la pujanza del Camino de Santiago como vector religioso, cultural y económico, y también las primeras cortes con representación popular. De León nacerían Castilla, primero, y Portugal después, y los nuevos reinos terminarían taponando la expansión leonesa hacia el sur. Ahora, 1212, León se enfrentaba a su propia decadencia.

Vayamos ahora al segundo reino histórico, el de Navarra, surgido muy temprano, hacia el año 824, acogido al interés de Carlomagno por crear una frontera que frenara la expansión islámica. Por Navarra entraron las influencias europeas en España, y también las sucesivas olas de reforma religiosa. Hubo un momento, en el primer tercio del siglo XI, en el que Navarra se convirtió en el reino más poderoso de la España cristiana: fue con Sancho III Garcés, Sancho el Mayor. De hecho, el linaje de Sancho terminará ciñendo todas las coronas españolas. Pero eso no salvará a Navarra de una trayectoria agónica; incluso llegó a desaparecer, subsumido en Aragón, para resurgir nuevamente en manos de un nieto del Cid, García Ramírez. Desde ese momento, toda la política navarra consistirá en evitar que sus vecinos castellanos y aragoneses la devoren.

Nuestro tercer reino histórico es Castilla, emancipado de la corona leonesa hacia el año 930 como condado independiente, elevado un siglo después a la condición de reino. En poco más de dos siglos, una ambiciosa e inteligente política había llevado a aquel minúsculo condado nacido en el rincón noroeste de Burgos a convertirse en el principal eje de poder en la península, hasta el punto de que los cronistas extranjeros de esta época, cuando hablan de Castilla, la llaman «Hispania», como si la parte definiera al todo. Por eso, apenas veinte años antes de Las Navas, todos los demás reinos de España se habían aliado contra Castilla. Pero ahora habían llegado los almohades. El peligro era tan intenso que el papa llamó a los reyes cristianos a unirse contra el islam. No les quedó otra que estar allí.

Junto a Castilla, crecía en poder e influencia nuestro cuarto reino: Aragón, una corona mixta que desde medio siglo atrás ya incorporaba el territorio propiamente aragonés, los condados catalanes —excepto Urgel— y diversos territorios del sur de Francia. Un variopinto mosaico que se derramaba a ambos lados del Pirineo, cuyas tierras solo tenían en común su dependencia de una misma corona y que, a pesar de esa variedad, realmente funcionaba como un reino. De cara a la península, la política aragonesa pasaba por ampliar sus tierras hacia el sur; de cara a Europa, por asentar su control sobre los condados y señoríos occitanos. Inevitablemente nacerán de ahí tensiones que someterán a la Corona de Aragón a una feroz presión.

Y por último, en el rincón opuesto de España sobrevivía el reino de Portugal, desgajado de León hacia 1139, cuando el conde Alfonso Enríquez —hijo de Enrique de Borgoña, que era yerno del rey leonés Alfonso VI— materializó las aspiraciones de independencia de la nobleza local. Portugal había logrado afirmar su personalidad política en pugna permanente con León, por el este, y con los musulmanes por el sur. Ahora, año de 1212, Portugal había rebajado la tensión con sus vecinos cristianos: el rey Alfonso II se había dedicado sobre todo a organizar el país. Pero otros problemas atosigaban al reino: el rey y sus hermanos habían entrado en conflicto, y las cosas llegarán hasta el punto de que el rey se verá excomulgado.

Estos eran nuestros cinco reinos. Miremos ahora a sus cinco reyes. Alfonso VIII de Castilla es nieto de un rey de León (Alfonso VII), de un rey de Navarra (García Ramírez, el nieto del Cid) y bisnieto de un conde de Barcelona (Ramón Berenguer III). Sancho VII de Navarra es nieto del mismo rey navarro que Alfonso (García Ramírez), del mismo rey de León y bisnieto del mismo conde de Barcelona. El otro rey presente en Las Navas, Pedro II de Aragón, es también nieto de Alfonso VII de León y de otro conde de Barcelona, Ramón Berenguer IV. Uno de los reyes que no participan en la batalla, Alfonso IX de León, está casado con una hermana del rey de Castilla, es tío de los reyes de Castilla, Navarra y Aragón y nieto de otro conde de Barcelona. Y el otro rey ausente de Las Navas, Alfonso II el Gordo de Portugal, está casado con una hija de Alfonso VIII de Castilla y es nieto del conde Ramón Berenguer IV de Barcelona. Cinco reinos distintos, sí, y frecuentemente enfrentados entre sí, pero con un inequívoco aire de familia.

Y ahora, la pregunta incómoda donde las haya: ¿existía alguna posibilidad de que estos cinco reinos se convirtieran en uno solo? ¿Había alguna razón que pudiera mover a estas cinco Españas —seis, si contamos la musulmana— a unificarse? ¿Había al menos alguna fuerza, alguna voluntad, alguna ambición que apuntara ya, año de 1212, hacia lo que dos siglos y medio después iba a ser la unificación nacional?

Con toda seguridad, nadie en el frente cristiano de Las Navas, ni rey ni peón, se hacía semejantes preguntas. Lo único que sabían era que, si perdían, su mundo se vendría abajo. La España de aquel tiempo estaba muy poco poblada. Los musulmanes podían traer cuantiosos contingentes del norte de África, pero los cristianos no tenían esa opción. Una derrota en el campo de batalla significaba perder miles de hombres que no encontrarían reemplazo de inmediato. De hecho, desde la batalla de Alarcos hasta esta de Las Navas pasan diecisiete años: el tiempo de ver crecer a un reemplazo nuevo de gentes para la guerra. Eso hacía más crucial todavía el lance: si los cristianos perdían en Las Navas, no tendrían con qué detener la ola almohade. Realmente la fórmula «desafío existencial» no es exagerada.

«VOS Y YO AQUÍ MURAMOS»

Vayamos al campo de batalla. Los cristianos llegan a las montañas de Sierra Morena y descubren que los pasos de Despeñaperros —que entonces se llamaba el Muradal— están tomados por los moros. Situación endiablada: para dar batalla al ejército moro hay que atravesar un desfiladero —el de La Losa— atiborrado de enemigos. Alfonso VIII teme un nuevo Alarcos. Pero entonces ocurre algo providencial: un pastor aparece en el campamento de las avanzadillas cristianas, bajo el mando de Lope de Haro, hijo del Señor de Vizcaya, y les revela que existe un paso desguarnecido. Es el desfiladero que hoy se conoce como Puerto del Rey y Salto del Fraile. A través de él, los cristianos franquean Despeñaperros y llegan al otro lado, frente al ejército de Muhammad an-Nasr, el emir al-Mu'minin, el príncipe de los creyentes, al que nuestras viejas crónicas, hispanizando el título, llamarán «Miramamolín».

Todo está ya dispuesto para la batalla. Jiménez de Rada, arzobispo de Toledo, que combatía con su propia hueste, contó sus primeros compases:

> *Alrededor de la medianoche del día siguiente estalló el grito de júbilo y de la confesión en las tiendas cristianas, y la voz del pregonero ordenó que todos se aprestaran para el combate del Señor. Y así, celebrados los misterios de la Pasión del Señor, hecha confesión, recibidos los sacramentos y tomadas las armas, salieron a la batalla campal. Y desplegadas las líneas tal como se había convenido con antelación, entre los príncipes castellanos Diego López con los suyos mandó la vanguardia; el conde Gonzalo Núñez de Lara con los freires del Temple, del Hospital, de Uclés y de Calatrava, el núcleo central; su flanco lo mandó Rodrigo Díaz de los Cameros y su hermano Álvaro Díaz y Juan González y otros nobles con ellos; en la retaguardia, el noble rey Alfonso y junto a él, el arzobispo Rodrigo de Toledo. (...) En cada una de estas columnas se hallaban las milicias de las ciudades, tal y como se había dispuesto. El valeroso rey Pedro de Aragón desplegó su ejército en otras tantas líneas; García Romero mandó la vanguardia; la segunda línea, Jimeno Cornel y Aznar Pardo; en la última, él mismo, con otros nobles de su reino. El rey Sancho de Navarra, notable por la gran fama de su valentía, marchaba con los suyos a la derecha del noble rey, y en su columna se encontraban las milicias de las*

ciudades de Segovia, Ávila y Medina. Desplegadas así las líneas, alzadas las manos al cielo, puesta la mirada en Dios, dispuestos los corazones al martirio, desplegados los estandartes de la fe e invocando el nombre del Señor, llegaron todos como un solo hombre al punto decisivo del combate.

El Miramamolín juega sus piezas: una tropa más numerosa, sin caballería pesada, pero con formaciones muy ágiles que atacan a la caballería cristiana por los flancos y, sobre todo, con arqueros letales que desorganizan a la vanguardia enemiga. Alfonso VIII tampoco es manco: la caballería cristiana despliega refuerzos en los flancos para protegerla de ataques, los infantes combaten mezclados con los caballeros para que el ataque enemigo no desorganice a las gentes de a pie. Son las tácticas que tanto los musulmanes como los cristianos han ido perfeccionando en Tierra Santa, en las batallas de las cruzadas, y que unos y otros conocen ya a la perfección. Los españoles tenían que procurar alcanzar en masa compacta de caballería las líneas centrales enemigas, para aplastar al moro; los moros, por su parte, iban a intentar por todos los medios destrozar el ataque cristiano, dividiendo su fuerza, desorganizándola y, acto seguido, aniquilándola.

Las tres alas del ejército cristiano cabalgaron contra el enemigo. La caballería española arrasó sin contemplaciones las primeras líneas de la fuerza mora, compuestas sobre todo por voluntarios que habían acudido a morir en la Yihad, en la guerra santa. Pronto llegaron al pie de las lomas donde se hallaba la fuerza central del Miramamolín. Pero ese era el momento que el hábil moro esperaba: con la caballería cristiana cansada por la cabalgata y, ahora, combatiendo cuesta arriba, an-Nasir ordena la carga de su mejor fuerza, los veteranos almohades, que se lanzan pendiente abajo, chocan con los cristianos, los clavan en el terreno y empiezan a desorganizar sus líneas. Era el movimiento previsto por el Miramamolín: con los cristianos inmovilizados, ahora todo sería tan sencillo como aniquilarlos a fuerza de flechas y piedras.

El primer movimiento cristiano parece haber fracasado. Alfonso VIII, el rey de Castilla, ve banderas en retirada. Le vuelve el recuerdo de la derrota de Alarcos. Pero entonces juega un nuevo movimiento: será el ataque final. «Arzobispo —le dice el rey al obispo de Toledo—, vos y yo aquí muramos». Una masa compacta de caballería, salpicada de infantes y con el propio rey al frente, arrolla la línea de combate, disgrega la resistencia mora y se planta ante la última línea de defensa del Miramamolín, el palenque. Aquí se encuentran con algo que a nosotros hoy nos sorprenderá, pero que ellos ya conocían: una gruesa empalizada fuertemente amarrada con cadenas y protegida por una línea de guerreros enterrados hasta las rodillas. Eran los *imesebelen*, que quiere decir los «desposados». No se trataba de esclavos, como dicen muchas fuentes, sino de voluntarios fanáticos que habían jurado dar su vida en defensa del islam y que se hacían enterrar así, hasta las rodillas, para evitar la tentación de huir y asegurarse el sacrificio luchando hasta la muerte. Murieron, claro.

Todo el éxito de la táctica mora dependía de una sola cosa: que la fuerza cristiana que llegara al palenque no fuera demasiado numerosa y, por tanto, no pudiera perforar la defensa. Para eso deberían haber bastado las reservas de veteranos almohades movilizadas por el Miramamolín. Pero Alfonso VIII había calculado muy bien los tiempos: ordenó su última carga cuando a los moros les quedaba ya muy poca fuerza por movilizar, de manera que las tropas cristianas que llegaron hasta el palenque, protegido por la empalizada y aquellos *imesebelen*, fueron muy numerosas. Los cristianos perforaron las defensas. La tradición dice que fue Sancho VII de Navarra el primero en romper aquellas cadenas, y aquí respetaremos la tradición. Una vez dentro, los moros ya no tenían nada que hacer: los arqueros y los honderos no tenían espacio físico para usar sus armas, y nada podía oponerse entonces a una carga de caballería pesada. La escabechina debió de ser terrible. El Miramamolín, derrotado, huyó a toda prisa a lomos de lo primero que encontró: un burro. El arzobispo de Toledo y los demás clérigos presentes en el campo de batalla entonaron el *Te Deum Laudamus.*

Después fue la hecatombe. La historia está hecha así. La derrota almohade dejó el campo expedito para que siguiera adelante la reconquista, la recuperación, la repoblación o como se la quiera llamar. Con el ejército almohade vencido en Las Navas, Castilla y sus aliados se lanzaron sobre el norte de Andalucía. Detrás, en los castillos capturados, quedaban guarniciones estables que se ocuparán de mantener firme una frontera que ya ha descendido al sur de Sierra Morena. Pero de repente, todo se frena. ¿Por qué? Por algo imprevisible: una feroz hambruna acentuada por una epidemia de peste. Consta que la epidemia apareció en el mismo verano de 1212. Pocos meses después se intensificaba. El invierno de 1213 a 1214 padeció severas heladas. Y la primavera posterior, de marzo a junio de 1214, conoció una extrema sequía que arruinó las cosechas. Dada la situación, nadie estaba en condiciones de proseguir la guerra. Ni los moros ni los cristianos.

El Miramamolín volvió a África y allí fue asesinado por sus propios cortesanos. Pedro II de Aragón murió en combate en Francia en 1213. Alfonso VIII falleció, enfermo, en 1214. Los reinos cristianos tendrán que atender a su propia recomposición mientras, en el sur, se preparaba otra invasión africana: la de los benimerines. No obstante, en el medio siglo siguiente los reinos españoles se derramarán por el valle del Guadalquivir y hasta Murcia. Pero esto ya es otra historia.

En cualquier caso, en Las Navas de Tolosa, aquel 16 de julio de 1212, los reinos cristianos españoles detuvieron el último intento musulmán de invadir el occidente de Europa. La civilización europea quedó a salvo. Seguramente la cosa pueda verse de manera distinta desde el otro lado del estrecho de Gibraltar, pero, desde el nuestro, eso es lo que pasó. Al fin y al cabo, lo mismo venían haciendo nuestros antepasados desde varios siglos atrás, y lo mismo siguieron haciendo aún siglos después. Como en Las Navas, serán también barcos españoles —e italianos— los que vuelvan a hacer de muro de la civilización europea en la batalla de Lepanto, en 1571. De manera que, sí, España ha sido varias veces el muro defensivo de Europa, y con éxito. De no ser por eso, hoy no seríamos lo que somos.

4
LA SEGUNDA LENGUA MÁS HABLADA DEL MUNDO

Todas nuestras lenguas son lenguas españolas: vasco, gallego, catalán, etc. Pero solo una de ellas terminaría siendo el español por antonomasia: el castellano, un dialecto del latín que asomó la cabeza hacia el siglo x, se extendió por la península y acabaría siendo la lengua general de España. Y de otros muchos sitios más. Hoy, en el siglo xxi, mil años después de su primera aparición escrita, el español es la segunda lengua del mundo por hablantes nativos, es decir, de lengua materna: alrededor de 480 millones de personas han nacido en español, y otros cien millones lo hablan o lo estudian. Los españoles somos solo el 10 por ciento de sus hablantes. El nacimiento y expansión de nuestro idioma es uno de los grandes hitos de la historia de España.

¿Cómo empezó todo? ¿Cómo empezó a hablarse castellano? Vamos a situarnos en la España de los visigodos: hacia el año 600, por ejemplo. La lengua que habla la gente, desde las aldeas hasta los palacios, es el latín. Un latín, no obstante, que ha empezado a cambiar. Primero, de manera imperceptible, alterada por usos locales; después, de manera más notable, por los germanismos que introducen los godos. ¿Cómo era ese latín que empezaba a alterarse? No lo podemos saber: la lengua culta seguía siendo el latín clásico, de manera que los testimonios escritos de esa época difieren poco de los siglos anteriores. Los filólogos creen poder identificar, en este o aquel autor, giros donde ya se va viendo el cambio, pero, para los no especialistas, es misión imposible. Lo que sí sabemos es que el latín iba evolucionando de manera distinta en cada sitio. Nacen así diferentes formas romances, que es como se llama a los dialectos populares surgidos de la vieja lengua romana. ¿Cuántas formas romances? Muchas. Y este es un momento fascinante para el historiador, una de esas situaciones en las que cualquier cosa habría sido posible. Podemos imaginárnoslo de la siguiente manera: estamos asistiendo al nacimiento de una planta y no sabemos cómo va a ser. Toynbee define esos momentos como «crisálidas». Y esa era la situación de nuestra lengua hacia los siglos VIII y IX: una crisálida. Algo estaba naciendo, pero nadie podía saber qué saldría de allí.

EL MOMENTO CRISÁLIDA DEL CASTELLANO

A la altura de los siglos X y XI, cualquier otro dialecto hubiera podido acabar siendo el español por antonomasia. El romance que se hablaba en el área de Galicia, León y Asturias era diferente del que se hablaba en el Pirineo aragonés, y este, a su vez, era distinto del que se hablaba en el Pirineo catalán; todos ellos eran distintos del que se hablaba en la España bajo dominación musulmana. Además había otra lengua autóctona, el vascuence, que no era romance, es decir, no venía del latín, y que se hablaba —fragmentada en dialectos distintos— en un área extensa del norte: parte de Navarra, Vizcaya, Guipúzcoa, parte de la Rioja. Cada una de las formas romances dará lugar después a otras lenguas dialectales del latín: el gallego, emparentado a su vez con el asturleonés; el aragonés, que solo sobrevivirá en un área limitada de la provincia de Huesca; el catalán, que es un dialecto romance emparentado con el dialecto provenzal del sur de

Francia... El romance castellano será el que predomine como lengua popular y, pronto, incluso como lengua culta.

Durante mucho tiempo se ha aceptado que las primeras palabras escritas en romance castellano son las anotaciones de un monje en un glosario del monasterio riojano de San Millán de la Cogolla. Hemos de viajar en el tiempo y situarnos en algún momento entre los años 970 y 1050. Al monasterio ha llegado un códice del reino de Pamplona; hoy lo conocemos como Códice 60. El manuscrito contiene unas vidas de santos, una Pasión y misa de los santos Cosme y Damián, y un libro de sentencias y sermones de san Agustín. Sobre ese manuscrito, que está en latín, dos monjes añaden algunas notas para hacer más comprensible el texto original. Dicen así:

> *Cono aiutorio de nuestro dueno dueno Christo, dueno salbatore, qual dueno get ena honore et qual dueno tienet ela mandatione, cono patre, cono spiritu sancto enos sieculos de lo sieculos. Facamus Deus Omnipotes tal serbitio, fere ke denante ela sua face gaudioso segamus. Amen.*

Traducido al castellano actual: «Con la ayuda de nuestro Señor Don Cristo Don Salvador, Señor que está en el honor y Señor que tiene el mandato con el Padre con el Espíritu Santo en los siglos de los siglos. Háganos Dios omnipotente hacer tal servicio, que delante de su faz gozosos seamos. Amén».

Por cierto que en ese mismo documento aparecen también las primeras palabras escritas en vascuence. Decían así: «*Izioqui dugu / guec aiutu ez dugu*», que quiere decir algo así como «Hemos sido salvados / nos se nos ha dado ayuda».

Respecto a las glosas en romance, ¿era esto ya castellano? No exactamente. Aún estamos en el momento crisálida. Es un protorromance con elementos de dialectos riojano, navarro, aragonés, castellano, leonés; pero aquí están ya todos los rasgos que se convertirán en el castellano. Menéndez Pidal vio aquí el origen de nuestra lengua. Y durante mucho tiempo se pensó que estas eran las primeras palabras escritas en romance. Pero hoy, después de las investigaciones de los hermanos García Turza, sabemos que no, que hay inscripciones aún anteriores. En San Millán, además de ese Códice 60, hay otro, el 46, que es todavía anterior. El Códice 60 sería de mediados del siglo XI. Este otro sería del siglo X. Es curioso, porque estos textos, al principio, eran tomados simplemente como un latín mal escrito, un latín chapucero: ha hecho falta un estudio más detallado para verificar que no era latín malo, sino romance castellano o leonés. Es el caso de ese Códice 46 que citábamos, descubierto por los hermanos García Turza: una especie de diccionario enciclopédico con veinte mil artículos de la A a la Z, con origen en San Millán de Suso y fechado el 13 de junio de 964.

Otro de los abuelos más viejos de nuestro idioma es un texto bastante divertido: «La noticia de quesos», que procede de un monasterio de León y que es del año 980. En ese año, el monje encargado de la intendencia, minucioso, toma nota de los quesos consumidos. Sonaba más o menos así:

> *Nodicia de / kesos que / espisit frater / Semeno: In Labore / de fratres. In ilo bacelare / de cirka Sancte Iuste, kesos V; In ilo alio de apate, II kesos; en que puseron ogano, / kesos IIII; In ilo / de Kastrelo, I; / In Ila Vinia malore, II; que lebaron en fosado, II, / ad ila tore; que baron a Cegia, II quando la taliaron Ila mesa; II que / lebaron LeIone; (...) alio ke leba de sopbrino de Gomi / IIII que espiseron quando llo rege venit ad Rocola; / I, qua Salbatore Ibi / uenit.*

O sea: «Noticia de los quesos que gastó Jimeno, monje del monasterio de los Santos Justo y Pastor de Rozuela: en el bacillar o majuelo próximo a San Justo, cinco quesos; en el bacillar del abad, dos quesos; en el que plantaron este año, cuatro quesos; en el Castrillo, un queso; en la viña mayor, dos quesos; dos que llevaron en fonsado a la torre; dos que llevaron a Cea cuando cortaron la mesa; (...)

otro queso que lleva el sobrino de Gómez; cuatro que gastaron cuando el rey vino a Rozuela; y uno, cuando vino Salvador».

Mientras en el norte de España comían queso a mansalva y tomaban cuidadosa nota en lengua romance, en el sur, bajo la dominación musulmana, también se empezaba a escribir en algo que sería después castellano: son los textos de las jarchas. Estamos entre los siglos X y XI. En la España musulmana la gente no ha dejado de hablar el latín popular. Y la lengua se ha mantenido hasta el extremo de que empiezan a aparecer, como cierre o estribillo de poemas árabes y judíos, pequeñas cancioncillas en lengua romance. Eso son las jarchas. Si el descubrimiento de las glosas de San Millán fue muy reciente —a principios del siglo XX—, el de las jarchas también es de anteayer: es en 1945 cuando un inglés de origen judío, S. M. Stern, repara en ellas. Hoy son bien conocidas. ¿Cómo sonaban? Más o menos como esta del siglo XI:

Ben, sidi, beni!
El qerer es tanto beni
d'est 'az-zameni
kon filio d'Ibn ad-Daiyeni.

Que quiere decir: «Ven dueño mío ven! / El poder amarnos es un gran bien / que nos depara esta época tranquila / gracias al hijo de'Ibn ad-Daiyan».

Y LA CRISÁLIDA SE HIZO LENGUA

Y así se va formando en España algo que ya es una lengua propia, hija del latín, pero distinta de él. A partir del siglo XIII empiezan a aparecer los primeros textos literarios escritos ya en romance; hasta entonces se escribía solo en latín, ahora se escribirá también en algo que empieza a ser castellano. Un ejemplo eminente es el sacerdote riojano Gonzalo de Berceo, de San Millán de la Cogolla, hacia 1230. Es muy importante porque es el primer autor que escribe en romance y firma con su nombre. A él se debe la célebre copla 2 de santo Domingo, toda una declaración de intenciones:

Quiero fer una prosa en román paladino, / en cual suele el pueblo fablar con su vezino, / ca non so tan letrado por fer otro latino; / bien valdrá, como creo, un vaso de bon vino.

Al buen cura ya casi se le entiende todo. Lo mismo pasa con otro gran texto de ese siglo XIII, el primer cantar de gesta español: el *Poema de Mío Cid*. La copia más antigua es de 1307 y la firma Per Abbat, un clérigo del que solo sabemos que era buen músico y poeta. El hecho es que esta lengua castellana del poema del Cid ya es muy reconocible para nuestros oídos:

Mio Çid Ruy Diaz por Burgos entrava,
en su compaña .lx. pendones levava.
Exien lo ver mugieres e varones,
burgeses e burgesas por las finiestras son,
plorando de los ojos tanto avien el dolor.
De las sus bocas todos dizian una razon:
¡Dios, que buen vassalo! ¡Si oviesse buen señor!

Y al siglo XIII pertenece también otro de los grandes autores de este venerable romance: Alfonso X el Sabio. El rey poeta es muy interesante porque escribe lo mismo en romance castellano que en romance gallego; aún no hemos dejado del todo el momento crisálida: el castellano todavía podía tomar un camino distinto. Así esta frase que aparece en su *Grande e General Estoria:*

El Rey faze un libro, non porque el escriba con sus manos, mas compone las razones, e las enmienda, et yegua, e endereşça, e muestra la manera de cómo se deben fazer…

En el siglo siguiente, el XIV, el idioma se va afinando. Ya es común encontrar textos literarios en castellano. Todos bastante inteligibles para nosotros, hoy. Aquí está este de Juan Ruiz, Arcipreste de Hita, entre principios y mediados del siglo XIV:

Como dize Aristótiles, cosa es verdadera,
el mundo por dos cosas trabaja: la primera,
por aver mantenençia; la otra cosa era
por aver juntamiento con fenbra plazentera.
Si lo dexiés de mío, sería de culpar;
dizelo grand filósofo, non só yo de rebtar:
de lo que dize el sabio non devemos dubdar,
ca por obra se prueva el sabio e su fablar.

Menos picarón, y literariamente monumental, es otro gran autor del siglo XIV, el infante don Juan Manuel, que escribe el libro de *El conde Lucanor*, libro de ejemplos con ánimo moralizante: «*Et entendiendo don Johan que estos exiemplos eran muy buenos, fízolos escribir en este libro, et fizo estos viessos en que se pone la sentençia de los exiemplos. Et los viessos dizen assí…*». Y lo que dicen los *viessos*, es decir, los versos, es lo que el lector tiene que recordar como ejemplo moral.

A estas alturas el castellano es ya la lengua romance más extendida por la península. La Reconquista ha coadyuvado a su extensión, pero nos equivocaríamos si pensáramos en que es una lengua impuesta militarmente. El castellano se impone por razones sociales y culturales, porque es una lengua cómoda, porque las leyes fonéticas y léxicas sobre las que se ha ido formando son como las que han seguido los dialectos romances en otros lugares de la península. En la Corona de Aragón, por ejemplo, se habla el castellano igual que se habla el valenciano y el catalán: de manera espontánea. Y en Navarra, entre las zonas donde se habla aragonés, o vascuence y, por otro lado, algo parecido al francés, va imponiéndose también el castellano por la fuerza del uso. Es la gente del pueblo —y la de la corte—

la que convierte el castellano en lengua de intercambio, vale decir, en lengua general del país.

Al alba del siglo XV, la lengua castellana es ya sinónimo de lengua española por antonomasia: sencillamente, es la más hablada y actúa como lengua franca para los españoles que hablan otras lenguas romances. Será ese idioma el que viaje con las carabelas a América y se extienda por todo el continente. Allí será también lengua franca para los amerindios. Pero a este castellano que surge lentamente desde el fondo romance le faltaba todavía algo: le faltaba una ley, unas normas que le dieran homogeneidad, que lo hicieran igual en todas partes, que sentaran la forma correcta de escribirlo. Y esa va a ser la tarea de uno de los grandes talentos de la Historia de España: el gramático sevillano Antonio de Nebrija. Pero de eso hay que hablar aparte, porque es otro de los grandes hitos de nuestra Historia: en España nació la primera gramática de una lengua moderna.

II

LAS LIBERTADES

5

UN PAÍS DE GENTE LIBRE

¿Estamos de acuerdo en que la libertad es una buena cosa y en que pelear por ella es una virtud? ¿Sí? Pues entonces hay razones para estar orgullosos de la Historia de España, porque en este suelo se han escrito páginas verdaderamente asombrosas de lucha por la libertad. Hablamos de la libertad concreta, real, primaria, de carne y hueso; de esa libertad que consiste en poder obrar según la propia voluntad, como decía Aristóteles, y ser responsable de los propios actos. Todos los hombres de todos los tiempos han anhelado ser libres. Aquí se ha peleado por ello. Y mucho. Contra pueblos invasores, contra un orden injusto, contra la esclavitud, contra la escasez, contra los poderosos... Pueblo peleón, este nuestro. Y es importante subrayarlo, porque uno de los más pertinaces tópicos sobre los españoles es que aquí no hubo libertad hasta que llegó el siglo XIX, y que hasta entonces no éramos más que un rebaño de borregos fanatizados por la Inquisición. Pero no, no es verdad. ¿Vemos algunos ejemplos?

AQUELLOS TERRIBLES BISABUELOS NUESTROS

Empecemos por los más tremendos. En la España antigua hay dos episodios tan impresionantes que siempre se les ha otorgado un carácter fundador. Son los asedios de Sagunto y Numancia. Cuando tuvieron lugar, España no existía como tal; ni siquiera sus protagonistas fueron los mismos. Pero es imposible no ver el parentesco entre ellos, como si hubieran sido cosa de la misma gente. Dos pueblos distintos —íberos unos y celtas los otros—, en dos momentos distintos, frente a dos enemigos distintos y en circunstancias igualmente distintas, escogieron el mismo camino: morir antes que rendirse y perder la libertad. Lo más interesante es que esa pulsión de libertad va a ser una constante de nuestra gente, de nuestra tierra, durante siglos.

Resumamos: estamos entre los siglos III y II a.C. La península ibérica es un conglomerado de pueblos diversos: celtas, iberos, celtíberos... Nuestro suelo ha entrado súbitamente en la Historia al convertirse en pieza de disputa entre Roma y Cartago, las dos grandes potencias del momento. Las escasas ciudades españolas, cabeceras de reinos menores, han de tomar partido; pactan con unos u otros según sus intereses. El pacto con unos significa la enemistad con los otros. Como se sabe, Roma terminará venciendo a Cartago. Sagunto, aliada de Roma, resistirá a los cartagineses; un siglo después, con Roma victoriosa, Numancia resistirá a los romanos.

Lo que hoy es Sagunto, cerca de Valencia, era la vieja ciudad ibera de Arse. Había nacido al calor del comercio con los griegos y creció en prosperidad y riqueza. Cuando Roma empezó a proyectar su pujanza hacia el Mediterráneo occidental, fijó en ella su atención. Los saguntinos pactaron con los romanos: se hicieron socios y aliados. Era una buena alianza, pero tenía sus riesgos porque en la zona soplaban vientos de guerra. La primera guerra entre Roma y Cartago había terminado con derrota cartaginesa. Ahora Cartago quería tomarse la revancha. En el año 219 a.C. el caudillo cartaginés

Aníbal forma un ejército inmenso para invadir todo el litoral español y francés, pasar a Roma y atacar a la república latina en su mismo corazón. Ahora bien, en su camino hay un obstáculo: Sagunto, precisamente. Entonces comienza el drama. Aníbal se planta ante la ciudad e insta a los saguntinos a rendirse. Estos piden ayuda a Roma. La ayuda nunca llegará, pero, aun así, Sagunto no se rindió. Durante ocho meses, los saguntinos resistieron. La leyenda dice que, antes que rendirse, prefirieron encender una gigantesca hoguera y arrojarse a ella. Finalmente, Aníbal entró en la ciudad. Solo encontró muerte y ruina. Así comenzará la segunda guerra púnica. El sacrificio de Sagunto impresionó a Roma y entró en la Historia. Era el ejemplo supremo de sacrificio en el altar de la libertad.

Corramos ahora ochenta años en el tiempo. Estamos en torno al 143 a.C. El escenario sigue siendo la península ibérica, pero las cosas han cambiado. Roma ha consolidado su poder. Acaba de derrotar definitivamente a Cartago. La expansión romana por la península es inmediata. Con frecuencia será pacífica: muchas ciudades pactan con Roma. Con la misma frecuencia, sin embargo, hablarán las armas. Los pueblos del interior, celtas y celtíberos, no se avienen de buen grado al dominio romano. Sobre el cerro de la Muela de Garray, a orillas del Duero, hay una vieja y respetable ciudad arévaca: Numancia. Durante medio siglo, los numantinos han resistido al invasor. Ante la ciudad fracasan Quinto Pompeyo y Claudio Marcelo, Mancino y Lépido. Numancia se convierte para Roma en una humillante obsesión. Hasta que llega Escipión Emiliano, el hombre que acaba de arrasar la ciudad de Cartago. Escipión no intentará asaltar la ciudad, donde tantos generales se habían estrellado antes, sino que la bloquea por hambre. Construye en torno a Numancia una gigantesca muralla: empalizadas, fosos, torres de vigilancia... Sin posibilidad de recibir ayuda exterior, los numantinos se enfrentan a un destino inevitable: la muerte. Pese a ello, no se rendirán. En el verano del 133 a.C, los numantinos, desesperados, incendian la ciudad. Se suicidan en masa antes que entregarse a los romanos y convertirse en esclavos. Cuando las tropas de Escipión entran en Numancia, encuentran una ciudad fantasma. Apenas hay supervivientes. Solo cincuenta numantinos podrá llevar el general a Roma como prueba de su triunfo.

ECHARSE AL MONTE

¿Podemos tomar esos ejemplos brutales de Sagunto y Numancia como antecedente del amor de los españoles por la libertad? Sí y no. En la Historia de la Europa antigua hay unos cuantos episodios de este género; no es solo cosa de los viejos hispanos. Pero es que, después, los nuestros van a prodigar los gestos desesperados de libertad, y esto es lo realmente impresionante. Viajemos de nuevo en el tiempo y vayamos ahora a la España del siglo v. Paisaje: el imperio romano se ha hundido, las ciudades se han convertido en un lugar invivible por la carestía económica y la opresión política; el único orden vigente es el despotismo de las oligarquías urbanas o rurales, mientras hordas de bárbaros corren aquí y allá saqueando cuanto encuentran. ¿Qué ocurre entonces? Que millares de personas deciden echarse al monte, literalmente. Es el fenómeno de los «bagaudas». Un cronista de aquel tiempo, Salviano de Marsella, lo explicó de forma trasparente:

> *Los pobres, las viudas y los huérfanos, despojados y oprimidos, habían llegado a tal desesperación que muchos, pertenecientes a familias conocidas y que habían recibido una buena educación, se veían obligados a buscar refugio entre los enemigos del pueblo romano (...). Iban a los bárbaros en busca de humanidad romana, puesto que no podían soportar entre los romanos la inhumanidad bárbara.*

O sea que la gente del común, campesinos libres o colonos o siervos, abandonaban el orden urbano, abrumados por una fiscalidad insoportable y por la corrupción moral y política, y entraban en las bandas que habían optado por hacer la guerra. ¿Contra quién? Contra todos: lo mismo a Roma que a las tribus germánicas recién llegadas, y frecuentemente bajo el mando de unas tribus contra otras. Salir de la ciudad era una decisión trágica: para el hombre libre, significaba quedar en un estatuto de esclavo. Pero, como dice Salviano, aquellas gentes «preferían vivir libremente con el nombre de esclavos antes de ser esclavos manteniendo únicamente el nombre de libres».

Es interesante, porque algo muy parecido vamos a encontrar dos siglos y medio después, en la España visigoda. Escenario: el hundimiento del reino construido por Leovigildo y sus sucesores, del que ya hemos hablado. Los últimos años del mundo godo, entre finales del siglo VII y principios del VIII, son terribles. Las grandes familias se disputan el poder a dentelladas. Vendrán años repetidos de malas cosechas. Con las malas cosechas, el hambre. Con el hambre, enfermedades y muertes. Para colmo, en Narbona se declara una epidemia de peste que enseguida se extiende por toda España. Acosados por la escasez, los grandes del reino acaparan cuanto pueden. Pero eso significa que, en la base del edificio, el pueblo se hunde en la desesperación. Miles de campesinos, arruinados, no tienen más remedio que vender a los ricos sus escasas posesiones y ponerse bajo su patrocinio, frecuentemente vendiéndose como esclavos. Ahora bien, no es fácil ser esclavo para quien hasta ese momento ha sido un hombre libre. Numerosos esclavos se rebelan y huyen de los campos donde trabajan. Vuelven a sus pueblos de origen o, simplemente, se echan al monte, una vez más. No están solos: sus antiguos vecinos les ayudan. El fenómeno crece hasta el punto de que la corona, sucesivas veces, tendrá que dictar medidas severísimas contra quienes presten ayuda a los fugitivos. Y no debieron de ser muy eficaces tales medidas cuando fue preciso repetirlas una y otra vez. No sabemos mucho más sobre este episodio porque las fuentes escasean, pero ese era el paisaje en la víspera de la invasión musulmana de 711. Lo cual contribuye a explicar muchas cosas.

Quedémonos con la esencial: esa pulsión elemental de libertad que empuja a la gente a afrontar los mayores riesgos. No hay periodo de nuestra historia donde no haya ejemplos de eso. Por supuesto, también lo veremos tras la invasión musulmana de 711. Contra lo que dicen los manuales de Bachillerato, aquello no fue una conquista pacífica. Mérida resistió hasta forzar a los musulmanes a un pacto y Toledo estuvo en permanente insurrección. Córdoba, menos afortunada, vio cómo los mahometanos degollaban a toda su guarnición y Zaragoza fue empleada por los árabes como escarmiento: todos sus hombres serán crucificados, degollados sus niños, esclavizadas sus mujeres. Cuando el pequeño grupo de Pelayo se levanta en Asturias, en realidad no está haciendo otra cosa que lo que antes habían hecho otras bandas de desesperados en tiempos de los romanos o en tiempos de los godos. La diferencia es que, esta vez, el levantamiento tuvo éxito: al abrigo de las montañas y favorecidos por las querellas internas de los invasores, los rebeldes construyen algo parecido a un reino viable. Un reino, es verdad, humilde y menesteroso, encajonado en una naturaleza poco amable y expuesto a las dentelladas de la mayor potencia de su tiempo, que eran los musulmanes del sur. Por mucha voluntad de independencia que hubiera, aquello no tenía mucho futuro. Pero entonces...

LOS PIONEROS DE LA RECONQUISTA

Pero entonces, hacia el año 780, empieza a ocurrir lo imprevisible: pequeños grupos de campesinos y minúsculas comunidades de religiosos deciden jugárselo todo, saltan al sur de la cordillera cantábrica, llegan a tierras nuevas y se instalan allí. Son los pioneros de la Reconquista. Porque eso que se llama «Reconquista» empezó así: no fue una operación política y militar de tal o cual rey, sino una iniciativa personal de gente de a pie que buscaba precisamente su libertad. Y además conocemos los nombres de los primeros: Muniadona y Lebato, en el Valle de Mena, lo que hoy es el norte de Burgos. A estos pioneros no los manda la corona: actúan por su cuenta y riesgo. Después, sí, los reyes organizarán los nuevos territorios, pero el impulso inicial es de los propios pioneros. Todos tenemos en la cabeza la conquista americana del «salvaje oeste», ¿verdad? Bueno, pues esto fue muchísimo más heroico.

Vamos a nuestros protagonistas: la familia formada por Lebato y su esposa Muniadona (o Momadonna), y sus hijos Vítulo y Ervigio. Estos valientes aparecen hacia el 796 en el Valle de Mena. Probablemente son cántabros que han llegado desde el Valle de Carranza a través del monte Ordunte. Con ellos viajan también las gentes de su casa, es decir, los siervos del clan familiar. El Valle de Mena no es un lugar particularmente seguro: a pocos kilómetros se encuentra la vieja calzada romana que lleva de Amaya a Flavióbriga, o sea que es una zona expuesta a las incursiones moras. Pero esta gente es dura: una mezcla de celtas, cántabros, hispanorromanos, vascones y godos —no hay más que ver sus nombres— que ha producido un tipo humano feroz y decidido, acostumbrado a soportar las acometidas islámicas, hacerles frente, verlo todo arrasado y volver a empezar desde cero. Y es esta gente —campesinos libres, pequeños señores rurales, dueños de tierras que ya no permitían sustentarles— la que decide jugarse literalmente la vida para conquistar su libertad.

La palabra «libertad» es la clave, porque lo que allí estaba naciendo era una sociedad nueva sobre la base de una idea también nueva de la libertad personal. La mejor prueba es cómo se organizaba la colonización. Primero una familia ocupaba tierras y las señalizaba con hitos o mojones: a eso se lo llamaba *presura* y otorgaba el derecho a trabajar el espacio ocupado. Y para evitar que alguien abusara del sistema acaparando más tierras de las que podía trabajar, se formalizó otra institución que se llamaba *escalio* y que es de mucho sentido común: tú tienes la tierra por *presura*, pero no se te reconoce la propiedad hasta que la has descuajado y labrado, y esto es el *escalio.* Esta tierra que has tomado y trabajado es tuya y su propiedad te hace libre, seas quien seas y vengas de donde vengas. Para la época, es realmente una revolución, porque hasta entonces la norma en toda Europa era el esquema señor/siervo. Aquí, no: aquí acaba de nacer un mundo de pequeños señores. Tanto éxito tendrá la colonización que, en muy pocos decenios, el reino de Asturias establecerá en la región varios puestos fortificados, es decir, castillos, que pronto darán nombre a toda la zona. Los moros la llaman al-Quilé y Quastalla, «los castillos». «Castilla» la llaman ya los cristianos desde este mismo siglo VIII.

Idéntico sistema empezó a emplearse en esta misma época en la otra esquina de España, en Cataluña y Aragón. Conocemos el caso de un guerrero, el *miles* Juan, que hacia 795, y después de haber combatido duramente en torno a Barcelona, prestaba vasallaje a Carlomagno y este le reconocía propiedad sobre las tierras que Juan y sus compañeros habían roturado en un lugar llamado Fontjoncosa. A la presura se la llamaba aquí *aprisio.* En Aragón y Cataluña la organización del territorio correrá a cargo, en general, de nobles, señores que disponían de sus tierras y que implantaban una estructura ya propiamente feudal, quizá como ese *miles* Juan que prestó vasallaje a Carlomagno. En Castilla, por el contrario, el modelo habitual será el de hombres libres que toman posesión de un terreno y plantan allí sus reales, como nuestros amigos Lebato y Muniadona.

Un poco más adelante, y como consecuencia de los permanentes ataques musulmanes, ocurrirá que los reyes encomiendan a los nobles el control del territorio. Pero incluso en estas situaciones prevalecerá la condición de hombre libre del campesino, una condición que es indispensable tener en cuenta para comprender lo que significará siglos después esa cosa tan española del principio de «hidalguía». Los campesinos son libres incluso bajo un señor. Y para manifestar esa libertad, son ellos mismos, los campesinos, los que enarbolan el derecho a elegir un señor a cambio de protección militar y, ojo, a cambiar de señor cuando les venga en gana. Este sistema se llamó *behetría*, un régimen jurídico que venía de tiempos romanos y que los godos potenciaron. De hecho, la influencia del derecho germánico será decisiva en la organización de esta primera Castilla. Y no solo en ella, porque también en el Ebro habrá behetrías, comunidades campesinas que eligen a su señor, aunque en menor cantidad.

En pocos años, miles de familias del Cantábrico se van instalando en los valles, siempre cada vez más al sur, del mismo modo que, algunos años más tarde, otras familias del Pirineo bajarán hacia el llano tomando posesión de las tierras y, en definitiva, poniendo carne y espíritu a la Reconquista. Un intenso goteo humano, pronto un torrente, a lo largo de los siglos IX y X: caravanas de campesinos armados, con sus carros de bueyes, sus pequeños rebaños de ganado, a veces los caballeros en vanguardia y, por supuesto, los clérigos con sus rezos; atravesando ríos, remontando montes, cruzando valles. Hacen presuras, construyen o recuperan molinos, limpian los terrenos, siembran, plantan, construyen casas e iglesias... Así se va configurando la España de los siglos IX y X como una sociedad de hombres libres, pequeños propietarios con tierras abundantes y bien trabajadas, agrupados en núcleos de población relativamente extensos, las comunidades de aldea, en torno a una iglesia o un centro monástico.

POR QUÉ SON TAN IMPORTANTES LOS FUEROS

Este fenómeno, único en el mundo, es inseparable de las condiciones materiales de la Reconquista. Los focos de resistencia de la España cristiana han hecho nacer reinos diversos. El reino de Asturias nacido en el siglo VIII se convierte en reino de León hacia 910 y de él se desgaja Castilla como condado en 932 y como reino en 1065, y después hará lo propio Portugal en 1139. Navarra se afirma como reino independiente desde el año 824. De los originales condados pirenaicos del siglo VIII surgen el reino de Aragón en 1035 y los varios condados catalanes que terminan siendo absorbidos por el de Barcelona a principios del siglo XII; la unión del reino de Aragón y el condado de Barcelona dará lugar a la Corona de Aragón en 1150. Todos estos pequeños reinos cristianos del norte se proyectan hacia el sur sobre un paisaje abierto, pero siempre peligroso, porque el califato de Córdoba no va a privarse de desmantelar cada vez que pueda los establecimientos de los colonos. La mayor expansión territorial de la España cristiana se produce en el centro y el oeste, hacia las fronteras naturales del Duero, las sierras del sistema central y el Tajo. No es fácil vivir en la frontera: uno se juega literalmente la vida todos los días. Sin embargo, no faltarán los voluntarios. Porque, a cambio del riesgo, el poder reconoce a los valientes unos derechos y unas libertades como nadie más tiene en Europa ni en ningún otro lugar. Esos derechos se codifican en pactos de obligado cumplimiento. Nace la España de los fueros.

Un ejemplo: el fuero de Castrojeriz, entre Burgos y Palencia. Año 974. El conde de Castilla, García Fernández, está dispuesto a hacer frente al califato de Córdoba, que en aquel momento vive sus años de mayor poder. García Fernández, sin embargo, tiene un problema: está solo, ningún otro gobernante cristiano le secunda. Pero entonces mira alrededor y descubre que no, no está solo: tiene a su pueblo, esas masas de campesinos en armas que se han convertido ya en el elemento dominante del paisaje castellano. Y quiere más. ¿Cómo conseguirlo? Dando a su gente ventajas sociales, jurídicas y económicas más amplias que en ningún otro lugar. Para eso se dictan los fueros. Por ejemplo, el de Castrojeriz.

El fuero de Castrojeriz es un perfecto ejemplo de las posibilidades de ascenso social que Castilla brindaba a quienes acudieran a repoblar los grandes espacios de la meseta. Muy singularmente, elevaba a los campesinos que dispusieran de un caballo para la guerra a la condición de infanzones, es decir, nobles de segunda clase. El fuero otorgaba a los repobladores de Castrojeriz ventajas muy notables. Dispone, por ejemplo, que en caso de litigio entre un noble forastero y un caballero de Castrojeriz, valdrá más el de Castrojeriz. Se les exime de ciertos impuestos. Se limitan los trabajos que tienen que realizar para el señor. Se protege la vida de los peones y de los judíos castigando a quien los asesinara como si hubiera matado a un noble. Se libra a todos los vecinos de tener que pagar por usar los montes. Y esto, verosímilmente, no ocurría solo en Castrojeriz, sino en otros muchos puntos de la naciente geografía castellana. Por eso, por ese horizonte de vida más libre, había en Castilla tanta gente dispuesta a combatir.

Dicen los clásicos —Sánchez Albornoz, por ejemplo— que esta atmósfera de libertad elemental, esa arriesgada libertad de frontera, iba a pesar mucho en la posterior formación del carácter de los españoles. Dicen también —Ortega y Gasset, sin ir más lejos— que este singular medievo español, tan distinto del medievo rigurosamente feudal del resto de Europa, iba a marcarnos para siempre, porque la ausencia de feudalismo generó una forma particular de vivir en sociedad y de entender las libertades personales y colectivas. Todo eso es seguramente verdad. Y ello a pesar de que en nuestros reinos españoles de la Edad Media, aunque tarde, también terminaría imponiéndose el régimen feudal. Y entonces empezó un capítulo nuevo de la lucha por la libertad.

En efecto, el clima cambió a partir del siglo XIII, a medida que el peligro militar desaparecía y se consolidaba el poder de los señores de la tierra. Para asentar su posición, los señores habían ido haciéndose con el control de resortes esenciales de la vida económica: pastos, pasos de ganado, montes, hornos, molinos, incluso las puertas de las ciudades, cobrando tasas por su uso. Es en este momento cuando el régimen de los campesinos españoles empieza a asemejarse al del resto de Europa, particularmente en Aragón, corona mucho más feudalizada que Castilla. Pero, en todo caso, escritos quedaban los fueros y, con ellos, una serie de derechos que nunca van a desaparecer del horizonte. Por eso el endurecimiento del feudalismo traerá consigo una permanente resistencia, sobre todo en las villas, cuyas libertades con frecuencia chocarán con las ambiciones señoriales.

Una y otra vez las cortes del reino serán testigo de la denuncia de los «malos usos» de los señores, es decir, de los abusos de estos sobre el pueblo llano. Abusos que contravenían las libertades asentadas por la tradición. ¿En qué consistían estos «malos usos»? En prácticas *de hecho* que otorgaban al señor una posición de arbitrario poder sobre el siervo. Por ejemplo, en Castilla era tradición que la gente pudiera circular libremente por el reino, incluso cambiando de señor a voluntad, pero el feudalismo introdujo la práctica de la «adscripción», que consistía en que el campesino quedaba vinculado a una tierra sin posibilidad de marchar a otra. Del mismo modo, en Castilla era habitual que los campesinos pudieran proveerse de leña en el bosque comunal, fabricaran su propia harina en el molino que libremente eligieran y cocieran el pan en su propio horno, pero los señores fueron imponiendo poco a poco que todo eso tuviera que hacerse en los molinos y hornos del propio dueño y, por supuesto, pagando una gabela. A esto se le llamaba «banalidades». Otro mal uso era la «mañería», que daba al señor derecho a quedarse con parte de los bienes de un siervo fallecido sin descendencia. Más ejemplos: la «tercería», que permitía obligar a un siervo a administrar los bienes señoriales e implicaba que, en caso de pérdidas, el administrador tuviera que responder con su propio patrimonio personal. Uno de los malos usos más llamativos era el llamado «privilegio de corral», que permitía al señor quedarse con los animales domésticos y el ganado de sus siervos cada vez que le apeteciera.

Estas prácticas chocaban con las viejas libertades castellanas. Pero la situación era aún peor en Aragón, donde el mayor peso del poder feudal había asentado malos usos difícilmente soportables. El más gravoso era la «remensa», que impedía al campesino abandonar su parcela de trabajo (el «manso») salvo que pagara al señor una fuerte indemnización. Pero había más «usos malos»: si el campesino moría sin descendencia en el «manso», el señor se quedaba con parte de sus bienes, y a eso se lo llamaba «exorquia», y si moría sin haber dictado testamento, aun con descendencia, el señor podía quedarse con un tercio de sus bienes, y a eso se lo llamaba «intestia». Si la mujer del campesino era adúltera, el señor podía quedarse con todos los bienes del campesino: era la «cugucia». Si el campesino quería casar a una hija y librar la consiguiente dote, era preceptivo pagar otra cantidad al señor, la «firma de spoli». Y si el manso se incendiaba, también había que pagar al señor una indemnización llamada «arsina». El sistema abría la puerta a todo género de abusos: por ejemplo, un señor podía incendiar un manso y pedir después la preceptiva «arsina» al campesino; nadie iba a pedirle cuentas, pues la justicia, en la práctica, la administraba el propio señor, y para la víctima era sumamente difícil acudir al rey.

En el caso de Aragón había un elemento agravante: la persistente tendencia de los grandes señores a ir adquiriendo las posesiones de las villas y aldeas e incluso del patrimonio real. Con una corona envuelta en enormes problemas económicos desde los tiempos de Juan I, y sacudida después por una despiadada sucesión de plagas y guerras, el tesoro regio había quedado rápidamente deteriorado. De esta manera, el patrimonio que la corona acumuló para consolidar su poder frente al de los nobles se convirtió en objeto de venta. Los señores empezaron a comprar villas de realengo, esto es, patrimonio del rey. Y del mismo modo se las arreglaron para adquirir derechos sobre villas y aldeas que hasta ese momento eran libres. En una atmósfera de fuerte crisis económica, esas aldeas y villas se vieron con graves problemas para sobrevivir. Su única posibilidad era venderse a algún señor. Y los campesinos de estos lugares quedaron en una dura situación de servidumbre. Como dice el maestro Luis Suárez, el jornalero andaluz era un hombre libre que todas las mañanas tenía que ir a la plaza del pueblo a buscar trabajo, pero el remensa catalán era prácticamente un siervo. Así la Corona de Aragón terminó siendo, a principios del siglo XV, el reino más feudalizado de España, a pesar de las frecuentes protestas en las cortes contra el abusivo poder señorial.

Todas estas prácticas eran precisamente eso: prácticas, usos. No conformaban un derecho. La ley y el derecho decían otra cosa, y la corona y las cortes tenían la obligación de recordarlo. La pregunta era quién podía ponerle el cascabel el gato. Y la respuesta era solo una: la propia corona. Que contaba, eso sí, con el respaldo expreso de la Iglesia —permanente valedora del derecho en estos tiempos— y del patriciado urbano, siempre enfrentado a las ambiciones de los señores. Nada, por otra parte, podía interesar más al rey que frenar al poder señorial. Y esta tensión va a ser una constante en la política de los reinos cristianos españoles durante toda la primera mitad del siglo XV.

Uno de los hitos fundamentales en este camino son las Leyes Capitulares de 1440, en Castilla. Las dictó el infante Enrique de Aragón en tanto que maestre de la Orden de Santiago en el Capítulo General de Uclés. Las normas allí sentadas solo tenían efecto en el ámbito de la propia orden —es decir, en los territorios administrados por los de Santiago—, pero no fueron poca cosa. Prácticas como la tercería quedaron abolidas y se obligó a aportar una indemnización económica al señor que incurriera en «privilegio de corral». Ahora bien, si alguien cambió decisivamente el paisaje, ese fue Alfonso V de Aragón.

Lo que hizo Alfonso V —justamente llamado «el Magnánimo»— fue permitir a los payeses de remensa, es decir, a los campesinos atados al manso, al feudo, agruparse en una suerte de gremio para negociar directamente la supresión de los malos usos. Como un sindicato negociando un convenio con el patrón. Esto fue una auténtica revolución, porque convertía a los payeses en agentes de derecho en teórico pie de igualdad con sus señores. Los señores, naturalmente, protestaron, y así aquella medida dictada en 1448 fracasó. Pero solo temporalmente, porque el rey de Aragón volverá a la carga en 1455 con una «sentencia interlocutoria» que expresamente prohibía los malos usos y derogaba la servidumbre. Los conflictos que de ahí se siguieron terminarían conduciendo a una guerra —la «guerra remensa»— poco después. El conflicto se prolongará durante años. Y será un nieto de Alfonso V el Magnánimo el que lo zanje con una sentencia, la Sentencia Arbitral de Guadalupe de 1486, que abolió los malos usos y puso fin a la remensa: los campesinos vieron garantizada su libertad personal. Aquel nieto del rey Alfonso V de Aragón se llamaba Fernando II y pasaría a la Historia como Fernando el Católico. Enseguida hablaremos más de él.

En nuestra historia colectiva habrá muchísimos más ejemplos de hasta qué punto para nosotros, españoles, es importante la libertad personal. Los episodios que aquí hemos contado, desde los remotos tiempos en que España aún era solo un nombre hasta las épocas de formación de la España que hoy conocemos, son tan intensos que hablan por sí solos. Enseguida habrá que ocuparse aquí de otros asuntos que tienen mucho que ver con las libertades personales: las primeras ciudades libres, el primer parlamento, las primeras teorías sobre los derechos que asisten a toda persona por el hecho de serlo. También en esto España fue pionera. Y sí, son razones para estar orgullosos de nuestra historia.

6
NUESTRAS CIUDADES, ORIGEN DE LA DEMOCRACIA MUNICIPAL

La dureza de la Reconquista, con su riesgo permanente, hizo que en España naciera un mapa de libertades inédito en Europa. Esas libertades van a encontrar enseguida un escenario idóneo en las ciudades que, al calor de la repoblación, cada vez más al sur, iban surgiendo (o resucitando) en la frontera. Hablamos de ciudades que hoy, siglo XXI, nos parecerían pueblos por su pequeña dimensión, pero que en su momento encarnaban —quizá, precisamente, por esa escala— la mejor forma de vivir para la gente de a pie. Y también en esto hay razones para estar orgullosos de la Historia de España, porque nuestras ciudades fueron de las primeras de Europa en configurarse como escenario de libertades personales, hasta el punto de que es posible decir que aquí, en nuestras pequeñas ciudades de la alta Edad Media, nació realmente la democracia en España.

EL PRIMER MUNICIPIO DE ESPAÑA

Primer hito decisivo: la fundación del primer municipio, es decir, técnicamente hablando, la primera organización administrativa local autónoma. Fue tan temprano como en el año 824: la Carta Puebla de Brañosera. Recordemos cómo estaba el paisaje. Desde finales del siglo VIII, cántabros, vascos y asturianos están deslizándose a través de las montañas hacia las tierras altas de Castilla. Clanes de campesinos libres llegan a un territorio, hacen la presura, lo escaliban y se convierten en propietarios. Aquí y allá surge una pequeña iglesia; en torno a ella, tierras y cabañas. Sus moradores construyen o rehabilitan un molino, roturan y siembran sus parcelas, crean una comunidad de aldea. En algún momento, muy temprano, en este nuevo mundo empiezan a aparecer los condes con la misión expresa de representar al rey y defender a los campesinos. La del conde es una vieja institución europea, tanto romana como germánica: el *comes* es el que va en la comitiva del jefe; un hombre de confianza para la guerra y para la paz. Condes del rey de Oviedo eran, sin duda, los guerreros que regentaban los castillos de la frontera oriental del reino, donde nace Castilla. Y uno de esos condes, Munio Núñez, deja inscrito su nombre en la Historia por ser el primero que firma una «carta puebla», es decir, un documento que reconoce las propiedades y derechos de los campesinos.

Hay que poner la lupa en un punto muy concreto del mapa: Brañosera, en el límite entre Cantabria y Palencia, equidistante de Reinosa y Aguilar de Campoo. Hoy eso es un parque natural (el de la Montaña Palentina); en el siglo I antes de Cristo, aquí estuvo asentada —eso dice el Fuero— la ciudad celtíbera de Vadinia, escenario de sangrientos choques entre cántabros y romanos. Ahora, en el momento de nuestro relato, pongamos hacia 820, no hay nada: solo brañas, es decir, altos pastos de verano, y osos. Brañas y osos: Brañ-osera. Y entonces llegan los colonos. Vienen de Cantabria, más concretamente de Malacoria, que es la actual Mazcuerras, no lejos de Cabezón de la Sal. Por el valle del Saja o por el camino de Reinosa, y después siguiendo el nacimiento del Ebro, habrían podido viajar hasta este paraje verde y fresco, nueva tierra de promisión. Sin perder un minuto, los pioneros toman tierras, levantas casas y organizan su supervivencia. En 824, el conde del lugar, Munio Núñez, junto con su esposa, Argilo, firman la carta puebla que reconoce a los colonos sus propiedades.

¿Por qué es tan importante esta carta puebla? Porque nos dice que estamos hablando de hombres libres, y eso va a ser decisivo para toda la historia posterior. Hasta entonces, la norma social en todo el mundo conocido, y por supuesto en Europa, era la estratificación social entre señores y siervos: el señor era el propietario y el siervo ponía su trabajo. En el reino de Asturias, el régimen común era el de la servidumbre, como en el resto de Europa. La repoblación al sur del Pirineo, como más tarde al sur de Galicia, se realizará en régimen de servidumbre feudal. La servidumbre no es la esclavitud —son cosas bien distintas—, pero tampoco era la libertad. Por el contrario, esta gente que se va asentando aquí comparece como dueña de sí misma, como propietaria libre de sus tierras.

Esa libertad consiste en que los pobladores pueden administrar libremente sus tierras. Tienen derecho a cobrar impuestos a quienes quieran pasar por ellas o utilizar sus pastos. Tienen derecho a tomar como propiedad cualquier tierra del término, en ganancias compartidas con el conde. Quedan exonerados de pagar otros impuestos o prestar otros servicios que los privativos del conde «en lo que pudieren». Y además se reconoce todo eso a cualquier persona que acuda a este territorio, con carácter general. ¿Y el conde? El conde tiene sus propias tierras, pero no es propietario del territorio donde ejerce su jurisdicción, sino solo delegado del poder del rey. Pero hay más: la carta fundacional de Brañosera habla también del «concejo de la villa de Brañosera». ¿Y eso qué quiere decir? Algo importantísimo: quiere decir que, además del poder del propio conde, en ese pueblo hay un consejo de vecinos con autonomía suficiente para reconocer derechos de propiedad. Estamos a principios del siglo IX; en ningún otro lugar de Europa había nada igual.

Esta Carta Puebla de Brañosera es un documento de valor excepcional. Nos informa sobre los principios de la Reconquista. Nos describe la vida de aquellas gentes. Nos explica el origen de la organización municipal española. Es también el primer fuero conocido en España, junto con el que Carlomagno otorgó a los godos e hispanos de Barcelona. Probablemente hubo otros, pero no han llegado a nuestros días. En particular, la institución del concejo significa una novedad trascendental, porque es el primer ejemplo conocido de democracia municipal. Y no era algo aislado, al revés: el mismo modelo va a emplearse en todas las «comunidades de villa y aldea» (así se llamaron) que a partir de este momento van a aparecer en el mapa de la España cristiana.

Concejo viene del latín «*concilium*», que significa reunión o asamblea. Literalmente, designa a la reunión de los vecinos de un lugar. El norte de España, sobre todo en Castilla y León, pero también en Aragón y Navarra, va a llenarse de concejos entre los siglos X y XI. Los medievalistas no se ponen de acuerdo sobre cómo surgió esta institución: García de Valdeavellano dice que proviene del «*conventus publicus vicinorum*» que había ya en la España visigoda, muy al estilo del clásico *thing* germánico, pero Valdeón dice que no, que es una creación específicamente medieval. Sea como fuere, el hecho es que el concejo se va a convertir en la columna vertebral de la Reconquista. Los vecinos son libres: tienen libertad de residencia y derecho de propiedad. En el concejo deciden sobre cosas fundamentales para la vida comunitaria: el uso de los prados y bosques comunales, del horno y el molino, del riego y los pozos de sal; bienes y propiedades que en otros lugares son atributo del rey o del señor feudal, pero que aquí pertenecen al concejo. Aún más, al concejo se le reconoce potestad administrativa y jurídica, es decir, poder. Estamos ante la primera manifestación en España —y posiblemente en Europa— de legitimidad popular. ¿Quién formaba el concejo? En Castilla, todos los vecinos (concejo abierto). En Aragón, solo un grupo de ellos especialmente significativos por su influencia o su riqueza (concejo cerrado). Inicialmente, el concejo lo presidía un delegado del rey; pronto, sin embargo, el concejo conseguirá gobernarse a sí mismo.

EL FUERO DE LEÓN

En la institucionalización de nuestras ciudades hay un episodio decisivo que es el Fuero de León del año 1017, el primer corpus legal de este tipo en toda Europa. Resumamos el contexto. El reino de León, heredero directo del reino de Asturias, acaba de atravesar la crisis más grave de su existencia. Primero, el propio crecimiento del reino ha provocado el nacimiento de territorios que adquieren su propia identidad, lo mismo en Castilla que en Portugal. Al mismo tiempo, la transformación social del reino, con creciente protagonismo de la nobleza territorial, ha creado serios conflictos, porque cada linaje aspira a mandar en su predio sin trabas de nadie. A ese paisaje había venido a unirse, en la segunda mitad del siglo x, la presión irresistible del régimen militar de Almanzor en Córdoba, que desencadenará sobre León sus golpes. La convergencia de estos tres factores —diversificación territorial, feudalización del poder y amenaza exterior— llevará al reino de León al borde mismo de la catástrofe. Pero Almanzor muere y solo deja tras de sí ruina; el califato estalla en mil pedazos y eso, para los reinos cristianos, significa que el peligro musulmán desaparece. Ahora la corona leonesa puede respirar, pero quedan los otros dos problemas, y no son pequeños.

Es imperativo restaurar el orden en el interior del reino. El paisaje después de las grandes calamidades de la guerra contra Almanzor es simplemente espantoso. Campos yermos y calcinados por doquier. Villas y aldeas reducidas a escombros. Los siervos y los colonos, fugitivos y desperdigados. Los templos y las catedrales, demolidos y saqueados. La reconstrucción será lenta y trabajosa. Ante todo, no había reconstrucción posible si no se aseguraba el buen orden interior: volver a poner a la gente en su sitio, crear seguridad, devolver la vida a las ciudades y a las aldeas, trabajar nuevamente los campos… En cierto modo, había que empezar desde cero. Este es el contexto que explica el nacimiento del Fuero de León.

Es el 28 de julio de 1017. El rey Alfonso V, veintitrés años en aquel momento, con su esposa Elvira, convoca en la iglesia de Santa María de la Regla a la curia regia, es decir, a todos los magnates de León, «pontífices y abades y optimates del reino de España», como dice el propio fuero. La primera preocupación del rey es garantizar el buen funcionamiento de la administración de justicia, prácticamente inexistente después de la gran crisis. Y junto a eso, hay que hacer que los siervos y los colonos vuelvan al trabajo. ¿Cómo lograr que la gente vuelva a los campos? Creando seguridad y reconociendo libertades esenciales, especialmente en el aspecto económico. El fuero reglamenta minuciosamente las relaciones de trabajo y propiedad en todo el reino, particularmente los derechos que asisten al colono. El objetivo es garantizar la repoblación de los campos y la resurrección de la vida económica. Ya hemos visto páginas atrás en qué medida los fueros habían supuesto una estimable ganancia de libertad para los campesinos. Pero es que, junto a todo esto, el Fuero de León dedica además un capítulo específico a algo que hasta ese momento nadie había hecho: regular la vida política de la ciudad. Por eso se dice que León es la primera urbe medieval europea.

Todo el alfoz de León, es decir, la ciudad y las comarcas colindantes, queda constituido como una sola comunidad con su propio fuero y su propio concejo rector, lo cual significa una ganancia importante de libertad personal para los vecinos porque, hasta ese momento, todas las ciudades de Europa estaban bajo la égida de un señor o de un obispo o del propio rey. ¿En qué consistían las atribuciones de ese concejo leonés? Fundamentalmente, en la reglamentación de la vida pública: el cobro de impuestos, la ejecución de obras públicas —por ejemplo, la reconstrucción de la muralla—, la potestad de fijar pesos, medidas y precios, etc. Esto es muy importante porque podemos considerarlo como el acta de nacimiento de la condición urbana: el hombre que vive en la ciudad sin dependencia de un señor.

Es interesante descender al detalle, porque nos dice mucho sobre cómo se vivía en la ciudad. Por ejemplo, el fuero protege explícitamente a gremios como el de los tejedores y el de los toneleros, además de los siervos. Para estimular la llegada de nuevas gentes, se eximía a los vecinos de León de pagar ciertos impuestos. También se les exoneraba de pagar portazgo a la entrada de la ciudad. Y para aumentar la protección jurídica, se dicta que en cierto tipo de delitos el culpable, si tiene familia en León, pueda acogerse aquí a la justicia. Esta última es una medida que hoy puede parecernos inconcebible, pero se explica si pensamos en cuánta gente pudo ser perseguida por delitos que no había cometido o en las falsas imputaciones que en realidad encubrían el propósito de quedarse con los bienes del acusado. Se trataba, en definitiva, de dar a los leoneses garantías y seguridad.

El modelo de ciudad con su concejo se va a generalizar muy pronto en toda la España cristiana, siempre al paso de la Reconquista y de la progresiva repoblación de nuevos espacios cada vez más al sur. Si la primera repoblación, de finales del siglo VIII en adelante, fue ante todo cosa de colonos privados, lo que se inaugura a partir de principios del siglo XI es la «repoblación concejil». El agente protagonista de la colonización ya no son los pioneros privados, sino las comunidades de aldea que han venido a instalarse en tal o cual lugar, con frecuencia por impulso de la propia corona. Es el caso de Ávila, Salamanca o Segovia, por ejemplo. La corona otorga a estos concejos fueros específicos que regulan su vida colectiva y también, con frecuencia, sus derechos y deberes individuales. Cuanto más al sur se halle el lugar repoblado, esto es, cuanto más expuesto esté frente al enemigo musulmán, mayores serán los derechos y libertades de los vecinos, para atraer así a un número creciente de colonos.

LA CIUDAD, ESCENARIO DE LIBERTAD

Después las cosas cambiaron: la Reconquista en los espacios de la meseta sur y de Andalucía no se hizo con colonos, sino con los ejércitos de las órdenes militares (Santiago, Calatrava, etc.) y de los grandes aristócratas, de manera que la repoblación se efectuó con otras reglas, mucho más próximas al modelo feudal. Todo ello mientras en buena parte de la mitad norte peninsular se producía un típico fenómeno de concentración de la propiedad que aumentaba el poder de los grandes linajes, que intensificaron su presión sobre las ciudades. Al mismo tiempo, los concejos crecían y los viejos modelos de democracia asamblearia daban paso a otro de gobierno municipal más restringido. Con todo, las ciudades iban a seguir siendo la alternativa, por así decirlo, al sistema feudal. La gran cuestión política de los siglos medievales es la oposición entre el poder público, encarnado en la corona, y el poder privado de los dueños de la tierra. En esa pugna, los reyes siempre van a encontrar en las ciudades un aliado decisivo para que el poder público prevalezca. España va a ser escenario privilegiado del gran combate.

Un momento decisivo: la subida al trono de Isabel de Castilla y Fernando de Aragón, los Reyes Católicos, que tienen una idea muy concreta de qué reino quieren. Esa unión dinástica en el último tercio del siglo XV no solo da nacimiento a la España moderna, sino que además lleva implícita, en la mente de Isabel y Fernando, una idea muy clara de «*res publica christiana*», lo cual implica el reforzamiento del poder público de la corona frente al poder privado de los nobles. ¿Y quién apoyará a los jóvenes reyes en esa tarea? Las ciudades, primeras interesadas en liberarse de una presión nobiliaria que se estaba haciendo asfixiante. Así que las ciudades del Renacimiento español ya no son los viejos concejos asamblearios de la primera Reconquista, pero siguen siendo el escenario de las libertades públicas por antonomasia. Un lugar donde, al menos idealmente, el pueblo se vincula directamente con el rey. Un lugar, por tanto, dotado de plena legitimidad política para actuar en nombre de la corona.

Legitimidad: aquello que hace que alguien tenga derecho a mandar y que la gente perciba que debe ser obedecido. Sin meternos en más honduras conceptuales, ese de la legitimidad es el principio clave de la política y es, en nuestra historia común, inseparable del municipio, del ayuntamiento, del cabildo, al que se le presupone siempre la capacidad para obrar en justicia. Cuando Núñez de Balboa y sus colonos quieren proteger sus conquistas en Panamá, lo hacen convocando cabildo abierto y fundando el municipio de Santa María la Antigua del Darién, que es la primera ciudad española en la América continental. Era 1510. Tres años más tarde, cuando Hernán Cortés tenga que protegerse del gobernador Velázquez en su aventura mexicana, hará exactamente lo mismo: constituir un cabildo, el de Veracruz. Fundar un municipio acogido formalmente a la autoridad del rey significa, de inmediato, adquirir condición de poder legítimo.

Nadie ha expresado mejor está condición de poder legítimo que nuestros grandes dramaturgos. Porque esa es la historia que cuentan Calderón en *El alcalde de Zalamea* y Lope de Vega en *Fuenteovejuna*, versiones una y otra de un hecho probablemente real. Resumamos el argumento de ambas: un poderoso (un militar o un aristócrata, respectivamente) abusa sexualmente de una joven lugareña; ante la evidente injusticia, y dado que el orden establecido no parece dispuesto a ayudar, el pueblo se toma la justicia por su mano (el alcalde en el caso de Zalamea, el pueblo todo en el caso de Fuenteovejuna) y ejecuta al abusador. Finalmente —y esto es lo decisivo—, el rey refrenda la justicia popular y repone así la honra de la víctima y del pueblo. El mensaje político de fondo es trasparente: por encima de los abusos del poder de hecho, hay una cadena invisible que une directamente al pueblo con el rey y cuya fuerza es tal que puede recomponer el orden de las cosas. El eslabón clave de esa cadena es el municipio, encarnado en la persona del alcalde en el caso de Zalamea y en el conjunto de los vecinos en el caso de Fuenteovejuna. Vemos otra vez cómo, en la mentalidad tradicional española, el municipio es el escenario de las libertades públicas. Y eso es un rasgo muy típicamente español, porque en ninguna otra parte de Europa vamos a encontrarlo expresado con tanta intensidad y a lo largo de tanto tiempo.

El 2 de mayo de 1808, cuando se produce la brutal represión de las fuerzas de Napoleón en Madrid que desencadenará la Guerra de la Independencia, los adalides de la resistencia popular buscarán precisamente un municipio, un ayuntamiento, para legitimar su alzamiento. Fue el de Móstoles. Vale la pena contar esta historia, mucho menos conocida de lo que debiera. A Móstoles se había retirado, buscando refugio, un personaje importante de aquella España: Juan Pérez Villamil, fiscal militar, secretario del Almirantazgo, académico, miembro de la Junta, político conservador, partidario del Antiguo Régimen. Ya es el mediodía del 2 de mayo cuando Pérez Villamil recibe una visita inesperada: otro importante caballero, Esteban Fernández de León, consultor de la corona para asuntos de las Indias, que estaba abandonando Madrid con su familia cuando le sorprende el levantamiento. Ante la gravedad de los hechos, Fernández de León altera su ruta y acude a ver a Pérez Villamil para contarle lo que está pasando. Villamil, jurista como es, reflexiona sobre el mejor modo de tomar alguna medida que, por un lado, sea efectiva, y por otro, no ponga en peligro a nadie que se halle en aquel momento en Madrid. Decide entonces promover un bando municipal. Porque, en ausencia de gobierno, era un documento oficial firmado por una autoridad, de manera que debía ser obedecido. Así que Pérez Villamil redacta un texto y se lo lleva a los alcaldes de Móstoles, que eran dos: uno designado por el estamento noble, Andrés Torrejón, y otro por el estamento general («de hombres buenos», se llamaba), y que era Simón Hernández. Dos ancianos labradores que, naturalmente, obedecieron las instrucciones del influyente Pérez Villamil. El bando era una inequívoca llamada a las armas:

Como Españoles es necesario que muramos por el Rey y por la Patria, armándonos contra unos pérfidos que so color de amistad y alianza nos quieren imponer un pesado yugo, después de haberse apoderado de la Augusta persona del Rey; procedamos pues, a tomar las activas providencias para escarmentar tanta perfidia, acudiendo al socorro de Madrid y demás pueblos y alentándonos, pues no hay fuerzas que prevalezcan contra quien es leal y valiente, como los Españoles lo son.

Otra vez esa cadena que vincula directamente a la corona y al pueblo a través de los municipios. El bando es enviado a toda España. Los alcaldes que lo van recibiendo lo remiten a su vez a cada cabeza de partido, desde donde se extiende por todas partes. Es el 4 de mayo cuando llega a Badajoz. Allí lo lee el comandante general de Extremadura, que lo transmite a su vez a las autoridades militares de Sevilla y Cádiz. La estructura formal del Estado permanece, teóricamente, junto a los franceses, pero ya no cuenta nada: el bando de Móstoles se ha convertido en una especie de orden de movilización general. La voz de guerra se propaga de punta a punta del país. Toda España se levanta.

Karl Marx, en un artículo para el *New York Daily Tribune*, explicó que el gran error de Napoleón fue creer que España era una monarquía absoluta como todas las demás, es decir, que bastaría con cortar la cabeza para que todo el sistema se desmoronara, ignorando que aquí había una sociedad lo bastante autónoma como para recoger del suelo la soberanía. Así lo dice expresamente Marx: «La vida local de España, la independencia de sus regiones y municipios, la diversidad del estado de la sociedad, son fenómenos basados originariamente en la configuración física y geográfica del país y en la diversidad de los modos cómo las distintas regiones se emanciparon de la dominación mora para formar pequeñas entidades independientes». Esa independencia y esa diversidad eran el fruto de algo que Marx no conocía a fondo, aunque vislumbraba: nuestra larga tradición de libertad municipal, única en Europa, que arranca de las circunstancias de la Reconquista y que desde muy temprano convirtió a nuestras ciudades en escenario de libertades públicas y de participación ciudadana, tal y como ambas cosas pudieran entenderse antes de las revoluciones modernas.

Tradición, por cierto, a la que hay que sumar otro hecho nada desdeñable: aquí, entre nosotros, nació el primer parlamento europeo, que fueron las cortes de León. Pero de eso hay que hablar en capítulo aparte.

7

LAS CORTES DE LEÓN, EL PRIMER PARLAMENTO DE EUROPA

Entre los laureles de la Historia de España figura algo que hoy poca gente recuerda: en nuestro suelo nació el primer parlamento democrático de Europa. Fue en León, hacia el siglo XII; el mismo modelo encontraremos muy pronto en Castilla, en Aragón y en Navarra. Aquella democracia no era como la de ahora, pero se sustentaba igualmente en el principio de la participación del pueblo en el poder a través de representantes legítimos. De aquellas cortes medievales españolas, imitadas pronto en otros lugares de Europa, brotó un sistema de convivencia donde el poder del rey quedaba condicionado a respetar las libertades de sus súbditos. Un episodio que vale la pena recordar: la democracia, en España, no nació ayer.

LA DEMOCRACIA DE LOS ANTIGUOS

La democracia no nació ayer, en efecto. Ni en España, ni en otros lugares de Europa. Todos conocemos el precedente griego. También sabemos de aquellas asambleas de hombres libres de los germanos, el *thing*, una forma de democracia asamblearia. Roma, por su parte, alumbrará su propio principio democrático, según la máxima de que «lo que atañe a todos ha de ser aprobado por todos» (*quod omnes tangit ab omnibus approbetur*). Ese principio, que se remonta a un precepto de Justiniano, se considera como la base del concepto de bien común. En la temprana Edad Media habrá otros ejemplos de democracia primaria, asambleas de hombres libres para resolver problemas locales: en el mundo franco existía el *placitum*; en el anglosajón, el *shire* y el *hundred*; en la España visigoda, el *conventus publicus vicinorum*. La gran innovación fue que esos mismos hombres libres se incorporaran a los grandes órganos de discusión política junto a los magnates y los nobles. Y eso exactamente es lo que ocurrirá en España.

Para tener claro de qué estamos hablando, conviene recordar que la sociedad medieval se estructuraba en estamentos; era un orden social jerarquizado y segmentado. La concepción de la sociedad como articulación de estamentos era una constante de la cultura política europea desde Sócrates, que se figuraba la República como un cuerpo dotado de una cabeza (las clases rectoras, la razón), un pecho (los soldados, el coraje) y un vientre (los productores, el alimento, el trabajo). Esa visión pasó intacta a los estamentos medievales: *oratores*, *laboratores*, *bellatores*. La división estamental era una plasmación, en lo social, de ese orden ideal: los religiosos, los nobles (que todavía eran nobleza de armas) y el estado llano. A cada uno de esos estamentos se le reconocía una función social específica y, en consonancia, una condición jurídica singular.

Este orden no se tradujo en instituciones representativas generales, donde cupieran todos, hasta que el estado llano entró en las asambleas. Aquí, como en otras muchas cosas, fue clave la aportación intelectual de la Iglesia. Son los teólogos quienes, hacia los siglos XII y XIII, reactualizan aquella visión socrática de la comunidad política y la compaginan con el concepto latino de *bien común*. Santo Tomás de Aquino lo expresará de manera inmejorable: a la hora de garantizar el bien común, será bueno hacerlo por «gobernantes elegidos por el pueblo de entre el pueblo». Así aparecen, junto a los magnates y caballeros del estado nobiliario, junto a los prelados y abades del estado eclesiástico, los patricios de las villas y ciudades. Y eso es lo que ocurre en León, por primera vez en Europa.

QUE ENTRE EL PUEBLO

¿Por qué precisamente en León y en esta época? Por las circunstancias de la Reconquista, como en tantas otras cosas. Los reinos cristianos que nacen después de la invasión musulmana empiezan, en gran medida, desde cero. La estructura del poder se construye sobre bases muy elementales: el rey, sus nobles, los clérigos. Pero cuando la Reconquista tome impulso, en su estela nacerán nuevos núcleos de población y grupos humanos con una personalidad política singular: hombres libres que han constituido ciudades que se gobiernan a sí mismas, con tierras que cultivan para sí, que organizan mercados, con un vida económica y social independiente... Esa libertad, ya lo hemos visto, lleva implícito el reconocimiento de un cierto número de derechos de naturaleza colectiva. Como estas comunidades de hombres libres son la base de los reinos de la Reconquista, los reyes no tardarán en convocarlos. Así es como entran en escena los hombres del estado llano, las gentes de los municipios, a través de los procuradores («personeros» u «hombres buenos») que ellos mismos han elegido para tal fin. Y así se conforman las cortes medievales.

Escenario: el claustro de San Isidoro en León. Es abril de 1188. Ante la mala situación del reino, un monarca que acaba de llegar al trono con diecisiete años, Alfonso IX, se ve forzado a tomar medidas excepcionales. Tanto que convoca a la Curia regia y, por primera vez, en ella no estarán solo los magnates eclesiásticos y los nobles, sino también los representantes de las ciudades: León, Oviedo, Salamanca, Ciudad Rodrigo, Zamora, Astorga, Toro, Benavente, Ledesma... Evidentemente, Alfonso IX no convocó a los representantes de las ciudades porque fuera un demócrata. Más bien lo hizo porque su apoyo le resultaba imprescindible para sacar a flote el reino. Con enemigos en todos los puntos cardinales, el rey necesitaba dinero para costear su defensa. Las aportaciones de la nobleza, encastillada en sus privilegios, no eran suficientes. Pero las ciudades mantenían una vida económica próspera y pujante que apenas tributaba al tesoro real, porque las villas, por sus fueros, gozaban de exenciones importantes. Si alguien podía echar una mano al tesoro real, esas eran las ciudades.

Naturalmente, esa ayuda no iba a ser gratuita: el rey ofrecería a cambio contrapartidas importantes. ¿En qué terrenos? Sobre todo, en la administración de justicia y en la protección contra los abusos de los poderosos. De aquellas primeras cortes deriva, por ejemplo, el derecho de todos los súbditos a pedir justicia directamente al rey, sin pasar por la intermediación de los señores feudales. Además se trató sobre asuntos como la inviolabilidad del domicilio —un viejo tema del derecho tradicional europeo— y la obligación de convocar cortes para declarar la guerra y la paz. Hay quien ha llamado a estas medidas «Carta Magna Leonesa», lo cual es tal vez un poco exagerado. Pero el hecho es que las medidas aprobadas en el claustro de San Isidoro en 1188, que ratificaban y ampliaban el Fuero de León de 1017, se convirtieron en guía para todas las leyes posteriores.

¿Eran de verdad democráticas esas cortes? Sí. Sus miembros habían sido elegidos por cada estamento con un mandato imperativo, es decir, con la finalidad expresa de votar en una dirección concreta. Y dentro de aquellas cortes, todas las voces valían igual. Además, tenían atribuciones muy amplias. El poder del rey medieval no es tan omnímodo como hoy creemos. Las cortes aprueban leyes, consignan impuestos, atienden las reclamaciones contra cualquier trasgresión del orden. Y tienen la facultad de requerir al rey para que jure las libertades particulares de los súbditos, como condición necesaria para aceptar la soberanía regia. Conocemos cuál era el contenido del juramento que se exigía al rey en las cortes de los reinos de Castilla y León. Era así:

> —*¿Jura Vuestra Alteza confirmar a las ciudades, villas y lugares de este Reino, las libertades, franquicias, exenciones, privilegios, cartas y mercedes, como también los usos, costumbres y ordenanzas, ya firmadas y juradas, y dar a todas las ciudades, villas y lugares su carta de confirmación?*
>
> —*Sí, juro.*

Ese juramento significaba algo de un valor trascendental: que nadie perdería sus derechos y que el rey aceptaba mantener el estatus jurídico de sus territorios, lo cual garantizaba la supervivencia del orden colectivo.

«NOS, QUE VALEMOS TANTO COMO VOS...»

Las primeras cortes democráticas fueron las de León, decíamos. Consta su existencia en 1188. Algunos autores aventuran que las cortes de Castilla pudieron reunirse aún antes, hacia 1160. Es difícil saberlo porque aquellas cortes no eran como las de ahora, una asamblea estable y fija, sino que se reunían con periodicidad discontinua y previa convocatoria del rey, para disolverse tras haber realizado su tarea. Este sistema parlamentario se extendió muy rápidamente por toda la España cristiana a lo largo de los siglos XIII y XIV, y siempre con el nombre de «cortes». Después de León y Castilla, lo encontraremos en Portugal, Aragón, Navarra, Cataluña, Valencia. En cuanto a Álava, Guipúzcoa y Vizcaya, que no eran reinos, sino que estaban dentro del reino de Castilla, tenían cada una sus Juntas. Como en Castilla y León, en todas partes se atribuye a las cortes la función de defender el derecho frente al poder personal del rey. Es lo que dice el hermoso y conocidísimo juramento de las cortes de Aragón:

Nos, Que valemos tanto como Vos, E que juntos valemos más que Vos, Os facemos Rei, Si guardais nuestros fueros y libertades. E si non, Non.

El modelo pasó también al resto de Europa. En 1295 se regula la presencia de los representantes del «tercer estado» en Inglaterra. Un camino similar se recorre en Francia: en 1302 consta ya la presencia institucional de las ciudades francesas en los primeros Estados Generales.

Aunque las cortes se disolvían una vez resuelta su tarea, la representación no desaparecía del todo. Cada reino poseía su diputación general o generalidad, que era una especie de comisión permanente con la función de velar por el cumplimiento de lo acordado en las cortes y que nadie violase los fueros. Así nace la Generalitat de Cataluña a partir de 1359; en Navarra, bastante tiempo después, ya dentro de la unidad española, se llamará Cámara de Comptos.

El sistema no fue una balsa de aceite, evidentemente. Con frecuencia unas ciudades entraban en conflicto con otras, territorios contra territorios, y como sus derechos eran distintos, los reyes se vieron no pocas veces obligados a convocar cortes distintas en cada lugar. Había otras razones que dificultaban la reunión normal de unas cortes generales: las epidemias, el hambre, la falta de seguridad… Moverse en los siglos XIII y XIV no era cosa fácil. Por otra parte, enviar procuradores a las cortes resultaba costoso: no será inusual que las ciudades más pobres dejen de estar representadas por la imposibilidad material de pagar el viaje. Muchas veces las reuniones se limitarán al estado llano en una ciudad concreta; de aquí procede el término «ayuntamiento».

Pero a pesar de todas esas limitaciones, lo cierto es que la textura política de aquella España medieval sería notablemente más democrática que la del resto de Europa, y ello precisamente por la participación del estado llano en las cortes. La institución de las cortes pronto se convierte en una tradición política bien arraigada que los reyes mantienen generación tras generación. Así decía la Ley de las cortes de Medina del Campo de 1328:

> *Porque en los hechos arduos de nuestros reinos, es necesario el consejo de nuestros súbditos y naturales, especialmente de los procuradores de nuestras ciudades, villas y lugares de nuestros reinos; por ende ordenamos y mandamos, que sobre tales hechos grandes y arduos, se hayan de ayuntar Cortes, y se faga consejo de los tres estados de nuestros reinos, según lo hicieron los reyes nuestros progenitores.*

Ya hemos visto cómo Fernando e Isabel, cuando hayan de asegurar su trono, lo harán apoyándose en las ciudades contra el poder de los nobles. Y ganarán.

Las cortes medievales y aquel sistema de protección de las viejas libertades terminaron extinguiéndose con el paso del tiempo. Por una parte, las antiguas libertades locales, los fueros, pasaron a ser demasiadas veces monopolio de señores y patricios, dejando al margen al súbdito común. Por otro, la consolidación del poder regio hacía más difícil aún la supervivencia de unas cortes que ya habían perdido gran parte de su auténtica naturaleza. Felipe V suprimió las cortes de Aragón tras la Guerra de Sucesión. Un siglo después, el liberalismo —a partir de la Constitución de 1812— completará la obra al suprimir progresivamente las cortes de Navarra, las Juntas de Álava, Guipúzcoa y Vizcaya, y las cortes de Castilla. Pero el viejo sistema había configurado una manera muy característica, muy española, de entender la vida política. Y lo que nos queda es el mérito de la primicia: aquí, en León, nació el primer parlamento democrático de Europa.

8

LAS PRIMERAS PROFESORAS DE UNIVERSIDAD

Es cosa comúnmente aceptada que la primera mujer que impartió clases en una universidad europea fue la italiana Laura María Caterina Bassi, física y filósofa que enseñó en Bolonia en el siglo XVIII. Doña Laura tiene mucho mérito, sin duda, pero no es verdad que fuera la primera. En realidad las primeras mujeres (porque son dos) que enseñaron en una universidad europea fueron españolas: Luisa de Medrano y Francisca de Nebrija, la primera en Salamanca y la segunda en Alcalá, ambas en los primeros años del siglo XVI. Y eso por no hablar de las sabias que enseñaban latín a los hijos (e hijas) de los reyes, como la gran Beatriz Galindo. Esta es una de las facetas menos conocidas de nuestro Renacimiento: la significativa aportación de mujeres de mérito a la vida cultural española, algo prácticamente inédito en la Europa de aquel tiempo.

LA «QUERELLA DE LAS MUJERES»

Viajemos a un lugar muy concreto: el gabinete de la reina Isabel I de Castilla, Isabel la Católica, en su palacio de Medina del Campo.

Sobre un mueble, varios libros ordenados con esmero. Y entre los libros, uno que desde casi un siglo atrás venía dando mucho que hablar: *La ciudad de las damas*, de la poetisa veneciana afincada en Francia Christine de Pizan. Tesis de combate: las mujeres no son inferiores por naturaleza, su inteligencia no es menor que la de un hombre, no son la perdición de los varones ni el nido del pecado. El libro de la Pizan es deliberadamente una respuesta a la misoginia entonces imperante, en particular en la corte francesa. ¿Cómo responder a ese desafuero? Christine de Pizan está dispuesta a demostrar que las mujeres pueden ser, por lo menos, tan nobles como los varones. Así, echa mano de múltiples ejemplos históricos de mujeres egregias y, con la ayuda de tres damas coronadas (la Razón, la Derechura y la Justicia), va ordenando esos ejemplos como quien construye un edificio, primero, y una ciudad después. Esa ciudad es la «ciudad de las damas», que la autora pone bajo la advocación de la Virgen María.

La ciudad de las damas apareció en 1405 y es la pieza clave de lo que se conoce como «querella de las mujeres», es decir, el gran debate cultural del momento acerca de la diferencia de los sexos y la distinta cualidad de hombres y mujeres. Suele pensarse que el papel de la mujer en la Edad Media era de pura sumisión, algo semejante a un bien mueble propiedad del varón. Esto no es exactamente así. La gran medievalista francesa Regine Pernoud, que ha documentado como nadie este asunto, sostiene que la mujer medieval gozaba de un estatuto relativamente privilegiado hasta finales del siglo XIII; a partir de ese momento, sin embargo, la influencia de la escuela jurídica de los «legistas» empujó a recuperar el derecho romano y, con él, la subordinación absoluta de la mujer. En el caso de España, es verdad que en la alta Edad Media encontramos numerosos ejemplos donde la mujer es titular de derechos en primera persona, desde firmas de diplomas hasta títulos de propiedad, pero que eso cambia sensiblemente a medida que avanza el siglo XIV.

La intensidad del debate estaba plenamente justificada: realmente, era una cuestión existencial. La discusión pronto hirvió en todo occidente: Francia, Italia, España. A nuestros reinos llegó muy pronto. Entre 1440 y 1470 aparecen varios libros, tanto en Castilla como en Aragón, donde los autores, invariablemente varones, toman a su cargo la defensa de las mujeres: Diego de Valera, Juan Rodríguez de Padrón, Álvaro de Luna, Pere Torroella, Martín Alonso de Córdoba... Pero lo más significativo es que, en medio de la polémica, toman la palabra dos mujeres extraordinarias: Isabel de Villena y Teresa de Cartagena.

Teresa de Cartagena había nacido en Burgos, en una familia de judíos conversos, probablemente hacia 1425. Hoy casi nadie la recuerda, pero es la primera escritora en lengua castellana con nombre conocido y la primera gran poeta mística de nuestras letras. Estudió en la Universidad de Salamanca —porque, en efecto, nada vetaba en la época que las mujeres acudieran a la universidad si su familia así lo deseaba y si se lo podía permitir— y muy pronto vivió las dos experiencias que iban a marcar su vida: la vocación religiosa y la sordera. La primera, la fe, le enseñó a vivir de una manera muy particular la segunda, la enfermedad. Su primera obra, *Arboleda de los enfermos*, es un tratado de espiritualidad que busca dotar de un sentido religioso al sufrimiento físico. Tuvo tanto éxito y causó tanta impresión que de inmediato surgieron las críticas: eso tenía que ser un plagio, eso no podía haberlo escrito una mujer. Entonces Teresa decidió escribir un segundo libro: *Admiración de las obras de Dios*, que entra de lleno en la «querella de las mujeres», porque su mensaje explícito es precisamente una defensa de la inteligencia de la mujer. La capacidad de entendimiento de los varones —razona Teresa— no es algo que ellos posean por sí mismos, sino que es Dios el que se la ha concedido, y del mismo modo la grandeza de Dios puede otorgar esa inteligencia a las mujeres. Dios creó al hombre y a la mujer diferentes, pero esas diferencias son complementarias y necesarias, porque cada sexo tiene misiones decisivas que cumplir en la obra divina.

Por los mismos años en que Teresa de Cartagena daba a copia sus libros, aparecía la obra magna de otra mujer excepcional: Isabel de Villena. Nacida hacia 1430 como Eleonor de Villena, hija ilegítima del aristócrata Enrique de Villena, poeta y nigromante, Isabel fue acogida por la reina María de Aragón y se crio en la corte de Alfonso V el Magnánimo en Valencia. A los quince años ingresó por propia voluntad como monja clarisa y desde entonces se dedicó al estudio y a la oración. Se sabe que escribió varios tratados de espiritualidad, pero solo se ha conservado uno: su *Vita Christi*. Y aunque sea el único que ha permanecido, es suficiente para consagrarla como la primera escritora en valenciano y como uno de los grandes nombres de la literatura mística. Y además, como otra aportación decisiva a la «querella de las mujeres», porque la perspectiva de esta *Vida de Cristo*, escrita para ilustrar a las monjas de su orden, es deliberadamente femenina. Lo que hace Isabel de Villena en su obra es contar la vida de Jesús de Nazaret desde la mirada de santa Ana, su abuela; María, su madre, y María Magdalena. Para ello emplea no solo los textos canónicos, sino también los apócrifos, y echa mano de recursos puramente literarios como los sueños y la imaginación, todo ello con un lenguaje sencillo y familiar en el que, sin embargo, saltan continuamente referencias que acreditan una erudición formidable.

LAS PRIMERAS PROFESORAS UNIVERSITARIAS DE EUROPA

¿Casos aislados? No tanto. En aquella misma década de 1480, cuando aparecían la *Admiración* de Teresa y la *Vita Christi* de Isabel, estudiaba ya en la Universidad de Salamanca una muchacha que con solo quince años leía, hablaba y escribía latín, y traducía los textos clásicos con perfección admirable. Su nombre era Beatriz Galindo y la llamaban «la Latina». Mujer de curiosidad inagotable, pronto dominó además el griego mientras estudiaba, por su cuenta, teología y medicina. En 1486, cuando se disponía a tomar los votos, que tal era el camino al que su familia la había destinado, recibió una llamada que cambiaría su vida: la reina Isabel de Castilla deseaba que Beatriz le enseñara latín. Así acabó Beatriz en la corte, convertida en maestra de la reina Isabel y, después, de sus hijos, además de estrechísima consejera de aquella monarca que, en efecto, guardaba en su biblioteca un ejemplar de *La ciudad de las damas* de Christine de Pizan.

De Isabel la Católica se cuenta que gustaba de reunir en torno a sí a mujeres cultivadas, como si quisiera construir su propia «ciudad de las damas». Que la reina protegió expresamente a determinadas mujeres que deseaban emprender la carrera del conocimiento, eso es algo que está sobradamente demostrado. El caso más notorio es sin duda el de la primera profesora de una universidad europea: Luisa de Medrano, nacida en 1484 en Atienza, en el seno de una noble familia muy vinculada a Isabel. El padre y el abuelo de Luisa murieron combatiendo en la guerra de Granada y la reina tomó a su cargo a toda la familia. A Luisa, que desde niña mostró una inteligencia sobresaliente, le facilitó hacer carrera en Salamanca. No se sabe gran cosa de la vida de Luisa, pero uno de los más notables eruditos del Renacimiento español, el italiano Lucio Marineo Sículo, que enseñó en Salamanca durante doce años, dejó de ella un retrato que vale la pena reproducir, porque no cabe mayor muestra de admiración:

> *La fama de tu elocuencia me hizo conocer tu gran saber de estudios antes de haberte visto nunca. Ahora, después de verte, me resultas aún más sabia y más bella de lo que pude imaginar, joven cultísima. Y después de oírte me ha causado gran admiración tu saber y tu ornada oratoria, sobre todo tratándose de una mujer llena de gracia y belleza, y en plena juventud. He aquí a una jovencita de bellísimo rostro que aventaja a todos los españoles en el dominio de la lengua romana. ¡Oh, felices padres que engendraron tal hija! Debes mucho, clarísima niña, a Dios omnipotente y bondadoso por tu inteligencia.*

Mucho debes agradecer a tus padres que no te dedicaron a los oficios comunes entre las mujeres, ni a los trabajos corporales, en sí tan ingratos por su caducidad, sino que a los estudios liberales te consagraron, que son elevados y de eterna duración. Y te deben ellos a ti no poco, que su esperanza y ambición con tu constancia y gran estudio superaste. Te debe España entera mucho, pues con las glorias de tu nombre y de tu erudición la ilustras. Yo también, niña dignísima, te soy deudor de algo que nunca te sabré pagar. (...) Ahora es cuando me he convencido de que a las mujeres, Natura no negó ingenio, pues en nuestro tiempo, a través de ti, puede ser comprobado, que en las letras y elocuencia has levantado bien alta la cabeza por encima de los hombres, que eres en España la única niña y tierna joven que trabajas con diligencia y aplicación no la lana sino el libro, no el huso sino la pluma, ni la aguja sino el estilo.

Así que la primera mujer que enseñó en una universidad fue esta extraordinaria Luisa Medrano. Pero la segunda, que también es española, no debía de andarle mucho a la zaga. El sabio sevillano Nebrija gozó de la inestimable ayuda de su hija Francisca, que colaboró con él en sus investigaciones. Y cuando el cardenal Cisneros «libere» a Nebrija dándole la cátedra de Retórica de la Universidad de Alcalá, será precisamente Francisca la que asista, primero, y sustituya después a su padre en el atril del aula. Estamos en 1513. En ningún otro lugar de Europa había mujeres impartiendo clase en una universidad.

En el panorama de nuestras sabias damas del Renacimiento habría que hacer hueco a otros nombres que, por desgracia, no caben aquí. Citemos solo uno más: Luisa Sigea. Su historia nos conduce a un momento trágico de nuestra historia: la guerra de las Comunidades de Castilla. María Pacheco, viuda de Juan Padilla, dirige la última resistencia de los comuneros frente al poder imperial. María proviene de una familia estrechamente vinculada a la reina Isabel y es una mujer de gran cultura: sabe latín y griego, se ha cultivado en las matemáticas, las letras, la historia... Junto a él, en su último baluarte toledano, se encuentra su instructor, Diego Sigeo, humanista toledano de origen francés. Los comuneros son derrotados. Es el año 1522. María Pacheco debe exiliarse en Portugal. Junto a ella marcha Diego, que deja en España a sus hijos. La más pequeña, Luisa, recibe la misma educación que sus hermanos varones. Diego hará carrera en Portugal como preceptor de la familia real. En 1536 toda la familia se reúne en Lisboa. Luisa crece. Muy pronto asombra a todos por su talento. Además del español y el portugués, aprende francés e italiano. Domina el latín, el griego, el árabe, el hebreo. Adquiere vastos conocimientos de filosofía, poesía y literatura. En 1540 —tiene solo dieciocho años— dirige una carta en latín al papa Paulo III junto a una serie de poemas en esa misma lengua. Para colmo, es bellísima, de manera que se convierte en una celebridad en todos los órdenes. La corte portuguesa la contrata como escritora profesional al servicio de la corona.

Luisa Sigea volverá a España en 1552. Morirá ocho años después, en Burgos, en 1560. Es la misma fecha en la que a algunos kilómetros de allí, en Ávila, otra mujer, Teresa de Jesús, comienza a escribir su autobiografía. Otro nombre de oro en la lista de sabias mujeres de nuestro Renacimiento.

9

LA PROTECCIÓN DE LOS INDIOS DE AMÉRICA

España es el único país del mundo que dictó leyes específicas para proteger a los vencidos de una conquista: los nativos de América. Nadie había hecho nada parecido antes y nadie lo haría después. Desde el mismo momento de la conquista hubo instrucciones muy concretas por parte de la corona para que los indios no sufrieran abusos. Y cada vez que la realidad de los hechos contradijo tan buenas intenciones, nuevas leyes vinieron a insistir en el designio de nuestros reyes: los indios no podían ser maltratados. Es algo completamente insólito.

EL TESTAMENTO DE ISABEL

Hasta aquel momento, y durante siglos, el derecho de conquista se había basado en tres fuentes que nadie discutía. Una, el derecho romano: el descubrimiento y ocupación de un territorio era título suficiente para ejercer un pleno dominio con total legitimidad. Dos, el derecho consuetudinario medieval: los no cristianos carecían de personalidad jurídica y por tanto no podían ser sujetos de derecho, lo cual legitimaba la esclavitud, entre otras cosas. Tercera fuente, el derecho pontificio: dado que el papa era suprema jurisdicción internacional, la Santa Sede podía otorgar derecho de conquista a un rey, a un «príncipe cristiano». Cuando España llega a América, lo hace con todos esos títulos; la conquista es estrictamente legal y legítima. Ahora bien, había algo que cambiaba las cosas: el papa había prescrito que los españoles quedaban obligados a la evangelización, la conversión de los infieles. Y eso significaba que los indios, una vez conversos, eran sujetos de derecho. Quien mejor lo expresó fue la reina Isabel la Católica en el codicilo de su testamento, es decir, en el añadido final a sus últimas voluntades. Decía textualmente así:

> *Cuando nos fueron concedidas por la santa sede apostólica las Islas y Tierra Firme del Mar Océano, descubiertas y por descubrir, nuestra principal intención fue inducir y traer a los pueblos de ellas y convertirlos a nuestra santa fe católica, y enviar a las dichas Islas y Tierra Firme prelados y religiosos y clérigos y otras personas doctas y temerosas de Dios, para instruir a los vecinos y moradores de ellas en la fe católica, y enseñarles y adoctrinarles en buenas costumbres, y poner en ello la diligencia debida. Por ende, suplico al rey mi señor muy afectuosamente, y encargo y mando a la princesa, mi hija, y al príncipe, su marido, que así lo hagan y cumplan, y que este sea su principal fin, y que en ello pongan mucha diligencia y no consientan ni den lugar a que los indios, vecinos y moradores de las dichas Indias, ganadas y por ganar, reciban agravio alguno en sus personas ni bienes, sino que manden que sean bien y justamente tratados, y si algún agravio han recibido, lo remedien…*

Trascendental innovación: por primera vez una potencia conquistadora se imponía a sí misma la obligación de tratar bien a los vencidos, no esclavizarlos y convertirlos a la fe de Jesucristo. En la época, semejante disposición fue de una heterodoxia inconcebible, porque alteraba el derecho de conquista hasta entonces vigente. Un derecho que había llevado a los conquistadores a la convicción de que no había nada inmoral en explotar a los vencidos. Nace así una contradicción, que llegará a ser violenta, entre la teoría de la conquista, que se rige por el nuevo imperativo de la evangelización, y la práctica, que se aplica según los viejos principios de ocupación y dominio.

Porque la práctica, en efecto, no fue muy diferente de la de toda la vida. Se había prohibido la esclavitud, cierto, pero el sistema de dominio empleado en su lugar dejaba demasiado campo abierto a la más brutal explotación. Ese sistema fue el de la «encomienda», adaptación del mismo sistema empleado en la última fase de la Reconquista, y que consistía en otorgar al vencedor una tierra en propiedad con un determinado número de indios para que la trabajaran. Teóricamente, recibir una encomienda llevaba consigo la obligación de proteger a sus trabajadores y evangelizarlos. Pero eso era la teoría. ¿Quién se ocupaba de vigilar que las normas de la reina Isabel se aplicaran? En realidad, nadie. Con frecuencia la vida de los indios en las encomiendas era una forma de esclavitud con otro nombre. Añadamos a eso la terrible mortandad que causó la entrada masiva en las Indias de los virus que los europeos traían consigo, virus que la población amerindia nunca había sufrido y que surtieron un efecto intensísimo. Aquello debió de ser un infierno. Pero entonces aparecieron los curas, los misioneros. Y ellos sí estaban dispuestos a hacer que se cumplieran las órdenes de Isabel.

LA REBELIÓN DE LOS FRAILES

Un momento decisivo: el 21 de diciembre de 1511, último domingo de Adviento. Los nombres más distinguidos de La Española se han reunido en la iglesia de Santo Domingo para asistir a la liturgia. Allí están el gobernador Diego Colón —hijo del descubridor—, los principales encomenderos de la isla y las autoridades de la colonia. Entonces el dominico fray Antonio Montesino sube al púlpito y, ante el estupor de los presentes, les espeta: «¡Todos estáis en pecado mortal!». Aquel hombre, el dominico Montesino, lleva poco más de un año en La Española: ha llegado con otros catorce hermanos para evangelizar a los indios y hacer realidad el mandato de la difunta reina. Los predicadores han visto lo que está sucediendo en campos y minas. Y no están dispuestos a callar.

> *Todos estáis en pecado mortal* —clama Montesino desde el púlpito— *y en él vivís y morís, por la crueldad y tiranía que usáis con estas inocentes gentes. Decid, ¿con qué derecho y con qué justicia tenéis en tan cruel y horrible servidumbre aquestos indios? ¿Con qué autoridad habéis hecho tan detestables guerras a estas gentes que estaban en sus tierras mansas y pacíficas; donde tan infinitas dellas, con muertes y estragos nunca oídos, habéis consumido? ¿Cómo los tenéis tan opresos y fatigados, sin dalles de comer ni curallos en sus enfermedades, que de los excesivos trabajos que les dais incurren y se os mueren, y por mejor decir, los matáis, por sacar y adquirir oro cada día? ¿Y qué cuidado tenéis de quien los doctrine, y conozcan a su Dios y criador, sean bautizados, oigan misa, guarden las fiestas y domingos? ¿Estos, no son hombres? ¿No tienen ánimas racionales? ¿No sois obligados a amallos como a vosotros mismos? ¡Tened por cierto, que en el estado que estáis, no os podéis más salvar que los moros o turcos que carecen y no quieren la fe de Jesucristo!*

Montesino repitió su sermón al domingo siguiente. El problema alcanzó una temperatura insoportable. Los predicadores llegaron hasta las últimas consecuencias: negaron la absolución a los encomenderos que mantuvieran indios en régimen de explotación. El veto no ahorró a nadie. Por ejemplo, entre los que vieron su absolución negada figuraba incluso un sacerdote que en otro tiempo, como colono, había participado en la conquista de Higüey y ahora regentaba un repartimiento de indios. Se llamaba Bartolomé de las Casas.

Quizás en otro lugar y en otro tiempo no habría pasado nada, pero en la España del Renacimiento sí pasó. La denuncia de los dominicos llegó a España y el rey Fernando tomó cartas en el asunto.

Fernando el Católico nunca había sido un místico ni tampoco un idealista —era más bien un tipo del género pragmático—, pero sabía perfectamente que la legitimidad de la presencia española en las Indias descansaba en el mandato evangelizador. Si los frailes se sublevaban contra el poder civil, es que algo grave estaba ocurriendo. En marzo de 1512 la corona ordenó a los dominicos de la colonia viajar a España. En principio, para castigarles por insubordinación. Pero la España de la época, contra todos los tópicos actuales, era probablemente el país más civilizado y culto de Europa, de manera que Montesino y sus compañeros, de vuelta en la península, no fueron ejecutados, ni torturados, ni encarcelados ni nada de eso, sino que se les llamó a capítulo, se les interrogó, se escucharon sus razones y, finalmente, se deliberó sobre cuánto había de verdad y mentira en sus denuncias. Y hecho todo esto, la corona decidió que había que tomarse en serio el asunto. ¿Cómo? Dictando normas de obligado cumplimiento que garantizaran la dignidad de los indígenas y el mandato evangelizador de la conquista. Era la hora de los juristas.

LAS LEYES DE BURGOS

Fernando el Católico reunió a lo mejor que tenía: a la sala capitular del convento dominico de San Pablo, en Burgos, llegaron el letrado Hernando de la Vega, los licenciados Gregorio (predicador del rey), Santiago Zapata, Moxica y Santiago, el afamado doctor López de Palacios Rubios (cumbre de los juristas de su tiempo) y los teólogos fray Tomás Durán, fray Pedro de Covarrubias y fray Matías de Paz, dominicos los tres. Los frailes Antonio de Montesino y Pedro de Córdoba concurrieron como testigos, pero también, en representación de la otra parte, el franciscano Alonso del Espinar. Y allí, en aquellas sesiones, Matías de Paz formuló por primera vez una tesis que para la época era sencillamente revolucionaria, a saber: que el indio era un ser humano pleno y, por tanto, titular de derechos. Hoy nos parece una obviedad, pero en 1512 solo mentes españolas —y, desde luego, no todas— estaban en condiciones de pensar de esta manera.

De la Junta de Burgos salieron unas leyes —fechadas el 27 de diciembre de aquel año— que a partir de entonces iban a orientar la acción colonizadora en América. Se llamaron *Ordenanzas reales para el buen regimiento y tratamiento de los indios*. Sus disposiciones representaban una innovación trascendental. Los indios —decían las leyes de Burgos— son libres y deben ser tratados como tales. Han de ser instruidos en la fe, como mandan las bulas pontificias. Tienen la obligación de trabajar, pero sin que ello estorbe su educación en la fe, y de tal modo que ellos obtengan provecho personal de su trabajo, lo que incluye expresamente un salario justo. Ese trabajo ha de ser conforme a su constitución, de manera que lo puedan soportar, y ha de tener sus horas de distracción y de descanso. Los indios han de poseer casas y haciendas propias, y deben disponer de tiempo para dedicarlo a su cultivo y mantenimiento. Además, han de tener contacto y comunicación con los cristianos. En suma, las leyes de Burgos declaraban prohibidas la esclavitud y la segregación.

Costará mucho aplicar esas leyes; entre otras cosas, porque para la mentalidad general de la época resultaban inconcebibles. Los dominicos, de hecho, no dejarán de exigir su cumplimiento. Pero al año siguiente habrá nuevas leyes —las de Valladolid— que ampliarán la protección a las mujeres y a los niños. Y la obra legislativa no cesará, hasta el punto de convertirse poco más tarde, con Francisco de Vitoria, en el embrión de la teoría jurídica de los derechos humanos. Enseguida lo veremos.

Y LAS LEYES NUEVAS

El proceso va a ser permanente. La conquista no se detendrá, y ocasionalmente será tan violenta como todas las conquistas de todos los tiempos, pero a cada paso vamos a ver una reacción moral que pone en cuestión la victoria, que obliga a reflexionar sobre el derecho al dominio, que exige la aplicación de reglas que humanicen —o, más precisamente, que cristianicen— la conquista. Continuamente habrá leyes orientadas a ese fin y con la misma constancia encontraremos a la Iglesia y a los funcionarios del rey empeñados en hacerlas valer. El último y decisivo episodio fueron las Leyes Nuevas de 1542.

Se llamaron oficialmente *Leyes y ordenanzas nuevamente hechas por su majestad para la gobernación de las Indias y buen tratamiento y conservación de los indios*. Se promulgaron en Barcelona el 20 de noviembre de 1542. Constaban de cuarenta capítulos y su contenido se ha definido como una Constitución política de las Indias, fórmula que, viendo su letra, no parece exagerada. Dice el capítulo 7:

> … *Nuestro principal intento y voluntad siempre ha sido y es la conservaçión y agmento de los indios y que sean instruidos y enseñados en las cosas de nuestra sancta Fée cathólica y bien tratados como personas libres y vasallos nuestros, como lo son.* —Y prescribe el capítulo 21—: *Ordenamos y mandamos que de aquí adelante por ninguna causa de guerra ni otra alguna, aunque sea so titulo de revelión ni por rescate ni de otra manera, no se pueda hazer esclavo indio alguno, y queremos sean tratados como vasallos nuestros de la Corona de Castilla, pues lo son.*

Una vez más, el contenido de este nuevo cuerpo legal era revolucionario para la época. En materia de esclavitud, por ejemplo, las Leyes Nuevas prescribían que no hubiera causa ni motivo alguno para hacer esclavos ni por guerra ni por rebeldía ni por rescate (o sea, botín de conquista) ni de ninguna otra manera. Más aún, ordenaba que los esclavos existentes fueran puestos en libertad si no se mostraba el pleno derecho jurídico a mantenerlos en ese estado, e imponía a las Audiencias —los órganos judiciales— muy severos requisitos para acreditarlo. Las Leyes Nuevas prohibían también, entre otras cosas, que se utilizara a los indios como porteadores («tamemes», se los llamaba) si no era por su propia voluntad y con la debida retribución.

Estas normas ya de por sí lesionaban seriamente a los encomenderos, pero lo peor era que la propia institución de la encomienda quedaba condenada a muerte. Las Leyes Nuevas ordenaban que los oficiales reales —virrey incluido— no tuvieran derecho a poseer encomiendas de indios, y la prohibición se extendía a las órdenes religiosas. Pero, además, añadían que los repartimientos de indios otorgados a los primeros conquistadores debían extinguirse cuando los propietarios murieran y que los indios pasaran a quedar bajo protección de la corona, prohibiendo expresamente que las encomiendas pasaran de padres a hijos.

Importa ponerse en la mentalidad de la época para calibrar el alcance de estas leyes. La supresión de las encomiendas era una auténtica calamidad para los colonos; un duro golpe que la inmensa mayoría tomó como injustificada agresión no solo a sus intereses, sino también a sus méritos. Porque aquellas encomiendas eran su vida. La encomienda no era solo una institución económica, una forma de organizar la producción. Era también una institución política, porque organizaba el territorio. Era además una institución social, porque trazaba el mapa de jerarquías y obediencias. Y era una institución religiosa, porque, al menos en su concepción original, el encomendero estaba obligado a evangelizar a los indios. La encomienda, es decir, una tierra en propiedad con indios para trabajarla, era la recompensa del conquistador. Esa gente, muchas veces de origen muy humilde, había cruzado el mar, se había endeudado hasta las pestañas para pagarse el equipo (armas, caballos, etc.), había visto caer a la mitad de sus compañeros, había superado penalidades sin cuento, había peleado con auténticas muchedumbres de enemigos, había vencido y, por consiguiente, lo justo era que a cambio obtuviera un premio. Ese premio no era solo económico —la tierra conquistada y sus frutos—, sino también social: ser propietario de una hacienda que trabajaran otros —porque el señor no trabaja con sus manos— y que además pudiera ser legada a la descendencia, de manera que uno se convirtiera en fundador de un linaje señorial.

Todo eso significaba la encomienda, ya se tratara de un campo de maíz o de una mina de plata: era el símbolo del ascenso social, la materialización de la fama y la gloria. Si eso ahora se suprimía, si la encomienda desaparecía a la muerte del propietario, si se cegaba la única fuente de ingresos para pagar las deudas contraídas, si la recompensa obtenida no se podía legar a los herederos… entonces, ¿para qué tanto esfuerzo? ¿No era como si el rey escupiera sobre la sangre derramada… en nombre del rey?

El asunto de las encomiendas terminará provocando nada menos que una guerra civil en el Perú: una guerra entre españoles, celosos de sus derechos adquiridos los unos (los encomenderos), fieles a las órdenes del rey los otros. Después de mil avatares, se terminaría aceptando que las encomiendas pasaran de padres a hijos, pero con importantes limitaciones. Por otro lado, la propia evolución de las cosas —la libertad personal de los indios, el creciente mestizaje, etcétera— hizo que las encomiendas terminaran extinguiéndose en muy pocos años. Y detrás quedaba algo insólito: una potencia vencedora que había creado un corpus legal para proteger a la población vencida. Nunca nadie había hecho nada igual.

10

LA PRIMERA FUERZA PÚBLICA MODERNA

Es importante la seguridad, ¿verdad? Es muy difícil ser libre si nadie te asegura que puedas ir de un lado a otro sin que te asalten en cualquier camino. Hubo un tiempo en que la vida era así: vivir era arriesgado fuera de ámbitos muy restringidos. Nadie vigilaba los caminos y a veces, incluso, eran los propios dueños de los caminos quienes te asaltaban. La organización de la seguridad pública es una de las grandes construcciones modernas. Y en eso España fue pionera con la creación de la primera fuerza pública moderna, es decir, centralizada, permanente y sujeta a la ley: se llamó la Santa Hermandad y la crearon los Reyes Católicos. Hoy se considera el primer cuerpo de policía nacional del mundo.

LA LEY DE LA JUNGLA

Tenemos que ponernos en situación: cuando los Reyes Católicos se hacen con la Corona, España vivía un caos importante. En Castilla, al calor de la guerra civil, numerosos nobles se habían convertido en bandoleros que se dedicaban impunemente al saqueo. Bandas de facinerosos controlaban los caminos y extorsionaban a los labradores. En Aragón, por su parte, el bandolerismo era una constante de la vida cotidiana, y aún lo sería por mucho tiempo más. Estamos ante un auténtico orden mafioso: los magnates controlan organizaciones de delincuentes y los delincuentes creen posible convertirse en magnates. La corona no podía controlar lo que pasaba en sus territorios. Así se lo explicaba al obispo de Coria el cronista Hernando del Pulgar en 1473:

> *El duque de Medina con el marqués de Cádiz, el conde de Cabra con don Alonso de Aguilar, despojan toda aquella tierra de Andalucía. La provincia de León es devastada por don Alonso de Monroy, maestre de Alcántara. En Toledo, alcázar de emperadores, todos, grandes y chicos, viven una vida bien triste y desventurada. Medina, Valladolid, Toro, Zamora, Salamanca, están bajo la codicia del alcalde de Castronuño, Pedro de Mendoza, uno de los mayores facinerosos (...). El conde de Treviño, con esos caballeros de las Montañas, trabajan asaz para asolar toda aquella tierra hasta Fuenterrabía. No hay más Castilla; si no, más guerras habría (...). Las muertes, robos, quemas, injurias, asonadas, desafíos, fuerzas, ajuntamientos de gentes que cada día se facen, abundantes en diversas partes del reino, son por nuestros pecados de tan mala calidad, e tantos en cantidad.*

No se trataba solo de un problema de orden público. Era también un problema político de primera magnitud, porque esos aristócratas convertidos en delincuentes disputaban el poder a los reyes. Lo mismo estaba ocurriendo en toda Europa: el poder regio trata de afirmarse frente al poder feudal, y este recurre a la violencia para impedirlo. El orden feudal ya no es lo que era: la vieja regla de que el fuerte debía proteger al débil, norma tradicional de la caballería cristiana, había quedado hecha migas bajo una aristocracia frecuentemente degenerada. En esa situación, los concejos de las villas buscan una forma eficaz de proteger sus campos, sus ferias, sus montes. Como las mesnadas de los señores feudales ya no protegen a nadie, sino más bien al revés, los concejos organizan su propia defensa con hermandades de hombres armados. En Castilla había hermandades locales de este tipo desde mucho tiempo atrás. El primer intento por organizarlas en un solo cuerpo es de 1473, cuando aún reinaba Enrique IV, pero esta primera hermandad no sirvió de gran cosa. En 1476, cuando el conflicto por la sucesión en Castilla dé lugar a una verdadera guerra civil, se constatará que hace falta un concepto nuevo: más autoridad, capacidad para actuar en todo el territorio de la corona, mejor organización... Para eso nacerá la Santa Hermandad Nueva.

CASTIGAR A LOS MALHECHORES

Los promotores de la idea fueron el asturiano Alonso de Quintanilla, Contador Mayor de Cuentas, y el burgalés Juan de Ortega, primer sacristán del rey y provisor de Villafranca de Montes de Oca. Gente seria y finos políticos. Primero acudieron a ver a los concejos de las ciudades más importantes: Burgos, Palencia, Medina, Segovia, Olmedo, Salamanca, Zamora. No sin dificultad, porque las ciudades no se fiaban, lograron que cada concejo enviara un representante a la ciudad de Dueñas, en Palencia, donde Quintanilla y Ortega organizaron una reunión general a finales de marzo de 1476, pocas semanas antes de que los reyes presidieran la asamblea de las cortes en Madrigal. Y allí, en aquellas cortes de Madrigal, Quintanilla tomó la palabra ante los reyes y les habló así:

> *Muy excelentes Señores, es notorio cuántos robos y asaltos y muertes y heridas y capturas de hombres se hacen y se cometen cada día en estos vuestros Reinos, en los caminos y yermos de ellos, desde el tiempo que vuestra Real Señoría reina. A lo cual ha dado causa la entrada de vuestro adversario de Portugal en estos Reinos, y el favor que le han dado algunos caballeros vuestros, rebeldes y desleales y enemigos de la patria. (...) Y como estamos*

> *seguros de que Vuestra Alteza desea poner remedio en esto y castigar a los malhechores, pero las guerras en que estáis metidos no os dan lugar a ello, hemos pensado en el remedio (...) Y nos pareció el mejor y sin costa vuestra el que se hiciesen Hermandades en todos vuestros Reinos, y cada ciudad y villa con su tierra entre sí, y las unas con las otras, de lo cual Vuestra Alteza mandó hacer sus Ordenanzas. Por ende suplicamos las mande dar por ley para todos vuestros Reinos, para que hayan mayor fuerza e vigor.*

Los Reyes Católicos aceptaron la propuesta. El 19 de abril de 1476 se publica el Ordenamiento de Madrigal, la carta fundacional de la Santa Hermandad, que debía cumplirse en todo el reino de Castilla en un plazo de treinta días, so pena de graves sanciones. El Ordenamiento añadía novedades importantes en el plano jurídico. La Hermandad se convertía en jurisdicción superior a la hora de perseguir a los delincuentes: todas las autoridades quedaban obligadas a entregar los presos que la Hermandad reclamase. Se prescribía una lista detallada de delitos competencia directa de la Hermandad: asalto en los caminos, robos de muebles o semovientes en despoblado, muerte, herida, incendio de mieses, viñas y casas... Se señalaba la forma de ejecutar la sentencia en caso de condena a muerte: a flechazos en descampado. Pero el Ordenamiento se esforzaba también por preservar la objetividad de la justicia y las garantías para el acusado. La Santa Hermandad nacía con un plazo limitado de vigencia: dos años, hasta que el problema de la inseguridad hubiera quedado resuelto.

¿Cómo se organizaba esta primera fuerza de policía? Ortega y Quintanilla lo habían previsto todo. Las ciudades aportarían, por cada cien vecinos, un jinete, y por cada ciento cincuenta, un hombre de armas. Asturias, las merindades del norte del Ebro y de Aguilar de Campoo aportarían solo soldados de infantería. Para mantener al nuevo cuerpo se estableció un impuesto —la llamada «sisa», que de ahí viene el verbo sisar— sobre todas las mercancías menos la carne. En total habrá dos mil hombres en esta primera policía, cuyo rasgo fundamental es que, por primera vez, podían actuar en todo el territorio de la corona. También empezó a adoptarse el hábito de que los soldados de la Santa Hermandad, para ser fácilmente reconocidos, vistieran en sus trajes mangas de color verde. Muchos siglos más tarde, el verde sería recuperado para el uniforme de la Guardia Civil.

LA SEGURIDAD COMO POLÍTICA DE ESTADO

La iniciativa lesionaba derechos de personas, grupos e instituciones que hasta entonces habían hecho de su capa un sayo. Por otro lado, la Santa Hermandad no era solo un cuerpo de policía, sino que también traducía la voluntad de los reyes de afirmar su poder sobre otros derechos particulares, lo cual inquietaba a mucha gente; entre otras cosas, las ciudades debían mantener económicamente a los soldados de la Hermandad, y eso no gustaba demasiado a unos concejos que hasta hacía poco tiempo habían tenido que pagar también el chantaje de los bandoleros. Pero los reyes movieron sus hilos tocando donde más duele: si las grandes ciudades castellanas querían garantizar el comercio de la lana con caminos seguros, ferias prósperas y transportes sin sobresaltos, no tenían otra opción que aceptar las exigencias de mantener a las tropas de la Santa Hermandad. Más aún: la propia junta de la Hermandad dictó que todas las villas y lugares del reino quedaban obligadas a entrar en el nuevo sistema de seguridad, so pena de sanciones de entre veinte mil y cien mil maravedíes. La seguridad se convertía, por primera vez, en política de Estado. El primer capitán de la Santa Hermandad fue Alfonso de Aragón, hermanastro del Rey Católico.

¿Fue eficaz la Santa Hermandad? Los cronistas de la época de Isabel, ciertamente poco críticos con la reina, atribuyen al nuevo cuerpo una eficacia desmedida. Así lo decía, por ejemplo, Lucio Marineo Sículo: «Cesaron en todas partes los hurtos, sacrilegios, corrompimientos, prisiones, injurias, blasfemias, bandos, robos públicos y muchas muertes de hombres, y todos los otros géneros de maleficios, que sin rienda ni temor de justicia habían discurrido por España mucho tiempo».

¿Un remanso de paz? No: todavía entre 1492 y 1493 encontraremos una larga lista de crímenes reprimidos. Pero precisamente esa lista demuestra que la Santa Hermandad funcionaba a pleno rendimiento: el delito era registrado, perseguido y sancionado. Por otro lado, y para evitar suspicacias locales, los reyes tuvieron el tacto de permitir que junto a la Santa Hermandad coexistieran las hermandades previas, de carácter local, integradas en la nueva. Es lo que ocurrió en Guipúzcoa, Álava y Vizcaya, y también en Toledo y Talavera. Así, y siempre estrechamente sujeta a la autoridad de los reyes, la Santa Hermandad demostrará una eficacia notable. Su periodo inicial de vigencia —dos años— fue prorrogado reiteradas veces. Sirvió también como núcleo del primer ejército profesional, porque los efectivos de la Hermandad participaron en la toma de Granada y en las expediciones a Nápoles y las Canarias. Además de todo eso, la información recogida por la Santa Hermandad será la base de los primeros censos y padrones modernos de España, ya iniciado el siglo XVI.

La Santa Hermandad Nueva desapareció como tal a finales del siglo XV. Su trabajo sería prolongado por las hermandades locales durante siglos, frecuentemente bajo el mismo nombre de Santa Hermandad, y con labores de policía rural. En ese largo periplo hubo de todo: extraordinarios ejemplos de abnegación y otros casos bastante menos edificantes. La Santa Hermandad fue oficialmente disuelta en 1834. Para la Historia quedaba como el primer cuerpo de seguridad nacional creado en Europa. Y en 1844 aparecía un nuevo cuerpo que se proclamaba heredero de su espíritu y que, como ella, velaría por la seguridad de los caminos y los campos de España simultáneamente en todo el territorio nacional: nacía la Guardia Civil.

11
EL PRIMER CATEDRÁTICO NEGRO DE LA HISTORIA

Universidad de Granada, 17 de octubre de 1565, festividad de San Lucas. Un catedrático sube, solemne, al atril de la institución para dar el discurso de apertura del año académico. El público atiende, expectante. En la ciudad todo el mundo conoce al protagonista, pero los forasteros no pueden disimular su asombro. Porque el catedrático en cuestión es negro. El primer catedrático negro de Europa. Su nombre: Juan de Sessa, pero todo el mundo lo conoce ya como Juan Latino.

La historia de Juan Latino es realmente sorprendente. La población negra en la España de la época era exigua. Los que había eran, por lo general, esclavos o descendientes de esclavos, y destinados casi invariablemente al servicio doméstico. También Juan venía de ahí. Pero aquella sociedad era más abierta de lo que nos han hecho creer.

LA ESCLAVITUD EN ESPAÑA

¿Había esclavos en la España del siglo XVI? Sí. Pocos y en lugares muy concretos (Andalucía y Valencia, sobre todo), pero los había.

Hay que recordar que la esclavitud fue, durante miles de años, una institución económica como cualquier otra. El tráfico comenzó en el último tramo del siglo XIV, cuando los portugueses se apoderaron de las viejas rutas esclavistas de los musulmanes. A los puertos de la ría de Huelva empezaron a llegar los primeros barcos cargados con negros comprados en África. Después, cuando los castellanos abrieron la conquista de las Canarias, entraron en el cupo los aborígenes de las islas.

El tipo de producción dominante en la España de la época no precisaba de mano de obra masiva, de manera que los esclavos se destinaban sobre todo al trabajo doméstico; esto explica que dos tercios de los esclavos fueran mujeres. Al mismo tiempo, el final de la reconquista en Granada dejaba «bolsas» de población morisca, musulmana, que ya era esclava bajo el dominio nazarí o que cayó en tal condición por la derrota, y que permaneció atada a los campos que cultivaban. Más adelante, cuando se dicte la expulsión de los moriscos, muchos de ellos se entregaran voluntariamente como esclavos para evitar el destierro. Estos esclavos agrarios quedaban en un régimen singular, mucho más parecido al de la servidumbre feudal que a la esclavitud propiamente dicha: podían circular libremente, trabajaban los campos y entregaban al amo una parte de sus ingresos. Con frecuencia llegaban a pagarse su manumisión, y entonces se convertían en proletariado agrario que trabajaba a jornal. Era muy diferente el panorama de la esclavitud en América, pero de eso nos ocuparemos en otro capítulo. El hecho es que sí, en la España del XVI había esclavos.

Volvamos a nuestro protagonista y apuntemos a una linajuda familia andaluza: los Fernández de Córdoba. El marido: Luis Fernández de Córdoba y Zúñiga, IV conde de Cabra. La esposa: Elvira Fernández de Córdoba, II duquesa de Sessa, hija del Gran Capitán. Primos, en efecto; casados en 1518 con bula papal. Dos personajes de primera línea en la corte del rey Carlos I, enteramente volcados en la política italiana de la corona española. El matrimonio viaja a

Nápoles, primero, y a Roma después: Luis ha sido nombrado embajador del rey ante el papa. Llevan consigo a sus hijos: Gonzalo, María, Beatriz y Francisca. El infortunio se ceba con la familia: Elvira muere en el parto de su quinto hijo en 1524, Luis le sigue apenas dos años más tarde. Los cuatro pequeños son enviados a España, al cuidado de su abuela materna. Son alojados en el palacio familiar de Baena y muy pronto se trasladan a Granada.

Los pequeños Fernández de Córdoba encuentran entre el servicio de su nuevo hogar algo no muy frecuente: dos esclavos negros, madre e hijo. Son «etíopes», se dice, pero en la época el adjetivo «etíope» respondía aún a su etimología literal griega, es decir, «cara negra». ¿De dónde venía aquella gente? Imposible saberlo. La madre había sido comprada en algún lugar de África por traficantes portugueses que después la vendieron en Sevilla. Allí pasó a ser propiedad de la Casa de Aguilar, los Fernández de Córdoba. Por el camino, en algún momento del año 1518, nació su hijo Juan, de padre desconocido. Le bautizan con el apellido ducal de la familia: Juan de Sessa. Cuando los huérfanos de Luis y Elvira se instalan en Granada, a Gonzalo, el primogénito, le adjudican como paje y sirviente al niño Juan.

DESDE FUERA DEL AULA

Gonzalo es el señor y Juan es el esclavo. Pero son dos niños de ocho y diez años respectivamente: viven, juegan y estudian juntos. A Gonzalo se le educa con el esmero humanista de la España del Renacimiento: gramática, retórica, matemáticas, latín… las «artes liberales» del momento. Al lado del pequeño heredero de los títulos familiares, el niño esclavo Juan, en silencio, aprende. Gonzalo crece. Llega el momento de cubrir los estudios superiores en el colegio imperial de San Miguel de Granada, la universidad local, recién creada por Carlos I. Juan acompaña al joven duque Gonzalo a las clases: el señor entra en el aula, el esclavo escucha desde fuera... y sigue aprendiendo.

En los pasillos del colegio se produce un encuentro que iba a ser crucial en la vida de Juan: el joven esclavo negro se cruza con el afamado gramático Pedro de la Mota, maestro de su señor. Pedro reconoce enseguida el talento de Juan y, maestro ante todo, le empuja a formalizar sus estudios. A Juan se le abre el mundo. Quiere estudiar Medicina. Sin embargo, sus amigos —empezando por el propio Gonzalo, el duque— le aconsejan que se oriente hacia las Humanidades: latín, griego, música... La carrera de Juan es imparable. En particular, son los eclesiásticos de Granada los que más le respaldan, lo cual es particularmente relevante porque la universidad está estrechamente asociada a la catedral. En 1538, cuando cuenta veinte años, es manumitido por la familia, es decir, deja de ser esclavo para convertirse en un hombre libre. Seguirá, no obstante, vinculado a los Fernández de Córdoba y protegido por los sucesivos arzobispos de Granada: Gaspar Ávalos de la Cueva, Fernando Niño y Pedro Guerrero, eclesiásticos de amplia formación universitaria que sin duda vieron en Juan, ante todo, un talento que merecía volar.

Juan voló, por supuesto. En 1546 obtuvo el título de Bachiller en Filosofía. Empezó a ganarse la vida como profesor particular, ligado a las actividades docentes de la parroquia de San Gil y Santa Ana, recién levantada al pie de la Alcazaba. En la zona vivía un amigo de los Fernández de Córdoba: el caballero Bernardino de Carleval, concejal de la ciudad y administrador del patrimonio de la Casa de Sessa. Bernardino necesitaba un profesor de música para su hija, la joven Ana, y pensó en Juan. Ana y Juan se conocieron. Ana y Juan se enamoraron. Ana y Juan se casaron, «acaso impulsados por algún hecho consumado», según dicen púdicamente las crónicas locales. Era 1548. Parece que al padre de la novia no le hizo mucha gracia, pero tanto la Casa de Aguilar (los Fernández de Córdoba) como el arzobispo Pedro Guerrero bendijeron el enlace. El matrimonio tendrá cuatro hijos.

CATEDRÁTICO DE GRAMÁTICA Y LENGUA LATINAS

La carrera académica de Juan de Sessa alcanzó su cumbre en 1556. Ese año obtiene la licenciatura universitaria y el doctorado en Artes. De inmediato el arzobispo Pedro Guerrero le propone para la cátedra de Gramática y Lengua latinas, que ha quedado vacante. No se la regalaron: para optar al puesto tuvo que pasar el preceptivo examen ante el propio arzobispo, el jurista Pedro de Deza y el gobernador de la ciudad, el conde de Tendilla. Aprobó. Juan de Sessa ya era Juan Latino. Desempeñará el cargo hasta la vejez. El primer catedrático negro de Europa.

A partir de ese momento, la vida del profesor Juan se confunde con la historia cultural y política granadina, que fue particularmente intensa en estos años. Amigo y consejero de Pedro de Deza, presidente de la Real Chancillería de Granada (el órgano judicial local), vamos a encontrar a nuestro personaje metido en todo género de situaciones, desde la guerra contra los rebeldes moriscos, donde apoya decididamente a la corona, hasta el espinoso asunto del traslado de los restos de los Reyes Católicos, episodio en el que la intervención de Juan resulta decisiva al convencer a Felipe II de que mantenga el sepulcro de Isabel y Fernando en la ciudad en vez de trasladarlos a El Escorial. Juan Latino conoció y trató a Juan de Austria, al que dedicaría una de sus composiciones más conocidas: la *Austriada*, himno poético a la victoria de Lepanto. Intimó también con san Juan de la Cruz cuando el carmelita estuvo en Granada. Fue asimismo la primera persona de raza negra que publicó un libro en imprenta: sus epigramas, editados por el maestro impresor Hugo de Mena.

Tanta fue su fama que Lope de Vega y Cervantes se hicieron eco de su singular personalidad. El propio Felipe II ordenó que le hicieran llegar un retrato suyo para colocarlo entre los personajes ilustres que adornaban el Alcázar de Madrid. Lástima que ese retrato, como casi todo lo que había allí, se quemara en el incendio de

1734: por culpa de esas llamas nos hemos quedado sin saber cómo era su rostro. Juan Latino murió, muy anciano, en algún momento después de 1594. Se había quedado casi ciego y ya limitaba su vida pública a recibir alguna visita ocasional. Pero su fama pervivió.

Sin duda el caso de Juan de Sessa es excepcional, tanto por la escasísima población negra de la España de aquel tiempo como por las rígidas barreras sociales que vetaban el ascenso a alguien nacido con la condición de esclavo. Y sin embargo, ocurrió, lo cual debería llevarnos a revisar ciertos tópicos sobre nuestro pasado. Porque en ningún otro lugar de Europa hubo nada igual.

12
LA PRIMERA TEORÍA DE LOS DERECHOS HUMANOS

Hoy nos parece natural pensar que todo ser humano, por el hecho de serlo, posee derechos que nadie puede discutir. El derecho a la vida, por ejemplo. Son los llamados «derechos humanos», es decir, derechos que se suponen inherentes a la condición humana. Ahora bien, esto no fue siempre así. Más aún, durante muchos siglos se pensó que la gente tenía derechos solo en función de su situación concreta (la ciudadanía romana, algún fuero local, etc.) y, por tanto, que esos derechos del mismo modo podían desaparecer. Las primeras declaraciones modernas de derechos humanos son de los siglos XVIII y XIX. Pero antes de eso hubo quien pensó por primera vez que los seres humanos, en sí mismos, eran portadores de derechos fuera cual fuere su situación. Eso ocurrió en España en el siglo XVI. Y fue el embrión de lo que hoy conocemos como «derechos humanos».

UNA CUESTIÓN MORAL

Esta historia tiene un contexto concreto que es el debate moral sobre la conquista de América. Y un nombre en particular que es el de Francisco de Vitoria. El debate moral posee un fondo religioso inequívoco: la bula papal que habilitaba a España para descubrir y conquistar las Indias hacía mención expresa de la evangelización como objetivo fundamental de la empresa, es decir, que lo que daba derecho a la corona a dominar las Indias era la conversión al cristianismo de las poblaciones nativas. Puesto que se trataba de evangelizar, el gobierno de los nuevos territorios era incompatible con cualquier forma de explotación violenta. Esa es la razón por la que la reina Isabel, desde el principio, ordena que los indios sean bien tratados, prescripción que en la legislación posterior —ya lo hemos visto— se traduce en la prohibición de la esclavitud y en un amplio abanico de medidas de protección de los nativos. Contravenir estos principios era tanto como privar a España de derecho sobre su imperio americano.

Desde la «rebelión de los frailes» de La Española en 1511 ya se vio que una cosa era la teoría y otra, la práctica. Por más que se prohibiera la esclavitud, las formas de organización económica en la época eran las que eran, el sistema de encomiendas venía a ser simple servidumbre y el hecho de que los indios fueran nominalmente libres no cambiaba gran cosa. Añadamos a eso la constatación de la gran mortandad que se produjo en las poblaciones nativas, mortandad que hoy sabemos producto del gran choque vírico por las enfermedades exportadas a América, pero que en la época era imposible no relacionar con la dominación económica y política. Las incesantes denuncias de fray Bartolomé de las Casas y de buena parte del clero español en América tienen que entenderse en este contexto. Y por más que muchas de esas denuncias se manifestaran falsas, quedaba la cuestión moral de principio, a saber, la actitud de los conquistadores y la legitimidad de su dominio. Incluso el obispo de México, el durangués Juan de Zumárraga, llegará a cuestionar la licitud de la conversión de los indios y de la presencia española en América.

Había, ciertamente, otras opiniones. La posición más extendida era que España tenía derecho a hacer guerra de conquista en las Indias porque, según Aristóteles, los pueblos de civilización superior tienen derecho a dominar y tutelar a los de civilización inferior y, por tanto, es justo que los españoles dominen a los indios, idólatras y antropófagos, y los evangelicen, para llevarlos así a su misma altura. La gran pregunta era hasta dónde llegaba la justicia de la empresa cuando, en la práctica, daba lugar a situaciones objetivamente injustas. El emperador Carlos tomó muy en serio la cuestión y la sometió a uno de los sabios más reputados de Europa: Francisco de Vitoria.

LOS «JUSTOS TÍTULOS» DE VITORIA

Hablemos de Francisco de Vitoria. Es uno de los grandes cerebros de la Historia de España y uno de los pensadores más influyentes de su tiempo. Había nacido en Burgos hacia 1483. Ingresó en los dominicos con poco más de veinte años. Había estudiado Artes y Teología en París. Con cuarenta y tres años se hizo cargo de la cátedra de Teología de la Universidad de Salamanca; estamos hablando de las cumbres de la cultura europea en el Renacimiento. Vitoria introdujo en Salamanca la *Suma Teológica* de santo Tomás de Aquino, que desde aquí se proyectó hacia el resto de Europa. En torno a Vitoria se conformó la Escuela de Salamanca, que promovió, entre otras cosas, una reflexión moral sobre la economía completamente novedosa en su tiempo. Fue el fundador del Derecho Internacional moderno al concebir el mundo como una comunidad de pueblos organizada políticamente y basada en el Derecho Natural. Es él quien sienta las bases del Derecho de Gentes, que es el precedente de la idea moderna de los Derechos Humanos. Y esa reflexión arranca precisamente de su examen sobre la conquista y sobre los derechos de los indios cuando el emperador le consulta sobre el particular.

En 1539 Vitoria publicó dos «relectiones» sobre la cuestión de las Indias (se llaman «relectiones» porque eran el resumen final de las lecciones impartidas al respecto). Su reflexión se centra en los «justos títulos» de la conquista. Apoyándose en Aristóteles y en santo Tomas de Aquino, formula una serie de principios que actúan como requisitos inexcusables para evaluar la justicia de la conquista. No basta con llevar una autorización papal para evangelizar a los nativos. Además hay que entender que los hombres no nacen esclavos, sino libres. Que, por derecho natural, nadie es superior a los otros. Que no se puede dar muerte a una persona que no ha sido juzgada y condenada. Que toda nación tiene derecho a gobernarse a sí misma y puede aceptar el régimen político que quiera, aun cuando no sea el mejor. Que todo el poder del rey viene de la comunidad, porque esta es libre desde el principio. Que ninguna guerra es justa si causa más mal que bien y si no es útil para la nación, por más títulos y razones que haya para una guerra justa. Y si no se respetan estos «títulos», entonces la conquista no es justa.

El orden natural se basa en la circulación libre de personas, luego es justo que los españoles crucen el mar. Pero los indios no son seres inferiores, sino que poseen los mismos derechos que los demás hombres y son dueños de sus vidas y sus tierras. Convertirlos a la fe es un derecho de los españoles, pero es sobre todo un derecho de los indios, a los que se ha de garantizar el conocimiento del Evangelio. Hasta entonces, eso se hacía mediante el llamado «requerimiento»: el conquistador llega y ofrece a los indios la conversión; si se niegan, empieza la guerra. Vitoria dice que ese no es el camino y plantea el «derecho de comunicación»: los indios tienen que entender lo que se les está pidiendo, y solo si ese derecho de comunicación se garantiza, tiene sentido la propagación del Evangelio.

A partir de estos principios, Vitoria le dice a Carlos I que los españoles pueden actuar en las Indias, pero solo conforme a siete «justos títulos». Primer título: los mares son libres y los recursos naturales, si no tienen propietario, son comunes, de manera que es justo viajar a América, abrir minas, buscar perlas, etc.; si los indios vetaran este derecho, sería justo hacerles la guerra, pero solo si de verdad es para defender el propio derecho. Segundo título: todos los cristianos tienen derecho a la propagación del Evangelio, en la forma que disponga el papa. Tercer título: si los indios que se han convertido al cristianismo son forzados por sus jefes a volver a la idolatría, entonces sería justo hacer la guerra contra los idólatras. Cuarto título: si los indios se han convertido, es posible apartar a sus príncipes infieles para poner en su lugar a un príncipe cristiano, y esto es competencia del papa. Quinto título legítimo: los españoles pueden acudir en defensa de las víctimas de gobiernos tiránicos y crueles. Sexto título: los indios tienen que ser libres de aceptar la soberanía de España, y si la aceptan, entonces el dominio español es legítimo. Título séptimo: los españoles pueden socorrer y ayudar a sus amigos y aliados indios en sus guerras contra otros indios enemigos. Pero si la presencia española en América se plantea como una guerra de ocupación o como una guerra de religión, entonces sería injusta.

LA CONTROVERSIA DE VALLADOLID

Hay que suponer que Carlos I no se tomaría muy bien estas consideraciones. Unos pocos años antes, en Inglaterra, le habían cortado la cabeza a Tomás Moro por decirle a Enrique VIII que lo que estaba haciendo no era justo. Pero la España de Carlos I era otra cosa. Tanto que el emperador, dispuesto a poner la moral por encima del poder, actuó en consecuencia. El 3 de julio de 1549, el Consejo de Indias ordena detener las conquistas. Una junta especial de sabios dictaminará sobre cuál es la forma más justa de llevarlas a cabo. Esto es algo que nunca antes había pasado en la Historia: un emperador en la cumbre de su poder toma la decisión de detener sus conquistas hasta tener la certidumbre de que está obrando en justicia.

Aquella junta de sabios pasará a la historia como la «Controversia de Valladolid», porque en la capital castellana se desarrollaron las sesiones. Fue en agosto de 1550. Allí se dieron cita los mejores espíritus del imperio: el segoviano Domingo de Soto, el navarro Bartolomé de Carranza, el alcarreño Melchor Cano, todos dominicos, y también Pedro de la Gasca, el primer pacificador del Perú, junto a los jurisconsultos del Consejo de Indias. Francisco de Vitoria no está: ha muerto cuatro años antes. Pero muchos de sus argumentos los recogerá Bartolomé de las Casas, que va a defender que la guerra de conquista es injusta. Y enfrente estará Juan Ginés de Sepúlveda, que va defender lo contrario.

Las Casas y Sepúlveda son los protagonistas del debate. Con ojos de hoy, resulta más simpático Las Casas, porque era el defensor de los indios, y más antipático Sepúlveda, que defendía el derecho imperial. Pero las cosas son mucho más complejas. De fray Bartolomé se sospechaba ya que se estaba inventando muchas de las historias que contaba. Sus denuncias eran justas, pero su generalización distorsionaba la realidad. Por otra parte, la supresión de las encomiendas había traído más complicaciones que ventajas, incluso para los propios indios. En cuanto a Sepúlveda, era un intelectual de primer rango, menos fanático que Las Casas, y sinceramente convencido de la justicia de la conquista. Ambos serán los portavoces de las posturas en liza. Si por fray Bartolomé fuera, España abandonaría las Indias; para Sepúlveda, al revés, había que quedarse allí. La Junta tuvo dos fases: en el verano de 1550 y en la primavera de 1551. En vano buscaremos nada parecido en la Europa de aquel tiempo; estas cosas solo pasaban en aquella España.

EL PODER SOMETIDO A LA MORAL

¿Quién ganó? En realidad, nadie. O quizá los dos. La mayor parte de los teólogos se inclinó por Las Casas; la mayor parte de los juristas, por Sepúlveda. El tribunal votó y empató. No hubo una sentencia oficial. Pero sí varios informes, y todos ellos tuvieron consecuencias. España no abandonó las Indias. Aquí, como en casi todo, se tuvo en cuenta lo que ya había dicho Francisco de Vitoria: «Es claro que, después de que se han convertido allí muchos bárbaros, ni sería conveniente ni lícito al príncipe abandonar por completo la administración de aquellas provincias». Y se mantuvo el dominio español como Sepúlveda reclamaba. Pero se reconoció que los indios eran personas con derechos propios (hoy nos choca por obvio, pero entonces no lo era) y se suspendió la penetración en el continente americano hasta 1556; en esa fecha se ampliaron los asentamientos en el Perú, y ya fue con instrucciones muy específicas para evitar daño a los indios. Ya no se hablaba de conquista, sino de pacificación.

Lo más importante: a partir de la Controversia de Valladolid, amanecieron los derechos humanos. Fue la primera vez que los reyes y los teólogos se plantearon la cuestión de los derechos fundamentales de los hombres por el simple hecho de ser hombres, derechos anteriores a cualquier ley positiva. Nunca antes un pueblo se había preguntado con tal profundidad dónde acaban los derechos propios, los derechos del vencedor, y dónde empiezan los derechos ajenos, los del vencido. Nunca el poder se había sometido de tal manera a la filosofía moral. Si la gesta de la conquista hizo grande a aquella España, porque nunca se había hecho nada igual, el debate sobre su justicia la agiganta, porque es un rasgo elevadísimo de civilización.

En cuanto a los indios, quizá convenga recordar, porque pocos españoles lo saben, que cuando llegó el momento de las guerras de la independencia en América, a principios del XIX, la mayor parte de los nativos se alineó antes con el bando realista que con el independentista. ¿Por qué? Porque veían en la corona una instancia de protección frente a las ambiciones de la oligarquía criolla. De hecho, después de la aplicación de las Leyes Nuevas y de la Controversia de Valladolid se mantuvieron vivas prácticamente todas las comunidades indígenas que habían sobrevivido a la conquista (que eran muchísimas). Así, cuando empiecen las guerras de emancipación, los nativos estarán muy mayoritariamente con las banderas del rey, y no con los «libertadores». Habrá regimientos enteros de indios defendiendo al rey de España, como el de los Nobles Patricios de Cuzco —cuyos oficiales eran todos de las trece casas de sangre real Inca— o los araucanos del cacique Villacurá. La misma sorpresa se encontró Bolívar en 1820 en el sur de Colombia y en Ecuador: sus enemigos más encarnizados eran indios. Y aquellos indios combatieron hasta el final.

Y así fue como en España apareció la idea que hoy conocemos como «derechos humanos».

13

LOS PRIMEROS EN DEJAR DE QUEMAR BRUJAS

La quema masiva de supuestas brujas y brujos no fue cosa de la Edad Media, como tanta gente cree, sino del tránsito de los siglos XVI al XVII. Sí, los siglos de Descartes, Pascal, Hobbes, Shakespeare, Cervantes, Leibniz… En aquella época que hoy consideramos tan racional, media Europa se volvió loca y se puso a quemar brujas a mansalva. Tampoco fue cosa de la Inquisición, como comúnmente se dice, sino al revés: fue la Santa Inquisición la primera en constatar que aquello era una barbaridad. Y eso ocurrió precisamente en España, que fue el primer país de Occidente que dejó de quemar a las brujas.

En efecto, la propaganda nos ha vendido la idea de una España negra donde la Inquisición quemaba brujas para gozo de una población fanatizada. Pero la realidad es exactamente la contraria: España es el país de Europa que menos brujas quemó, y ello, precisamente, gracias al celo jurídico de la Inquisición. En esta historia hay un nombre propio: el inquisidor don Alonso de Salazar Frías, un hombre de fe, pero también de razón, que descubrió que la inmensa mayoría de los casos de brujería era pura patraña. Salazar pasó a la historia como «el abogado de las brujas». Mientras el resto de Europa (y Norteamérica) seguía con sus cazas de brujas, ya hacía un siglo que España había prohibido esa práctica.

HISTERIA COLECTIVA

Podemos comenzar nuestra historia a finales del siglo XVI. En toda Europa había estallado una auténtica fiebre contra las brujas. Las cifras son alucinantes: se calcula que entre los siglos XV y XVIII habrá cien mil juicios por brujería, de los que la mitad terminaron con la quema del acusado. De esas muertes, unas veinticinco mil ocurrieron en los estados alemanes; en Francia llegaron a cuatro mil; en países tan pequeños como Liechtenstein, las quemas alcanzarán al 10 por ciento de la población, nada menos. Un horror.

España no quedará fuera de estos procesos por brujería, aunque nuestras cifras durante el siglo XVI son comparativamente escasas; algún autor extranjero de la época lo atribuye a que ni el diablo se fiaba de los españoles. Sin embargo, a finales de ese siglo XVI se observa un aumento de la persecución. ¿Por qué? La ola viene de Francia, y más precisamente de un gran jurista y filósofo político, Juan Bodino, que en 1580 ha publicado su *Demonomanía de los brujos*. ¿Y qué hace un jurista hablando de estas cosas? No era solo Bodino; en aquella época, los intelectuales concedían a la demonología gran atención y, de hecho, el ámbito donde se planteaban estas materias no era tanto el eclesiástico como el de la cultura civil. Esta preocupación era reflejo de la general creencia popular en brujos y hechicerías. Bodino añadió un argumento político: los brujos, al reconocer como único señor a Satanás, eran enemigos del Estado.

Por estas y otras razones, hacia 1600 hay un verdadero fenómeno de terror colectivo. La mecha prende en la región vascofrancesa de Lapurdi. Para atender las numerosas denuncias de brujería, el rey de Francia, a petición de los regidores locales, envía a un juez especial, Pierre de Lancre, un hombre absolutamente convencido de la necesidad de erradicar la brujería a sangre y fuego. Lancre entró a saco: acusó formalmente a tres mil vecinos y mandó quemar a unos seiscientos, entre ellos a tres curas. El juez francés lo mezclaba todo: veía brujería en el juego de pelota, en los bailes regionales, en los curanderos rurales... El propio obispo de Bayona tuvo que exigir que Lancre se marchara. Lo hizo, pero no sin llevarse a cientos de presos. Muchos amenazados buscarán refugio en el lado español del Pirineo.

Es entonces cuando se dispara el fenómeno en el norte de España, en las montañas vasconavarrras. Por todas partes aparecen denuncias. La gente de los pueblos levanta rumores, señala culpables, busca acusados... Pronto se extiende una atmósfera de terror comparable a la de otros lugares de Europa. El pueblo señala a tal o cual mujer como hechicera y amiga del demonio. Fulana vuela en las noches de luna llena, Mengana besa el culo de Satán. Algunas, enloquecidas, responden con horribles conjuros. El pueblo pide hogueras. Hay vecinos que denuncian a sus hermanos y madres que denuncian a sus hijas. Cinco acusados serán quemados en pira pública. El terror se extiende. Es la locura.

PERO... ¿DÓNDE ESTÁN LAS PRUEBAS?

Como la violencia empieza a hacer estragos, el orden interviene. Lo hace depositando el problema en manos de la Santa Inquisición, que en España, como en Portugal y en Italia, se encarga de asegurar la unidad religiosa del reino. La Inquisición solo juzgaba a cristianos, no a creyentes de otras confesiones; pero la brujería entraba de lleno en sus competencias, pues se trataba de prácticas satánicas u ocultistas atribuidas a personas bautizadas y, por tanto, sujetas a obediencia a la Iglesia. El Santo Oficio se hace cargo de la situación hacia 1609 e instala en Logroño la sede de los jueces de brujas. Los primeros inquisidores se dejan ganar por la presión popular y la atmósfera generalizada de venganza: se proponen interrogar bajo tortura a los encausados y mandar al fuego a quienes consideren culpables. Pero la Inquisición es una casa muy seria: hay que estudiar los sumarios, documentar las acusaciones, fundamentar la aplicación de la ley... Es decir que la Inquisición, dentro de lo que era, actuaba con criterios estrictamente racionales, y la histeria colectiva desatada en torno a la brujería se ajustaba muy poco a ese patrón.

El material que reunieron los inquisidores era inquietante. Cientos de sospechosos habían confesado acudir a aquelarres donde se adoraba al Macho Cabrío. Otros muchos habían reconocido que elaboraban brebajes mágicos, generalmente a petición de algún vecino, para ayudarse en sus conjuros o realizar transformaciones prodigiosas. Un cierto número de mujeres decía haber mantenido relaciones carnales con el diablo. Por último, numerosas madres habían denunciado a sus propias hijas porque, al anochecer, abandonaban su casa volando por los aires para acudir a los aquelarres. Realmente estremecedor. Por la cuantía y unanimidad de los testimonios, no cabía duda: allí había mucho brujo convicto y confeso.

Pero entonces aparece en escena otro inquisidor: don Alonso de Salazar. Y Salazar duda. Salazar no era un cura cualquiera. Había nacido en Burgos cuarenta y cinco años atrás, hijo de una familia de funcionarios y comerciantes. Su padre era un reputado jurista. El propio Alonso estudió leyes en la Universidad de Salamanca y en Sigüenza. Abrazó pronto la carrera eclesiástica y se le envió como juez a Jaén, donde trabó amistad con el obispo Bernardo de Sandoval. Cuando este fue promovido a arzobispo de Toledo, Alonso de Salazar marchó con él como procurador general de la Iglesia castellana. Y cuando a don Bernardo le nombraron inquisidor general, nuestro hombre cubrió una vacante de inquisidor en Logroño. Era 1609: el preciso momento en el que el norte de España ardía por la cuestión de las brujas. Y Salazar iba a apagar el incendio.

Salazar no dudaba por razones jurídicas, sino por motivos religiosos y por sentido común. Salazar creía en Dios, por supuesto;

creía también en el demonio y no ignoraba la existencia de prácticas brujeriles y satánicas, pero se negaba a atribuir a Satanás los supuestos prodigios que el pueblo narraba en las aldeas y que desafiaban a la inteligencia. En esa misma posición estaba un importante humanista de la época, el extremeño Pedro de Valencia, que había estudiado los procesos por brujería y llegado a la conclusión de que, en la mayoría de los casos, eran invenciones de los testigos, producto del miedo, manifestaciones de algún trastorno mental o, simplemente, una tapadera para encuentros indecentes.

TRABAJO DE DETECTIVE

Así que don Alonso de Salazar se planta ante sus colegas y reclama un poco de sensatez. En este lugar —dice Salazar— no hubo brujos ni embrujados hasta que se comenzó a hablar de ellos. ¿Hemos de creer que en tal o cual ocasión determinada hubo brujería solamente porque los brujos así lo dicen? No —responde Salazar—: no debemos creer a los brujos y los inquisidores no deberían juzgar a nadie a menos que sus crímenes puedan ser documentados con pruebas concretas y objetivas, lo suficientemente evidentes como para que no quepa duda. Pero entonces, ¿cómo documentar que una persona vuela por el aire y recorre setecientos kilómetros en una hora? ¿O que una mujer pueda salir por un agujero por el que no cabe una mosca? ¿O que un tipo pueda hacerse invisible a los ojos de los presentes o sumergirse en el río o en el mar y no mojarse? ¿O que pueda a la vez estar durmiendo en la cama y asistiendo al aquelarre? ¿O que una bruja sea capaz de metamorfosearse en tal o cual animal que se le antoje, ya sea cuervo o mosca? Porque esas eran las cosas que las denuncias decían. Cosas tan contrarias a toda sana razón —argumenta Salazar— que, incluso, muchas de ellas sobrepasan los límites puestos al poder del demonio.

Salazar sabía de lo que hablaba. Se había instalado en el norte de Navarra —en Sanesteban, Doneztebe en vasco— y había hablado con todo el mundo. A lo largo de dos años había comprobado los casos uno a uno, confrontado los testimonios, interrogado a los testigos... Empezó con el caso de María de Ximildegui, de Zugarramurdi, que decía haber acudido a aquelarres y mencionaba a otra vecina, María de Jureteguía. Salazar descubrió cosas asombrosas. Por ejemplo, que los acusados que habían confesado acudir a los aquelarres de brujos no coincidían nunca en señalar un mismo lugar, ni al describir los caminos de llegada y salida, ni lo que allí ocurría. Descubrió también que los brebajes mágicos atribuidos a los brujos, que Salazar experimentó con animales, eran inocuos. Hizo examinar por medio de matronas a las mujeres que decían haber tenido relaciones carnales con el diablo y constató que eran vírgenes. Este investigador, digno de una novela policiaca, quiso saber también qué había de cierto en el caso de esas muchachas que, según sus propias madres, abandonaban la casa volando: hizo atar a la cama a las muchachas en presencia de sus madres y aguardar durante horas; ninguna salió volando. Así se deshizo en España la superstición: gracias al celo lógico del inquisidor Salazar.

Y si todo era una patraña, ¿por qué había tanta gente dispuesta a declarar lo contrario? ¿Era todo una invención? Todo, no: la brujería existía y seguiría existiendo, así como las sectas satánicas. Pero los supuestos aquelarres, con frecuencia no eran más que una mezcla de viejas e inofensivas pervivencias rurales de origen pagano (por ellas quemaron a aquellos tres curas en Lapurdi), o asambleas más o menos subrepticias de alcohólicos. Los misteriosos brebajes mágicos eran recetas de aldeana —ungüentos, cataplasmas— contra enfermedades reales o supuestas. Las amantes del demonio, mujeres con problemas mentales, y las doncellas voladoras, muchachas que al anochecer salían de sus casas para tontear con algún pretendiente. Poco tenía que ver todo esto con la brujería.

Nuestro hombre volvió a sus quehaceres en Logroño. En 1631 le hicieron miembro del Consejo de la Suprema y General Inquisición. Murió poco después, en 1636. La pesadilla de las brujas no había acabado: en Inglaterra, entre 1644 y 1646, quemarán a doscientas mujeres por brujería; Norteamérica vivirá en 1692 la matanza de brujas de Salem. Pero España, Portugal e Italia, los países donde funcionaba la Inquisición, fueron los que menos cazas de supuestas brujas conocieron. Gracias al sentido común de detectives como Alonso de Salazar.

LA VERDAD SOBRE LA INQUISICIÓN ESPAÑOLA

Ya que estamos en ello, conviene decir un par de cosas sobre la Santa Inquisición, institución sobre la que se ha echado tanta basura que su imagen real ha quedado completamente deformada. Originalmente, la Santa Inquisición fue una institución creada en el siglo XII a instancias de los reyes de Francia para perseguir a cátaros y albigenses. Después, en la España del Renacimiento, la Inquisición se estableció con el fin expreso de combatir las prácticas judaizantes de los conversos. El objetivo era simultáneamente político y religioso: en una época donde la paz social dependía de la unidad religiosa, asegurar la ortodoxia era un objetivo de primera importancia. No era una fuerza policial ni nada que se le pareciera: era un tribunal con sus reglas procesales, juzgaba y, a los condenados, los entregaba al brazo secular, que era el que aplicaba las penas.

Es verdad que era una institución pensada para reprimir cualquier disidencia de carácter religioso (vale decir intelectual) y que durante mucho tiempo logró infundir una atmósfera de intenso miedo, pero se ha exagerado mucho su efecto sobre la cultura española de la época. A este respecto conviene recordar unas cuantas cosas. En la España del XVI se podía estudiar sin trabas a Maimónides, Averroes, Copérnico y hasta a Giordano Bruno; la lista de «autores prohibidos» es realmente escasa. Por otra parte, entre los inquisidores generales abundaron personalidades que fueron auténticos mecenas: fray Diego de Deza, que protegió a Colón; el propio Cisneros, que fundó la Universidad de Alcalá, editó a Ramón Llull y protegió a Nebrija; Alonso Manrique, que era amigo de Erasmo... Las cosas no son tan simples como se cuentan por ahí.

Se ha exagerado mucho el número de sus víctimas. Algunos autores aportan cifras fabulosas, pero el origen de esas cifras son dos operaciones de propaganda política. La primera, la del protestante Reginaldo González, funcionario de la Inquisición que fue expulsado del Santo Oficio y, despechado, se refugió en Alemania, se convirtió al luteranismo y escribió hacia 1567 un libro donde revelaba los supuestos métodos del Tribunal. La segunda operación, ya en el siglo XIX fue la de Juan Antonio Llorente, un cura afrancesado, excomisario de la Inquisición en Sevilla, que fue acusado de jansenista, se pasó a los de Napoleón y escribió un memorial con números exorbitados de hasta treinta y dos mil muertos a manos del Santo Oficio. Los investigadores contemporáneos son mucho más comedidos.

Hoy se acepta que la Inquisición procesó a lo largo de sus tres siglos y medio de historia a algo más de ciento veinticinco mil personas —la mitad, antes de 1560—, y sus condenas a muerte no superaron las diez mil, incluidas las condenas «en efigie», es decir, sin presencia física del reo. ¿Cuántas víctimas físicas reales? Según Gustav Henningsen y Jaime Contreras, que han documentado el periodo 1540-1700, el número real de víctimas mortales de la Inquisición española sería de mil ochenta. Para el periodo no documentado, que es el anterior, entre 1480 y 1510, se suelen aceptar las extrapolaciones de García Cárcel a partir de los pocos registros conservados y que arrojan una cifra de unas tres mil ejecuciones. O sea que no nos equivocaremos si decimos que la Inquisición española, en sus tres siglos y medio de historia, no mató a más de cinco mil personas, y más de la mitad de ellas fueron llevadas al cadalso en sus primeros cincuenta años de existencia. En cuanto a la tortura, se ha acreditado que su uso era menos frecuente que en la justicia civil.

Hay que recordar que el siglo XVI va a asistir a las matanzas de anabaptistas en Alemania y Holanda, a las hogueras de Calvino en Suiza, a las persecuciones cruentas de católicos bajo Enrique VIII e Isabel I de Inglaterra… Cualquiera de estos episodios fue, en menos tiempo, más cruento que dos siglos de Inquisición española. Solo la matanza de San Bartolomé en Francia se cobró la vida de veinte mil personas entre agosto y octubre de 1572. Por supuesto que la Inquisición fue un ejemplo de intolerancia. Porque en el siglo XVI todo el mundo era intolerante, y no solo España. Y en el otro plato de la balanza nos queda esta otra historia: España fue el primer país de Europa que dejó de quemar brujas precisamente por decisión de la Santa Inquisición.

14
POR QUÉ LOS ESCLAVOS NEGROS HUÍAN A TIERRA ESPAÑOLA

Florida, 1763. La guarnición española de Fuerte Mosé, al norte de la ciudad de San Agustín, abandona la plaza. La corona española acaba de negociar con Inglaterra un cambalache territorial: la Florida por La Habana. La comunidad de la Gracia Real de Santa Teresa de Mosé, que tal es su nombre oficial, se ve obligada a dejar sus hogares. Son apenas un centenar de personas. Todos negros. También es negro el oficial jefe de la guarnición: Francisco Menéndez, mandinga originario de Gambia, un poderoso anciano que llegó a América como esclavo siendo casi un niño y al que España hizo libre, como libres son también sus compañeros de la comunidad de Fuerte Mosé. Todos ellos crearán en Cuba una nueva comunidad: San Agustín de la Nueva Florida. Una comunidad de negros libres bajo la corona española. En ella morirá Menéndez en 1770. Libre nació y libre morirá.

POR QUÉ HABÍA ESCLAVITUD

Hoy todos estamos de acuerdo en que la esclavitud es algo infame. Resulta inaceptable pensar que un ser humano pueda verse privado de toda libertad y reducido a la condición de objeto. Nadie duda de que la abolición de la esclavitud es uno de los grandes logros de la humanidad. Sin embargo, esto no siempre fue así. De hecho, la condena de la esclavitud es algo muy, muy reciente. Durante miles de años todas las sociedades humanas, sin excepción relevante, han recurrido a la esclavitud. Tuvieron esclavos los egipcios, los griegos, los romanos, los germanos, los árabes, los aztecas, los mayas, los pueblos africanos, los ingleses, los chinos, los franceses, los indios, los turcos... También los españoles, por supuesto. Lo singular de nuestro caso es que, de todas las potencias esclavistas del mundo, España ha sido sin duda la más indulgente: la única que en su momento prohibió esclavizar a los nativos de América y, después, la única que otorgó la libertad a los esclavos que se bautizaran. Es una historia que vale la pena contar.

Antes, una aclaración imprescindible: la esclavitud, en términos históricos, no es una categoría moral, sino una institución económica, es decir, algo que nace estrechamente vinculado a un determinado sistema de producción. Se trata de sistemas que precisan grandes cantidades de mano de obra, generalmente para actividades agrarias o constructivas a gran escala, y que en la esclavitud encuentran una forma muy eficiente de satisfacer sus necesidades de trabajo. Así nacieron, en distintas civilizaciones, sectores enteros de población cuya naturaleza era precisamente esa: la esclavitud. Los esclavos eran únicamente esclavos, se casaban con esclavos y sus hijos nacían también esclavos. Ocasionalmente, esos esclavos podían llegar a ocupar puestos de responsabilidad social y política sin abandonar su condición (en las grandes casas romanas, en la corte visigoda de Toledo, en el califato de Córdoba), pero son casos excepcionales: lo que define al esclavo es, ante todo, su adscripción forzosa al trabajo. ¿Y cómo le hacían a uno esclavo? Por una derrota militar (los judíos en Egipto o los galos en Roma, por ejemplo), por tráfico humano previa captura (como en el caso de los «reinos negreros» africanos) o porque uno, desesperado por la pobreza, se vendía al mejor postor, como ocurrió en ciertas fases de la España goda. A partir de ese momento, la vida del esclavo no tenía otro horizonte que trabajar para el amo. No era necesariamente una vida de tortura y muerte (al fin y al cabo, nadie suele aniquilar sus propiedades), pero era una vida sin dignidad propiamente humana.

Ya hemos visto, al hablar del caso del catedrático Juan Latino, que la esclavitud existía en España. Pero hay que apresurarse a matizar que era una práctica sujeta a severas reprobaciones morales. La reina Isabel de Castilla, por ejemplo, la veía con particular antipatía. En 1477, apenas llegada al trono y mucho antes de que se descubriera América, ya dictó una ley que proscribía la esclavitud en los territorios conquistados, lo cual concernía especialmente a las Canarias y al reino de Granada. También promulgó con cierta frecuencia cédulas para liberar esclavos, como la de agosto de 1490. Para Isabel, mujer del Renacimiento y católica ferviente, convencida de que su misión era instaurar una República Christiana, como se decía entonces, la esclavitud era intrínsecamente incompatible con su ideal político y religioso: ningún cristiano podía ser esclavo. ¿Y los no cristianos? A esos había que convertirlos, de manera que tampoco en su caso cabía la esclavitud. Por eso, desde el mismo momento del descubrimiento en 1492, tratará de impedir que se esclavice a los amerindios salvo en situaciones muy concretas de caníbales, pueblos especialmente beligerantes, etc., y aun estos de manera provisional, pues el objetivo era en todos los casos su evangelización y conversión.

Como quiera que algunos conquistadores de primera hora intentaron traer nativos a España, los Reyes Católicos determinaron que solo podrían viajar a la península aquellos indígenas que lo hicieran por propia voluntad. La culminación de este planteamiento es el codicilo del testamento de Isabel en 1504, donde expresamente ordena que se trate bien a los nativos de las Indias. Hay que ponerse en la mentalidad de la época para calibrar el alcance de esta política antiesclavista: a muchos debió de parecerles una extravagancia, y realmente lo era, pues nadie había prohibido nunca que se esclavizara a una población vencida. Sin embargo, la corona española permaneció fiel a esos principios.

EL MERCADO NEGRERO AFRICANO

No fue solo cosa de Isabel, en efecto. Carlos I prolongará esa política vetando, primero, que viniera ningún indio a España aunque fuera por voluntad propia (pues este era el habitual refugio que se usaba para venderlos luego como esclavos), y después, en 1530, prohibiendo la esclavitud de los indios en cualquier circunstancia. Se lo tomó muy en serio, el emperador. Cuando se enteró de cómo trataban a los indios los alemanes de la Casa Welser, a los que Carlos había dado tierras y minas en Venezuela, rescindió el contrato y los echó de allí. La culminación de ese camino fue la bula *Sublimis Deus* del papa Pablo III, en 1537, que reconoció a los indígenas como hombres en todas sus capacidades con derecho a su libertad, a la propiedad y a abrazar la fe, que debía serles predicada «de forma pacífica y evitando toda crueldad». Ahora bien, todo esto generaba un problema económico de primera magnitud: si los indios no podían ser esclavizados y la alternativa del trabajo en las encomiendas también quedaba proscrita, ¿quién iba a dar el callo en los campos y las minas de América?

La solución era el mercado africano, abundantemente explotado por los portugueses desde un siglo atrás. Los portugueses no eran cazadores de hombres: eran exploradores y comerciantes. Pero el comercio de esclavos era precisamente uno de los «atractivos» mayores de las tierras descubiertas al sur de Mauritania, desde la isla de Arguín hasta el golfo de Guinea, con centro en Cabo Verde. Los portugueses llevaban allí manufacturas (tejidos de lino, por ejemplo) y cereales, y los intercambiaban por el oro, el marfil, las especias y los esclavos que aportaban los árabes y los propios reinos africanos, que capturaban esclavos entre sus vecinos. Conocemos las cifras: hacia 1540 pasaban por Lisboa unos cinco mil esclavos africanos cada año, de los cuales no menos de mil quinientos eran enviados a América. La corona portuguesa se apresuró a sacar tajada del negocio y creó la Casa de los Esclavos, a través de la cual cobraba tasas por el tráfico humano. También la corona española entró en el negocio. ¿Cómo? Reservándose el derecho de otorgar licencias para transportar esclavos a América, a razón de ocho ducados por esclavo. Hasta ciento veinte mil licencias llegaron a concederse en aquellos años.

¿Y el comercio de esclavos negros no era incompatible con la prohibición de la esclavitud en América? Legalmente, no. La corona española había prohibido esclavizar a los indios, incluso había liberado a los esclavos que aztecas y mayas tenían antes de la conquista, pero los africanos que llegaban ya eran esclavos «por naturaleza»: esa era su condición legal. Y aunque no faltaron voces dispuestas a decir que eso era un contrasentido, la conveniencia económica se impuso sobre la objeción moral.

La primera licencia para exportar esclavos desde España a América es de 1518: fijaba cuatro mil africanos en ocho años. Dos años después, Portugal pedía incorporarse al negocio: catorce mil esclavos llegaron a las Indias entre 1526 y 1550 desde las bases portuguesas en África. Y eso solo fue el principio. Se calcula que en el siglo XVII desembarcaron en América más de doscientos cincuenta mil esclavos negros. Andando ese siglo entraron en liza ingleses, franceses y holandeses, cuyas flotas ya estaban en condiciones de competir con España y Portugal. Como el monopolio de los asientos de esclavos seguía correspondiendo a los ibéricos, todos los demás buscaron alternativas en el contrabando. Buena parte de los conflictos de ese siglo provienen de ahí: la pugna por hacerse con el control de las rutas comerciales, lo cual incluía al tráfico de esclavos como una mercancía más. Inglaterra obtuvo el monopolio en 1714, tras el Tratado de Utrecht, pero poco más tarde volvían las hostilidades al tiempo que se intensificaba el envío de africanos a América, esta vez especialmente hacia las colonias inglesas del norte.

Para ser enteramente justos, hay que decir que las condiciones de los esclavos africanos en las posesiones españolas eran sensiblemente mejores que en las posesiones inglesas, al menos en lo que concierne a América del norte. La tradición legal española se atenía al derecho romano y a la doctrina católica, de manera que los esclavos de la Florida o la Luisiana española podían tener pertenencias personales, mantener a la propia familia sin que nadie comprara a sus miembros, defender sus derechos ante los tribunales (al menos, en teoría) e incluso, y esto era lo más importante, comprar la propia libertad.

Los esclavos lo sabían, por supuesto, de manera que pronto hubo un auténtico goteo de fugitivos de las colonias inglesas que buscaban cobijo en suelo español. El primer episodio documentado de este tipo ocurrió en 1687, cuando once esclavos fugados de Carolina (en realidad, la actual Georgia, que entonces aún no se llamaba así) pidieron asilo en la colonia española de San Agustín, en Florida. Se les concedió a cambio de que se bautizaran y trabajaran (con sueldo) en la construcción del castillo de San Marcos. La corona española se enteró del episodio y decidió —era 1693— que todos los esclavos fugitivos de las colonias inglesas que buscaran refugio en Florida fueran liberados si se convertían al catolicismo. Con frecuencia los negros acogidos a la bandera española entraban a formar parte de las milicias locales: España nunca tuvo ejércitos coloniales propiamente dichos, sino que la base de sus fuerzas armadas en los virreinatos era el propio personal local; en el caso de las inmensas provincias norteamericanas, los negros y los indios que convivían con los españoles en sus puestos avanzados. Ese era el paisaje a finales del siglo XVII y principios del XVIII.

EL MANDINGA FRANCISCO MENÉNDEZ

Fue entonces cuando nuestro Francisco Menéndez llegó a América. Hay quien dice que su nombre original era Mandinga. En realidad, los mandinga o mandinka son un populoso grupo étnico del África occidental; seguramente Francisco pertenecía a ese grupo y por eso se le llamó así. Conocemos su historia gracias a la investigadora norteamericana Jane Landers. Hacia 1710 fue capturado en algún lugar de Gambia. Reconstruyamos el escenario: varios pequeños reinos africanos se disputan el poder en la región de las actuales Gambia y Senegal; en sus constantes conflictos, esos reinos se combaten unos a otros, se roban unos a otros, se esclavizan unos a otros. Al calor de tan cruento tráfico, portugueses, franceses, ingleses y holandeses ponen bases en la zona y adquieren esclavos en gran cantidad. Alrededor de trescientos mil mandingas fueron esclavizados y vendidos a los traficantes europeos, sobre todo en el siglo XVIII. La inmensa mayoría fue enviada a América del norte. También Francisco Menéndez, que terminó en una plantación de Carolina, región que en la época se dedicaba sobre todo al cultivo masivo de arroz.

La situación en Carolina era muy inestable: zona de frontera, las posesiones inglesas se veían constantemente expuestas a la presión no solo de los españoles y los franceses, sino también de los nativos. En cualquiera de estos episodios, Francisco logró escapar. Fue probablemente durante la ofensiva de los indios yamasi contra los ingleses, en 1715, cuando los nativos mataron a noventa familias de comerciantes locales. El hecho es que nuestro mandinga terminó viviendo entre los yamasi, como otros muchos esclavos fugados. ¿Qué hacían allí los prófugos? Fundamentalmente, atacar a los ingleses, como los indios. Y en cuanto podían, huían a las posesiones españolas en busca de libertad o, cuando menos, de mejores condiciones. Eso es lo que hicieron Francisco Menéndez y otros compañeros suyos de cautiverio a la altura de 1724, fecha en la que empieza la aventura española de nuestro protagonista. Que iba a ser, por cierto, especialmente intensa.

De entrada, el jefe indio que debía guiarle hasta San Agustín, el yamasi Perro Loco, le traiciona: en vez de dejar a Francisco y sus compañeros libres en tierra española, los apresa, los denuncia como fugitivos y los vende al gobernador español de la plaza como esclavos a cambio de licor y maíz. El gobernador teme un conflicto con los ingleses: al fin y al cabo, son esclavos fugados. ¿Qué hace? Vender a los fugitivos entre los principales próceres de San Agustín y entregar a los ingleses, a modo de compensación, el dinero recibido a cambio. Nuestro Francisco fue a parar a manos del contador real Francisco Menéndez Márquez, y de él tomó el nombre. Con todo, no fue maltratado: su amo reconoció enseguida sus dotes y en apenas dos años tendremos a Francisco convertido en jefe de la milicia negra de la ciudad.

LOS NEGROS DE FUERTE MOSÉ

Francisco se bautizó. Aprendió a leer y escribir. Se convirtió en un español más. En 1738 se le concedió la libertad. A él y a otros treinta esclavos que se encontraban en su misma situación. Para entonces ya eran un centenar los negros fugitivos que se acogían a la protección de San Agustín. El gobernador, que era el bilbaíno Manuel Joaquín de Montiano, tuvo una idea: crear con toda esa gente un nuevo asentamiento, algo más al norte, que sirviera de línea de defensa contra los ingleses. Así nació Fuerte Mosé. Y para dirigirlo, nadie mejor que Francisco Menéndez.

Hubo guerra. Los ingleses atacaron. Fuerte Mosé se defendió. El puesto terminó deshecho, pero la resistencia de Francisco y los suyos detuvo al enemigo y salvó San Agustín. Francisco Menéndez aprovechó la ocasión para escribir al rey y pedirle un salario: «He tomado las armas continuamente y ayudado en el mantenimiento de los bastiones, sin haberle causado gastos al reino (...) para defender el Santo Evangelio y la soberanía de la Corona», explicaba el capitán mandinga. No sabemos si hubo respuesta, pero al año siguiente vamos a encontrar a Francisco dirigiendo tropas en un barco corsario. Misión: patrullar las aguas de la Florida y atacar barcos ingleses para obtener las provisiones que San Agustín necesitaba. Mal paso: en un choque con el barco inglés *Revenge*, Francisco resulta apresado. Los ingleses descubren quién es —su fama debía de haber traspasado las fronteras de Fuerte Mosé— y le torturan largamente: doscientos latigazos y, después, sal en las heridas. Lo desembarcaron en las Bahamas, medio muerto, y allí lo vendieron como esclavo. Era el año 1741.

Nadie sabe cómo se las arregló Francisco para pagar un rescate. El hecho es que logró salir de las Bahamas. Regresó a San Agustín. Allí se le encomendó que reconstruyera Fuerte Mosé, esta vez con el empleo de comandante. Sus empalizadas acogieron a otro buen grupo de refugiados, sobre todo negros y algunos pocos indios, que buscaban libertad. El único censo de la plaza es del año 1759. En él aparece Francisco, casado con Ana María Escovar, también fugitiva de Carolina. La comunidad constaba de veintidós hogares y una población de sesenta y siete personas. El primer lugar en suelo norteamericano donde los negros pudieron vivir libres.

¿Volvemos a la escena que abre este relato? Los españoles de Fuerte Mosé abandonan pacíficamente la plaza. Nada tienen que temer: son súbditos libres del rey de España. Es el año 1763. Francisco, su esposa Ana María y cuatro personas de su servicio marchan directamente a Cuba, concretamente a la provincia de Matanzas, donde reciben tierras para fundar una nueva comunidad: San Agustín de la Nueva Florida. Después, la pareja marcha a La Habana. Allí se pierde su rastro.

La esclavitud siguió siendo una institución vigente en la América española durante algunos años, aunque no debió de resultar un negocio muy provechoso. Lo sabemos porque una reclamación permanente de los terratenientes criollos era que la corona les permitiera comprar esclavos con mayor libertad, cosa que Madrid vetaba sistemáticamente. Aun así, funcionaban pujantes compañías negreras en Bilbao, en San Sebastián, en Barcelona, en Cádiz…

Muchas fortunas nacieron y crecieron al calor de aquel tráfico. Después de las independencias hispanoamericanas, desaparecidos los obstáculos que ponía la corona, el negocio se multiplicará: solo entre 1821 y 1867 se cuentan 443.399 esclavos vendidos en América. La abolición será un largo camino. En Cuba, tierra española, no llegará hasta el periodo 1880-1886. Pero esta es otra historia.

III

LAS HAZAÑAS

15
EL DESCUBRIMIENTO DE AMÉRICA

No, no te arrepientas: si hubiera que escoger un logro, y solo uno, por el que los españoles debieran pasar a la Historia, ese sería sin duda el descubrimiento de América. Podrían pasar mil años, podría incluso desaparecer España como nación, y aun así se recordaría esto: a finales del siglo XV, un puñado de locos españoles, a bordo de frágiles cascarones, decidió lanzarse al océano para abrir rutas que nadie había navegado antes y en medio hallaron una gigantesca masa continental de cuarenta y dos millones de kilómetros cuadrados que hasta entonces había permanecido desconocida. Suele compararse esta proeza con la conquista de la luna en el siglo XX. No es mala comparación, pero la apertura del océano fue más difícil todavía, porque, al fin y al cabo, la luna es algo visible, pero en 1492 nadie podía asegurar que efectivamente hubiera tierra al otro lado de un mar que ningún hombre había atravesado jamás. Y sin embargo, se hizo.

Y fue *descubrimiento*, sí, porque nadie, en ninguna de las dos orillas del Atlántico, sabía qué era lo que allí había. Nunca falta quien dice que hablar de «descubrimiento» es impropio porque los nativos americanos ya se habían descubierto a sí mismos. Pero eso no es verdad: los pueblos amerindios, esos taínos o mexicas o quechuas que los españoles encuentran a su llegada, no sabían que se encontraban en una masa continental, desconocían por completo sus dimensiones, apenas si sabían de la existencia de más humanidad que los pueblos vecinos y, por supuesto, ignoraban qué pudiera haber al otro lado de los mares que bañaban sus costas. Así que también para ellos fue un descubrimiento: los europeos descubrieron América y los americanos descubrieron que no estaban solos en el universo.

LA RAZÓN DE UNA LOCURA

¿Por qué se hizo aquel viaje? ¿A quién se le ocurrió? ¿Y por qué fue España, y no otro país? Pongámonos en situación: la Europa del siglo XV ha crecido sobre la pujanza de ciertos reinos que poco a poco van adquiriendo el perfil de Estados modernos, con un poder centralizado, una administración cada vez más organizada, ejércitos poderosos y una vida económica muy activa. España, Francia, Inglaterra o Portugal no son todavía lo que luego conoceremos, pero empiezan a ser ya grandes potencias. Buena parte de ese poderío se ha construido sobre un creciente dominio de la mar, lo mismo para el comercio que para la guerra. La Corona de Aragón dispone desde mediados del siglo XIII de una fuerte flota que le ha permitido tejer una densa red comercial por todo el Mediterráneo, en dura pugna con las repúblicas italianas y los barcos musulmanes. Castilla, con flota de guerra propia desde la reconquista de Sevilla en 1248, ha llevado sus barcos hasta el Atlántico norte, su armada ha sido determinante en la Guerra de los Cien Años entre franceses e ingleses, ha creado rutas estables desde el Cantábrico hasta Flandes y desde principios del siglo XV controla además las Islas Canarias. Por su parte, Portugal, inevitablemente abocado a la mar, se lanza sobre las islas de Madeira y las Azores. Las innovaciones en el arte de la navegación son constantes. Pero en 1453 sucede algo que conmociona al mundo: los turcos —el imperio otomano— conquistan Constantinopla, la vieja capital de Bizancio, el imperio romano de Oriente. Y así, con el extremo oriental del Mediterráneo en su poder, los otomanos cierran de hecho el mar. Es un golpe terrible para los europeos.

El desarrollo europeo en este momento descansaba sobre el comercio, y una parte importantísima de ese comercio dependía de las rutas de oriente. A los puertos de Oriente Próximo llegaban productos de Persia, India o China que después eran trasladados a las grandes ciudades europeas y aquí alcanzaban valores altísimos. Hablamos de sedas, pimienta, clavo, azafrán... Costosísimos tesoros en un tiempo en el que un saco de pimienta valía el salario de un artesano durante todo un año. No eran solo objetos de lujo: las especias eran fundamentales para conservar los alimentos y garantizar la manutención de la gente, por ejemplo. No se podía vivir sin aquello. Así que, cerrado el Mediterráneo, no cabía otra opción que abrir nuevas rutas en las aguas para tratar de llegar a la fuente de todas esas riquezas.

¿Quién podía abrir el Atlántico? Solo las dos flotas más avanzadas del momento, que eran, por este orden, la portuguesa y la castellana. De Portugal hay que hablar necesariamente, porque el liderazgo tecnológico portugués en materia naval es crucial para nuestra historia. A principios del siglo XV, el infante Don Enrique de Portugal, hijo, hermano y tío de reyes, decidió consagrar su vida a la creación de un imperio comercial y político por la fachada atlántica, un imperio que solo se podía edificar con barcos. Después de la conquista de Ceuta en 1415, Don Enrique se entrega a una concienzuda tarea de exploración. La tradición dice que así nació la Escuela de Sagres, un auténtico complejo científico donde se reunió a los mejores cartógrafos y navegantes del momento. La historiografía posterior ha puesto en duda que esta Escuela realmente existiera como tal, pero de lo que no cabe duda es de que Don Enrique reunió en torno a sí todo lo que hacía falta para la empresa:

talento para concebirla, dinero para financiarla y, sobre todo, conocimientos y valor para ejecutarla. El arma fundamental: la carabela, un tipo nuevo de barco estrecho, largo y ligero, que combinaba velas latinas y cuadradas para navegar mejor con cualquier viento y que, por sus prestaciones, no obligaba al navegante a viajar pegado a la costa.

Los hitos de la aventura portuguesa son impresionantes: población de Madeira en 1425, exploración de las Azores en 1427, llegada de Gil Eanes al Cabo Bojador en 1434, establecimiento de rutas interiores por el océano desde Guinea a partir de 1445, hallazgo del Mar de los Sargazos en 1452... El dominio de la fachada atlántica africana permitió a los portugueses establecer una red comercial propia, independiente de los mercaderes árabes, lo cual incluía también el comercio de esclavos y de oro. Algunos años después, sus barcos explorarán el río Congo y en 1488 Bartolomé Díaz tocará el cabo de Buena Esperanza, el punto más austral de África. Y algo muy importante: gracias a esas aventuras portuguesas fue posible empezar a dibujar, aun de forma tosca e incompleta, el mapa de las corrientes de agua y viento que abrían caminos en ese mar desconocido.

Los marinos españoles no tardaron en sacar provecho de los hallazgos técnicos portugueses. El uso de la carabela empieza a generalizarse muy pronto, sobre todo en el suroeste peninsular. Hay que imaginarse el hervidero de ideas, empresas, aventuras y afanes que debía de ser en aquel momento, último tercio del siglo XV, la zona de la ría de Huelva, entre los ríos Tinto y Odiel, desde La Rábida y Palos de la Frontera hasta Moguer. Los marineros se pasan unos a otros informaciones y contactos, nacen auténticos clanes de gentes de mar que exploran sin cesar las nuevas oportunidades. Y a ese ambiente de marinos que son al mismo tiempo pescadores, cartógrafos, armadores, comerciantes y, si hace falta, guerreros, llega andando 1484 un hombre singular: fray Antonio de Marchena, franciscano, visitador en el convento de La Rábida y al que la gente conoce no tanto por sus virtudes monacales —que las tiene— como por su erudición en materia astronómica y cosmográfica. De hecho, le llaman «el Estrellero». Estrellas y mapas, que son la gramática de la navegación. Sin duda fray Antonio encontró en la ría algo más que devotos parroquianos.

EL GRAN MISTERIO

En ese mismo momento, en Portugal, un hombre enigmático acaba de exponer una idea extravagante. Se llama Cristóbal Colón y lleva más de diez años en el país. Nadie sabe bien de dónde viene (porque él mismo lo ha ocultado celosamente), pero es excelente navegante y aún mejor relaciones públicas, ha emparentado con las familias más notables del ambiente naval y, armado con todas esas cosas, ha decidido dirigirse a la corona portuguesa para proponerle algo inaudito: lanzarse por mar hacia el oeste y atravesar el Atlántico para llegar a las Indias, a Cipango y las tierras del Gran Kan. ¿No han cerrado los turcos el Mediterráneo? Pues busquemos el camino por otra parte. La vía suroriental, bordeando África, aún es solo una opción borrosa. La suya, la de Colón, será más rápida. O eso pensaba él.

La leyenda decimonónica, tan funesta en tantas cosas, nos ha vendido la idea de que en 1492 todo el mundo pensaba que la Tierra era plana y al otro lado del mar no había más que vacío, pero que Colón, visionario, pensaba que era redonda. Por desgracia, esa falacia la encontramos incluso en textos actuales de Bachillerato en España. Porque nada más lejos de la realidad: en el siglo XV, todo el mundo culto —Colón, la corte de Portugal, los eruditos italianos y españoles, fray Antonio de Marchena— sabía sobradamente que la Tierra es redonda. Eso se conocía desde los griegos, desde que Aristóteles lo observó: cuando uno marcha por el llano, ve cómo al fondo surgen poco a poco las montañas; si la Tierra fuera plana, las montañas no surgirían poco a poco, sino que su perfil sería el mismo todo el tiempo. Evidente, ¿no? Por otro lado, el sol y la luna son esferas, y esféricos son los demás cuerpos celestes. Eratóstenes midió después la circunferencia de la Tierra (siglo II antes de Cristo) y lo clavó: 40.000 kilómetros por el Ecuador. Por el *De Rerum Natura* de san Isidoro y la *Epístola* del rey Sisebuto sabemos también que nuestros visigodos, a principios del siglo VII, conocían la redondez de la Tierra. Ya lo dijo el venerable san Beda, allá por el siglo VIII: «Pues de verdad es un orbe situado en el centro del universo; su ancho es el de un círculo, y no circular como un escudo sino más bien como una pelota, y se extiende desde su centro con redondez perfecta hacia todos lados». Así que no, no era Colón el único que pensaba que la Tierra era redonda.

Claro que una cosa es saber que la Tierra es una esfera, y otra muy distinta es decidirse a cruzarla. Primero, porque nadie sabía lo que había al otro lado. Los portugueses habían descubierto medio siglo atrás las Azores y aun antes los castellanos habían tomado pie en las islas Canarias. Más al oeste, sin embargo, no hay nada más que mar infinito. Los mejor informados no tendrían a mano otra cosa que los dos mapas de los Pizzigano, el de 1367 y el de 1424, donde aparecían ya las Azores, Madeira, las Canarias e incluso ciertas misteriosas islas a Poniente que algunos llamaban «Antillas», pero cuyo conocimiento era puramente intuitivo. Y además de que nadie sabía qué podía haber al otro lado, se presentaba otro inconveniente nada menor: ¿con qué medios podría hacerse semejante viaje? Según las medidas de Eratóstenes, Cipango, el Japón, si es que realmente existía (cosa que en la época no estaba nada clara), quedaría lejísimos. Imposible llegar hasta allí en barco, ni siquiera en esas modernas carabelas portuguesas.

Además, incluso si pudiéramos ir, ¿cómo podríamos volver? Lo más probable es que al barco se lo tragaran las aguas o cualquiera de esas horribles bestias que pueblan los océanos. Y ya no las ballenas, que los españoles llevaban quinientos años cazando en el norte, sino esos terribles cefalópodos que los marinos bien conocen. Pocos meses antes de la llegada de Colón a España, un pesquero había traído a Palos un tentáculo de trece metros. Había aparecido, varado, en una playa de Gijón. Era comprensible el miedo de los marineros. Y el escepticismo de los científicos.

Fueron todas esas cosas —y no, insistimos, la absurda idea de que la Tierra es plana— lo que llevó a la Junta de Matemáticos de Portugal a desestimar la propuesta de Colón. Porque don Cristóbal, sí, encontró la puerta abierta, y alcanzó a exponer su proyecto ante aquel órgano que era el cerebro de la primera potencia naval del mundo. Pero era inviable: con las medidas conocidas de la Tierra, las Indias estaban tan lejos que toda la tripulación moriría antes de llegar. Colón, obcecado, hizo una trampa: traducir las millas romanas por millas árabes, que son más largas, pensando que la chapucilla contable iba a colar, pero no coló. No hubo apoyo portugués para la aventura colombina. Lo asombroso es que Colón, pese a todo, porfiara en ello. Porque Colón sabía, como todos, lo que medía realmente la Tierra, y un hombre de su experiencia naval no podía ignorar tampoco los riesgos de la singladura. Y sin embargo, estaba convencido de que hallaría tierra a distancia de carabela. ¿Por qué?

En realidad este es el gran misterio del descubrimiento de América, más incluso que el lugar de nacimiento de Colón: ¿por qué motivo sabía el navegante que hallaría tierra? Hay muchas hipótesis. Hay quien dice que en cualquiera de sus innumerables viajes para la corona portuguesa llegó a Islandia y escuchó historias sobre las viejas rutas vikingas hacia el oeste. Dicen otros que en una de esas singladuras rescató a un náufrago andaluz, Alonso Sánchez de Huelva, que le confió un secreto: había encontrado tierra navegando hacia poniente. Lo del náufrago lo cuenta fray Bartolomé de Las Casas, que conoció a Colón, y quien le pone nombre es el Inca Garcilaso. Habría sido este náufrago Alonso el primero en saber que había tierra al alcance de una carabela. Pero todo esto no son más que conjeturas. Lo que sí descubrió Colón, y eso parece indudable, fueron las posibilidades que le brindaba el régimen de los vientos alisios del Atlántico. Y entre unas cosas y otras, más las viejas historias de navegantes, más un reciente mapa de Toscanelli (el de 1464) que situaba a las primeras islas de oriente relativamente cerca de Europa, Colón terminó de construir su proyecto.

Seguramente la misma pregunta, por qué, se hizo el rey Juan II de Portugal. Colón no era un loco ni un charlatán. Algo muy poderoso debía de empujarle a defender un proyecto que, con los datos científicos de la época en la mano, era inviable. Tanto intrigó aquello a los portugueses que el rey Juan, a pesar del dictamen de su Junta de Matemáticos, envió secretamente unas carabelas a explorar la ruta sugerida por Cristóbal. La expedición zarpó de las Azores en 1487, pero encontró mal tiempo y regresó sin éxito. Tampoco lo hubiera tenido con buen tiempo. Porque si astuto era el rey, Colón no lo era menos y había tenido la prudencia de no revelar el itinerario a seguir, que no debía partir de las Azores, sino de las Canarias, para aprovechar los vientos alisios. Ese era otro gran secreto de Colón: ríos de viento. Juan II dio por terminado el asunto porque ese mismo año Bartolomé Díaz logró llegar al Cabo de Buena Esperanza, pero en Castilla abrieron las puertas al genovés.

EL SECRETO DE FRAY ANTONIO Y DON CRISTÓBAL

El reino de Castilla ya no era solo Castilla. Desde el matrimonio de Isabel de Castilla con Fernando de Aragón, la unión de los dos grandes reinos peninsulares había constituido ya algo a lo que perfectamente se puede llamar, a efectos históricos, España. Isabel y Fernando no solo estaban reconstruyendo de manera consciente la unidad peninsular, sino que además habían comenzado a poner los cimientos de un estado moderno, con el predominio del poder público sobre los poderes privados que habían caracterizado al mundo feudal y con instituciones centralizadas —una hacienda, una administración, una seguridad pública— directamente dependientes de la corona. En aquel momento, finales del año 1484, Isabel y Fernando han vencido a Portugal en la guerra por la sucesión castellana, han domado a las levantiscas noblezas de Castilla y Aragón y afrontan la recta final de la larga, larguísima guerra contra el reino de Granada, el último reducto musulmán en la península ibérica. Después... Después, los jóvenes reyes (treinta y tres años Isabel, treinta y dos años Fernando) lo tienen muy claro: cruzarán el Estrecho y acometerán el norte de África, la vieja Mauritania Tingitana de los romanos, que volverá a ser tierra de la Cruz.

Y en eso llega Colón. El navegante acababa de sufrir una acumulación de reveses. Al fracaso en la corte portuguesa se había sumado una catástrofe familiar: en enero de 1485 moría Felipa, su esposa, y Colón quedaba solo con el hijo de ambos, Diego. La muerte de Felipa había roto sus lazos con la alta sociedad del país. Por otro lado, para el navegante ya no había más horizonte que su viaje a las Indias, asunto que se convirtió para él en una auténtica obsesión. Así Colón decide abandonar Portugal. Coge un barco y marcha a la ría de Huelva, a tierras de la Corona de Castilla. Su esposa tenía en la zona parientes dedicados al comercio. Y sobre todo: después de Portugal, la flota más poderosa de Europa era la castellana.

Fue así como Cristóbal y Diego Colón aparecieron en el monasterio de La Rábida, en una fecha indeterminada de comienzos del año 1485. El viajero pidió agua y pan para el niño. Les atendió el custodio del convento, el franciscano fray Juan Pérez, hombre de estrechos vínculos con Isabel de Castilla. Fray Juan presentó a los visitantes a fray Antonio de Marchena. En aquella primera conversación entre un navegante con ideas heterodoxas y dos cultos franciscanos debió de sustanciarse todo. Ese fue el momento decisivo del descubrimiento de América.

¿Qué pudieron hablar Colón y los frailes? ¿Qué pudo contar el navegante a los religiosos? ¿Qué para implicar su atención y su voluntad de semejante manera? Dice la tradición que Colón refirió a fray Antonio su certidumbre de que era posible navegar hacia el oeste y encontrar tierra. Bien, sin duda, pero fray Antonio no era un ignorante: sabía perfectamente qué obstáculos encontraba la navegación hacia occidente y, sobre todo, conocía las medidas de la Tierra. Por eso la junta portuguesa de matemáticos había desestimado el proyecto. Hay que insistir en este punto, que es fundamental: con los conocimientos de la época, se sabía que las Indias o el Japón quedaban demasiado lejos como para llegar hasta ellos en barco, porque no era posible determinar qué corrientes llevarían hasta allí, ni avituallar a una expedición con posibilidades de supervivencia en tan larga travesía, y aún menos prever el viaje de vuelta… salvo que hubiera tierra en medio.

Colón debió de contarle a fray Antonio algo más que su intuición de que el viaje era posible. Algo lo suficientemente serio como para pensar que aquello «era hacedero», por emplear la fórmula que el propio navegante usa en sus escritos. Nadie se lanza de cabeza a su propia tumba. Si el navegante convenció a los religiosos fue porque les ofreció buenas razones. ¿Cuáles? Esto es lo que ignoramos todavía hoy y seguramente nunca sabremos. Colón, al escribir su historia, dice que Dios le iluminó el entendimiento y le hizo ver la posibilidad de la empresa. No hay razones para dudar de la religiosidad de Colón ni, por supuesto, de la de fray Antonio. Pero tratándose en ambos casos de hombres cultos, con conocimientos científicos avanzados, es inevitable pensar que el aliento divino se sustentaba en certezas bien materiales. A partir de aquí, todo es mera conjetura.

No obstante, imaginemos cómo pudo ser el encuentro. Fray Antonio pregunta al navegante por su oficio. Colón exhibe sus conocimientos y experiencia. El fraile —recordemos, buen astrónomo— habla de rutas y mapas y tierras y distancias. Colón descubre a un interlocutor excepcional y expone su proyecto. Fray Antonio queda fascinado. Tal vez Colón refiere su frustración en la corte de Portugal. Quizá lo hace como quien cuenta sus cuitas a un comprensivo confesor. Pero fray Marchena, además de franciscano notable, es hombre de excelentes relaciones con la aristocracia andaluza y con la propia corte de Castilla. El fraile, osado, concibe a su vez el proyecto de que la idea de Colón sea escuchada en Castilla. ¿Por qué no? Cualquier cosa antes de que caiga en manos de otro, de Francia o de Inglaterra, por ejemplo. Fray Antonio es un misionero: llevar la palabra de Dios al confín del oriente bien vale el riesgo de la aventura. De este modo la suerte de Colón vuelve a experimentar un espectacular giro.

Marchena queda convencido y asume la tarea de llevar a Colón ante los reyes. El fraile hace una gestión cerca de fray Hernando de Talavera, confesor de Isabel I, la reina católica. Consiguen que el Real Consejo examine el proyecto de Colón, pero se desestima. Y por la misma razón que en Portugal: porque Cipango está demasiado lejos y el viaje no ofrece garantías. Al año siguiente, 1486, Colón consigue ser recibido por la reina. Isabel acoge el proyecto y lo somete a una comisión de sabios, quizás en Salamanca. El veredicto es el mismo: con las medidas reales de la circunferencia terrestre, es imposible llegar a Cipango en carabela. El tiempo pasa. Casi nadie cree a Colón. Él mismo lo cuenta así:

> *Vine a servir a estos príncipes de tan lejos, dejando mujer e hijos a los que nunca más vi. Siete años estuve en su real corte, y a cuantos hablaba de esta empresa, todos decían que si era una burla.*

Las circunstancias tampoco eran propicias: toda la energía de la corona está puesta en la toma de Granada. Isabel, no obstante, dará alguna esperanza a Colón contra la opinión de los sabios. ¿Por qué? Todo es hipótesis. Puede que la reina supiera lo que el plan público de Colón no podía revelar: por ejemplo, que él había estado ya allí. Eso explicaría que, pese a los sucesivos dictámenes en contra, el navegante obtuviera el apoyo regio y, sobre todo, el respaldo tanto de los más próximos a la reina como de las gentes del círculo de Fernando, el rey, cual es el caso del financiero Luis de Santángel. Tampoco ayudaron mucho las exigencias económicas de Colón, verdaderamente desmesuradas. Fue precisamente Santángel quien se encargó de apretar las tuercas a Colón en la negociación, junto al secretario de la Corona de Aragón, Juan de Coloma. Pero, finalmente, la reina cumplió su palabra: liberada Granada, en abril de 1492 se firman las capitulaciones del contrato para el viaje. Y es curioso, porque en ellas, antes del viaje, Colón asegura haber hecho ya el descubrimiento: «Vuestras Altezas —dice el texto— dan y otorgan a don Cristóbal Colón, en satisfacción de lo que ha descubierto en las Mares Océanas y del viaje que ahora, con la ayuda de Dios, ha de hacer por ellas en servicio de Vuestras Altezas...». ¿Lo que ha descubierto? El hecho es que en la primavera de 1492, Colón llega al Puerto de Palos. Empieza la aventura.

LOBOS DE MAR

¿Por qué exactamente Palos, y no otro puerto? Por algún viejo pleito seguramente vinculado a los conflictos navales con Portugal, la ciudad de Palos estaba en deuda con los reyes y había sido condenada a fletar dos carabelas, por dos meses, cada vez que la corona lo ordenase. Y este era el momento para cumplir la deuda. ¿Todo resuelto? No: la gente de Palos hizo aquella cosa tan española de «se acata, pero no se cumple». Pasaban los días y nadie movía un dedo. Colón se desesperaba. Mandó órdenes en todas direcciones, a todos los puertos de Andalucía: solo consiguió cuatro voluntarios, cuatro condenados a muerte que, por ley, los almirantes de Castilla podían enrolar en la armada. Nadie más quiso firmar. Y es que para alistarse en una aventura semejante hacía falta gente muy especial: marineros de verdad, capitanes con prestigio y liderazgo. Por ejemplo, los clanes de navegantes de la Ría de Huelva: los Pinzón, los Niños, los Quintero... Solo esos lobos de mar podían sacar a Colón del atolladero.

Colón consiguió entrar en contacto con ellos. ¿Gracias a quién? A fray Antonio de Marchena, claro: el mismo fraile astrónomo que le abrió las puertas de la reina Isabel. Colón consiguió entusiasmar a Martín Alonso Pinzón. Este convenció a sus hermanos. Y en cuanto fueron los Pinzones quienes abrieron bandera, aquellos marineros de Palos, antes tan remisos a embarcar, se agolparon para enrolarse en la aventura: de Colón no se fiaban, pero sí de su capitán. Porque el mando es algo que puede otorgar un rey, pero la autoridad la lleva uno dentro. Martín Alonso Pinzón la llevaba.

Los Pinzones abrieron lista el 23 de junio. Un mes después ya estaban las naves preparadas y los marineros a bordo. Los barcos eran tres, como todo el mundo sabe, pero no eran tres carabelas. Las carabelas —alargadas, ágiles, muy veleras— eran la *Pinta* y la *Niña*; la *Santa María* era una nao, más sólida, también más pesada. La *Pinta* fue fabricada en Palos, era la más rápida y la mandaba Martín Alonso Pinzón. La *Niña*, también fabricada en Palos, era la más pequeña; su verdadero nombre era *Santa Clara* y la capitaneaba Vicente Yáñez Pinzón con el tercer hermano, Francisco Martín, como piloto. Y la nao capitana, la *Santa María*, la que mandaba Colón, venía de Cantabria, de mano de su propietario, Juan de la Cosa, un personaje fabuloso, marino, cartógrafo, espía para Isabel la Católica; De la Cosa viajaba con Colón. ¿Quién más iba en esos barcos? Sabemos mucho, pero no todo. Nos faltan casi todos los tripulantes de la *Santa María*. En total, en los tres barcos podrían ir en torno a un centenar de personas; conocemos el nombre de ochenta y siete. Los tripulantes de la *Pinta* y la *Niña* eran, sobre todo, andaluces; los de la *Santa María*, casi todos cántabros y vizcaínos. El 2 de agosto, festividad de la Virgen de la Rábida, Colón manda embarcar. Tres días después, las naves zarpan hacia el sur.

La primera etapa del viaje son las islas Canarias. Antes de llegar se rompe el timón de la *Pinta*; Martín Alonso Pinzón tiene que hacer virguerías para llegar a puerto. En Canarias los barcos cogen agua, leña y provisiones, arreglan el timón de la *Pinta* y modifican parte del velamen para ganar seguridad. El 6 de septiembre parten de Canarias. Dos días después enganchan el alisio y Colón marca el rumbo: hacia el oeste.

A los pocos días, primer trastorno: los pilotos constatan que la brújula no marca exactamente el norte, la estrella polar, sino que se desvía. Horror: ¿se han estropeado las brújulas? Colón no lo sabe aún, pero acaba de medir por primera vez la declinación magnética, la diferencia entre el polo norte magnético —hacia donde apunta la brújula— y el polo geográfico, que no coinciden exactamente; nadie lo había visto antes. El 16 de septiembre, nueva conmoción: de repente el mar se ha llenado de «manadas de hierba muy verde». Era el Mar de los Sargazos, una inmensa extensión de algas que cubre esa parte del océano. Los marinos nunca habían visto nada igual: temen estar en aguas bajas y embarrancar. Colón, sospechosamente, está tranquilo; manda arrojar una sonda para calmar a los marinos: comprueban que son aguas muy profundas.

EL MUNDO NUEVO

Descubrimiento tras descubrimiento, los marineros hacen uno que les aterra: llevan dos semanas navegando y el viento siempre sopla hacia el mismo lado, hacia poniente. Y si el viento no cambia de dirección, ¿cómo podrán volver? Puede imaginarse la angustia de los marinos. Colón tiene suerte y el día 22 hay un ligero cambio de viento. La tripulación se tranquiliza, pero el que empieza a preocuparse en serio es él; estamos a 1 de octubre y sus cálculos han fallado: las islas que esperaba encontrar han debido de quedar atrás. Colón miente a los marineros sobre la distancia recorrida, pero en la noche del día 6 estalla el primer motín entre la tripulación de la *Santa María*: nunca han navegado tanto tiempo sin ver tierra; quieren volver y amenazan con echar a Colón al mar. Los Pinzones tienen que intervenir para evitar un desastre. Pero los días pasan, ya llevan 1.000 leguas de navegación y la tierra no aparece. El día 10, son los propios Pinzones quienes dan un ultimátum a Colón: tres días más de navegación hacia el oeste; si no aparece tierra, volverán a España. La situación es insostenible. Pero Colón vuelve a tener suerte.

Es la noche del 11 al 12 de octubre de 1492, viernes, a las dos de la madrugada. El vigía de la *Pinta*, Juan Rodríguez Bermejo, «Rodrigo de Triana», ha dado el ansiado grito: hay tierra. Esa noche no duerme nadie. Al amanecer, Colón salta a tierra. Va armado y enarbola la bandera real. Le flanquean los dos capitanes Pinzón, con sendas banderas de la Cruz Verde con las iniciales F e Y: la cruz verde señalaba fidelidad a Dios; las iniciales, Fernando e Isabel. Colón toma solemnemente posesión de la tierra. Están en una isla de las Bahamas. En lengua indígena se llama Guanahaní; Colón la llamará San Salvador (hoy es la isla Watling, casi despoblada). Pero aquí mismo va a ocurrir otra cosa trascendental: el primer encuentro, extremadamente pacífico, con los nativos americanos. Colón se lo contará así en una carta a los Reyes Católicos:

> *Yo, porque nos tuviesen mucha amistad, pues conocí que era gente que mejor se convertiría a Nuestra Santa Fe con Amor que no por fuerza, les di a algunos de ellos unos bonetes colorados y unas cuentas de vidrio que se ponían al pescuezo, y otras cosas muchas de poco valor, con que tuvieron mucho placer (…) Después venían nadando a las barcas de nuestros navíos y nos traían papagayos e hilo de algodón en ovillos, y azagayas y otras cosas, y nos las trocaban por otras cosas que nosotros les dábamos, como cuentecillas de vidrio y cascabeles. En fin, todo tomaban y daban de aquello que tenían, de buena voluntad. Mas me pareció que era gente muy pobre de todo. Ellos andan todos desnudos como su madre los parió, y también las mujeres, aunque no vi más que una harto moza (…) No traen armas ni las conocen, porque les mostré espadas y las tomaban por el filo, y se cortaban con ignorancia. No tienen hierro. Sus azagayas son unas varas sin hierro, y algunas de ellas tienen al cabo un diente de pez. Son de buena estatura y buenos gestos, bien hechos. Yo vi algunos que tenían señales de heridas en sus cuerpos, y les hice señas*

de qué era aquello, y ellos me mostraron cómo allí venían gente de otras islas que estaban cerca y los querían tomar, y se defendían. Y yo creí y creo que aquí vienen de tierra firme a tomarlos por cautivos. Ellos deben ser buenos servidores y de buen ingenio. Y creo que fácilmente se harían cristianos, pues me pareció que ninguna secta tenían.

Colón explorará más islas en este viaje. Descubre Fernandina e Isabela (en las Bahamas), Juana (Cuba) y La Española. Aquí tuvo el primer contacto con un jefe nativo, Guacanagarix, que le regaló objetos de oro: era la pista que estaban buscando. Porque él, Colón, seguía buscando ya no solo Cipango, sino Catay, las tierras del Gran Kan. En la Nochebuena de 1492 embarrancó la *Santa María*. Con el barco deshecho, Colón opta por reutilizar sus restos para construir un fuerte: el fuerte «Navidad», el primer asentamiento español en América. El 2 de enero de 1493, emprende el camino de vuelta. Y atención, que esto es algo fundamental: porque lo importante del viaje no era solo ir, sino, sobre todo, saber volver. Es posible que otros navegantes, desde la Antigüedad, hubieran llegado a América arrastrados por los vientos, pero ninguno pudo encontrar un camino de vuelta. Colón, sí. Y es este detalle, nada pequeño, el que le convierte en el hombre que abrió las puertas del Atlántico.

Podemos prescindir de episodios que nos alargarían mucho la historia. Colón volvió a España. Fue recibido por los Reyes Católicos en Barcelona. El descubridor llegó acompañado por seis indígenas, varios papagayos y abundantes joyas nativas. Los reyes fueron muy generosos con el descubridor. Para Isabel y Fernando comenzaba una nueva aventura: transformar aquel hallazgo náutico en una empresa política. Los reyes ordenaron un nuevo viaje. Este será monumental: diecisiete barcos y mil quinientos hombres. Isabel y Fernando piensan ya en la colonización. Se anunciaba un nuevo horizonte: abrir por completo el océano Atlántico. Pero, de momento, quedémonos con esta gesta: los españoles habían descubierto un nuevo mundo.

16

LA PROEZA DE ABRIR EL OCÉANO ATLÁNTICO

Descubrir un mundo nuevo al otro lado del Atlántico, un pedazo de tierra que nadie conocía hasta entonces, lo que enseguida se llamaría América, fue un acontecimiento de alcance trascendental, una de esas cosas que cambian el curso de la humanidad. Por eso esta historia se cuenta normalmente con Colón como protagonista. Pero en el lance hubo mucho más. Porque, al calor del descubrimiento, los españoles se lanzaron a hacer algo que nadie había hecho antes y que dio su verdadera dimensión a la hazaña del almirante: abrir literalmente el océano Atlántico, explorar aquellas aguas vírgenes, arañar el mapa de lo desconocido. Y cuando uno constata con qué medios se hizo, la palabra «admiración» se queda corta.

CAUDILLOS DEL MAR

Hablemos primero de los navegantes. ¿Quiénes eran? Básicamente, aquella misma gente a la que Colón tuvo que recurrir para sacar adelante su proyecto: los clanes de marineros de la Ría de Huelva y los que enseguida se sumaron desde el Cantábrico y desde Galicia.

Conocemos sus nombres: los Pinzón, los Niño, los Quintero, etc. Marinos multiuso, podríamos decir: arman barcos, dibujan cartas, estudian tales o cuales innovaciones, reclutan a la marinería, dan de comer a las gentes de la vecindad. Son los líderes naturales de una comunidad de gente singular. Lo mismo se dedican a la pesca que al comercio o a la guerra, porque en aquel tiempo las fronteras entre todas estas actividades eran aún difusas. De hecho, los marineros de Huelva habían conocido una época de oro gracias a la guerra entre España y Portugal por la sucesión al trono de Castilla. Recordemos: a la muerte de Enrique IV en 1474, se desata una pugna por el trono entre Isabel de Castilla, casada con Fernando de Aragón, y Juana la Beltraneja. Portugal apoya a Juana, y así castellanos y portugueses entran en guerra. La guerra llega a la mar y los marineros de la ría de Huelva encuentran vía libre para sacar tajada: irrumpen en las vías comerciales hacia Guinea, sabotean el tráfico portugués de esclavos, ganan mercados antes reservados a los lusos… *La Crónica* de Enrique IV lo dice así: «Solo los de Palos conocen de antiguo el mar de Guinea, acostumbrados desde el principio de la guerra a combatir con los portugueses y a quitarles los esclavos adquiridos a cambio de viles mercancías».

Pero la guerra termina en 1479, llega el Tratado de Alcazobas, que reparte derechos en el Atlántico y reconoce a Portugal sus posesiones africanas, y a los marineros de Huelva se les cierra una puerta. ¿Qué harán? Seguir sobreviviendo como puedan, comerciando o pescando, a veces violando los límites de la zona portuguesa… pero siempre bajo el liderazgo de los Niño, los Pinzón, los Quintero. Son los señores del mar. Las capitulaciones de Colón con la corona estipulaban que el almirante se reservaba la primacía de las futuras navegaciones en las rutas descubiertas. Pero ¿quién podría decirle a cualquiera de estos señores del mar que el océano no era suyo?

Hablemos ahora de la navegación. Porque esta es otra parte importantísima del asunto: surcar un océano con los medios de la época era una aventura arriesgadísima. Es verdad que el uso de la carabela había revolucionado la náutica. Hasta ese momento, los tipos de barco más habituales para las travesías eran la nao y la carraca, adaptación esta última de la coca del norte de Europa: barcos redondeados y con gran capacidad de carga. La carabela era más pequeña, pero aportaba grandes ventajas para la navegación a largas distancias. Aun así, el desafío era enorme.

Una carabela tipo de la época medía algo más de 20 metros de eslora y desplazaba alrededor de 100 toneladas, que son aproximadamente las dimensiones de una de aquellas ballenas francas que nuestros pescadores del Cantábrico cazaban en abundancia desde varios siglos atrás. La comparación dice mucho sobre la fragilidad de las embarcaciones. ¿Y la velocidad de los barcos? Escasa: una carabela media navegaba a una velocidad de unos 15 kilómetros/hora (ocho nudos) y las más rápidas, como la Pinta, podían alcanzar los 25 kilómetros/hora con buen viento. Las innovaciones introducidas en el velamen, combinando velas cuadradas y latinas, permitían ceñirse bien al viento y navegar casi en cualesquiera condiciones, pero conviene recordar de qué estamos hablando: lanzarse a mar abierto en un mapa en blanco, sin rumbos conocidos, para cubrir distancias de miles de kilómetros.

¿Y con qué instrumentos de navegación? La brújula seca, inventada en Europa hacia 1300, permitía conocer la posición del norte magnético en todo momento, y el astrolabio, el cuadrante o la ballestilla eran herramientas pensadas para averiguar la latitud determinando la posición de los astros en el cielo y su altura sobre el horizonte. Con eso y unos buenos portulanos, que eran mapas donde se marcaban las direcciones de la rosa de los vientos (y donde, por cierto, la aportación mallorquina fue decisiva), era ya factible navegar en mar abierto. Pero la longitud era imposible de medir más que por aproximación, lo cual complicaba enormemente las cosas. Cuando uno navegaba de este a oeste o al revés, el procedimiento habitual era navegar «por estima», o sea, alcanzar la latitud deseada, que eso sí era posible, y después tratar de mantenerse en la línea de latitud hasta llegar a destino. Inconveniente: con este sistema era imposible aprovechar las corrientes y vientos más favorables, por temor a perder la latitud, lo cual obligaba a demorar mucho los trayectos. Y con la demora aparecían problemas añadidos: el agua de a bordo se corrompía, los alimentos se pudrían, la marinería enfermaba...

HACER LO IMPOSIBLE

Imaginemos ahora a cualquier marino de 1490 al que se le plantea la hipótesis de navegar rumbo oeste hasta encontrar las Indias. No hay mapas, no se puede determinar la longitud y hay que navegar a una velocidad de 20 kilómetros hora (con suerte) y con víveres limitados hasta encontrar una tierra que no se sabe dónde está. Es sencillamente imposible. Y sin embargo, aquella gente se metió en la aventura.

Todo empieza en realidad a la altura de 1498, cuando ya está claro que la experiencia de Colón en La Española ha sido un desastre. Colón era un excelente navegante, pero como gestor resultó simplemente catastrófico. Su colonia de La Española se convirtió enseguida en un nido de motines, hambre, desencuentros con los indios... un horror. No solo era económicamente ruinosa, sino que, además y sobre todo, el modelo de colonización del almirante no tenía nada que ver con el que los reyes querían. Cada enviado de la corona que vuelve de allí, dice invariablemente lo mismo: Colón ha fracasado. Por supuesto, el ansiado camino hacia las Indias, hacia la China y el Japón, no ha aparecido por ningún lado. Y además, alrededor de La Española surgen nuevas tierras sin cesar. Demasiadas tierras para un solo hombre. Así que en 1498 el obispo Fonseca, el hombre al que los Reyes Católicos han encargado marcar de cerca a Colón, toma una decisión llena de consecuencias: permitir que otros navegantes exploren las aguas del Atlántico y las, al parecer, interminables costas de aquellas nuevas Indias.

Era un momento extremadamente importante. España y Portugal acababan de firmar el Tratado de Tordesillas, que delimitaba los derechos de cada cual en el Atlántico a partir de una línea vertical, trazada de polo a polo, sobre un punto 370 leguas al oeste de las islas de Cabo Verde. Al oeste de la raya, mar española; al este, mar portuguesa. No era una línea muy precisa porque la cartografía aún carecía de conocimientos suficientes para señalar su trayectoria e incluso la situación exacta de los polos respecto al conjunto del globo, de manera que, según dónde estuvieran esos puntos de partida y llegada, la línea podía abarcar diferentes espacios. Con todo, el arreglo de Tordesillas fue suficiente por el momento: los portugueses veían reconocida su exclusividad sobre las rutas africanas y los españoles encontraban expedita la vía hacia las nuevas tierras descubiertas. En esas condiciones, ¿tenía sentido mantener el privilegio de Colón? Otras potencias estaban tratando de sacar partido del hallazgo. En 1497, un navegante veneciano, Juan Caboto, propuso a la corona de Inglaterra buscar el camino de oriente por el Atlántico norte, que según sus cálculos debía de ser una ruta más corta. Lo intentó y en un primer viaje tocó Terranova, pero, a la hora de volver, las aguas le empujaron hasta las costas francesas. Volvió a intentarlo al año siguiente aún más al norte, y el océano se lo tragó en algún lugar cerca de Groenlandia.

PIONEROS DEL OCÉANO

Con semejante paisaje, era imperativo abrir las rutas de Indias. A mediados de mayo de 1499 zarpaba del Puerto de Santa María la expedición de Alonso de Ojeda. Con él viajaban otros nombres de primer nivel. Por ejemplo, Juan de la Cosa, propietario de la *Santa María* en el primer viaje de Colón, y el astrónomo y comerciante italiano Américo Vespucio, instalado en España desde algunos años atrás. Juan de la Cosa era uno de los hombres de confianza de la corona desde hacía largo tiempo, había aportado la nao capitana en el primer viaje a las Indias y después se había desempeñado como piloto en la segunda exploración colombina. Conocía la región como la palma de su mano. En cuanto a Américo Vespucio, que por un rocambolesco azar iba a terminar dando su nombre al nuevo mundo, era un florentino que a estas alturas rondaba los cuarenta y cinco años y que tenía tras de sí una intensa experiencia comercial. Hijo de una familia notable, había llegado a Sevilla en 1489 como administrador de los bienes de los Medici, porque Sevilla se había convertido ya en un auténtico emporio de actividad naviera y mercantil. Así entró en contacto con Colón. De hecho, su firma estuvo presente en la financiación de todos los viajes colombinos.

Cuando los barcos de Ojeda, De la Cosa y Vespucio cruzan el océano, ignoran todavía que lo que tienen delante es un continente nuevo. Los barcos exploran el litoral del norte del Brasil pensando, como Colón, que en alguna parte ha de estar la ruta hacia Japón y la China, o Cipango y Catay, como entonces se los llamaba. Lo que encontraron fue otra cosa: las costas de la actual Guyana, las islas de Trinidad y Bella Forma (hoy Tobago), el delta del Orinoco y la isla Margarita, frente al litoral de un extraño país donde los indígenas construían sus casas sobre postes de madera clavados en las aguas. Américo Vespucio, al ver aquello, pensó en Venecia, y desde entonces aquellas tierras se llaman Venezuela. Siguieron la costa hasta dar con otra isla, Curazao, donde recogieron gran cantidad de perlas y varias muestras de un árbol de madera muy dura y color rojo como la brasa, el «palo Brasil» o «palo tintóreo», que se utilizaba tanto para la ebanistería como para extraer colorantes. De ese «palo Brasil» vendrá enseguida el nombre del gran país del Amazonas: Brasil. Aún siguieron los barcos explorando la costa hacia el oeste. Vespucio iba tomando cuidadosa nota de todo, en particular de la fauna y la flora de aquel extraño mundo. Y Juan de la Cosa, por su lado, iba dibujando en sucesivos mapas las nuevas tierras que aparecían a sus ojos.

La expedición de Ojeda arribó a Cádiz hacia el mes de junio de 1500. Américo Vespucio venía enfermo de malaria. El italiano se apresuró a escribir una carta a su amigo Lorenzo di Pierfrancesco con los resultados de su viaje: descripciones de flora y fauna y, sobre todo, datos astronómicos. Poco podía imaginar entonces Vespucio que sus crónicas sobre aquel viaje, y otros que le sucederían, terminarían llegando a un monasterio de los Vosgos donde un monje cartógrafo, Martin Waldseemüller, impresionado por el relato, pondría a las nuevas tierras su nombre: América. En cuanto a Juan de la Cosa, se aplicó a poner en limpio el abundante material cartográfico que había traído de su odisea. Empezaba a dibujarse el primer mapa de las Indias.

Pero hubo más expediciones. Al poco de salir Ojeda zarpó del puerto de Palos otro veterano del descubrimiento: Pedro Alonso Niño, que había pilotado la *Santa María* en el primer viaje de Colón y participado también en el segundo, y que en los años siguientes había navegado en varias de las expediciones que fueron y vinieron de La Española. Pedro Alonso Niño —de la misma familia que aportó la carabela *Niña*— había recibido ya el título de piloto mayor de las Indias y conocía muy bien aquellos mares. Buscó financiación en su amigo Luis Guerra, un comerciante de Triana, que situó a su hermano Cristóbal como capitán de la expedición. Armaron una carabela. Enrolaron a treinta y tres hombres y se hicieron a la mar. Buscaban perlas. Las hallaron en gran cantidad.

Aún estaba Niño en la isla Margarita cuando salió de Palos Vicente Yáñez Pinzón, el pequeño de los Pinzones, que en la aventura de 1492 había sido capitán de la *Niña*. Firmó las correspondientes capitulaciones con Fonseca y el 19 de noviembre de 1499 se hizo a la mar con cuatro carabelas. El viaje de Niño había sido una vertiginosa operación comercial; este de Pinzón se proponía ser algo más grande. Lo era, primero, por la cantidad de gente que llevaba:

cuatro barcos repletos de voluntarios reclutados entre vecinos, parientes y amigos. Objetivo: colonizar nuevas tierras fuera del territorio colombino. Vicente Yáñez navegó tan al sur que atravesó la línea del ecuador, allá donde la estrella polar desaparece. Cosa no menor, porque en aquel tiempo la referencia esencial de los navegantes eran las estrellas y los marinos españoles no conocían el cielo austral. Era la primera vez que barcos castellanos cruzaban la línea media del planeta. El 26 de enero de 1500 vieron tierra. Desembarcaron. Grabaron en unos árboles los nombres de Isabel y Fernando como signo de su toma de posesión de aquel paraje. Lo llamaron Cabo de Santa María de la Consolación. Hoy se llama cabo de San Agustín, en una tierra que pronto sería bautizada como Brasil. Porque Vicente Yáñez, en efecto, había descubierto el Brasil antes de que llegaran los portugueses. La expedición siguió rumbo noroeste. Halló entonces un río que de repente se convertía en mar: era la inmensa boca del Amazonas. Después, tormentas, hambre, privaciones, naufragios... Vicente Yáñez Pinzón regresó al puerto de Palos el 30 de septiembre de 1500. El viaje fue, en términos económicos, un fracaso, pero en lo geográfico había abierto otro brazo del océano.

La ruta abierta hacia las Indias se convirtió de inmediato en una verdadera autopista marítima. Habrá otras expediciones, como las de Diego de Lepe, primo de Vicente Yáñez, que tocará nuevamente Brasil, y después la de Rodrigo de Bastidas, un navegante sevillano que había estado en el segundo viaje de Colón. Y de esta hay que hablar más despacio porque en ella iba el hombre que acababa de dibujar el primer mapa de las Indias conocidas: Juan de la Cosa.

De la Cosa compuso su mapa en 1500. Fue el primer mapamundi que incluye a América, que aún no se llamaba así. Una gran obra: casi un metro de ancho por más de 1,80 de largo en pieles de pergamino. De la Cosa reflejaba correctamente todas las Antillas. Incluso dibujaba ya Cuba como una isla, aunque Colón creía que era tierra continental. Alrededor de las Antillas, el mapa refleja un arco continuo de tierra desde el sur, con las costas del norte del Brasil, Venezuela y Colombia, hasta el norte, que aparece más difuso. El dibujo sugiere algo inquietante: contra la opinión de Colón y muchos otros, no había un paso hacia el oeste que condujera a Cipango y el Catay. Esto no dejaba de ser un problema político, de manera que Juan de la Cosa optó por una singular solución: tapó el lugar del supuesto paso al oeste con una imagen de san Cristóbal, evidente alusión a Colón. Aquel mapa sería la principal referencia cartográfica del Nuevo Mundo durante muchos años. Con su mapa en la mano, De la Cosa se enroló como piloto en el viaje de Rodrigo de Bastidas. Era 1501. Esta expedición fue crucial porque recorrió todo el litoral de Venezuela y Colombia, exploró las bahías de Santa Marta y Cartagena y finalmente navegó las costas de Panamá, territorios que nunca se habían cartografiado antes. Años después, Bastidas fundará Santa Marta en la actual Colombia.

LA CASA DE LA CONTRATACIÓN

Todos estos viajes dejaron claro que había mucha más tierra allí que la que había visto Colón. En 1503 los Reyes Católicos ordenan crear en Sevilla una institución que se encargue específicamente de las cosas de Indias para liderar el proceso de exploración y conquista: será la Casa de la Contratación, puesta bajo el mando del omnipresente obispo Fonseca.

La Casa de la Contratación: un auténtico órgano de gobierno con atribuciones sobre la justicia, el comercio, las rutas de navegación, el tráfico marítimo y hasta la inspección de las gentes de mar que pasaban al otro lado del océano. Objetivo: mantener el control de la corona sobre el nuevo mundo que iba apareciendo y, por supuesto, sobre el tráfico comercial allí generado. Pero, además, la Casa tenía capacidad judicial para conocer de causas criminales, controlaba los viajes de ida y vuelta en lo que empezó a llamarse «carrera de Indias», llevaba el registro de pilotos, maestres y marineros, organizaba el despacho de buques y se encargaba del cobro y custodia del «quinto real» (el beneficio correspondiente a la corona, un 20 por ciento). Para garantizar el monopolio de la corona, se centralizaba el tráfico de Indias en un solo puerto: Sevilla, la ciudad más protegida y mejor comunicada de todas las que daban a las aguas del suroeste, donde se cogían los vientos y corrientes que llevaban a América.

Fernando el Católico convocó en 1508, en Burgos, la Junta de Navegantes. Allí estuvieron los principales pilotos de Indias: Américo Vespucio, Juan de la Cosa, Vicente Yáñez Pinzón, Juan Díaz de Solís. Y el obispo Fonseca, por supuesto. El rey habla claro: no se trata solo de establecer colonias en el continente, sino que también hay que hallar el ansiado paso occidental a las Indias. Ya nadie cree que aquello sea Asia, pero aún se piensa que debe de existir un canal, un estrecho, un pasillo que permita alcanzar los mares de la China y el Japón. No hay que perder de vista que ese era el objetivo inicial de la aventura en 1492. Lo que se había encontrado se parecía muy poco a lo que se buscaba. Los españoles habían descubierto un rosario de islas y, después, una inmensa franja de tierra que abarcaba desde las costas del Brasil, por el sur, hasta Florida por el norte. Se había explorado a fondo el litoral colombiano, venezolano y panameño. Solo quedaba un área por explorar: un pequeño rincón entre las actuales Honduras y Belice, la bahía de Amatique, abierta a un gran río que parecía prometedor. Era preciso explorarlo. ¿Quién lo haría? Vicente Yáñez Pinzón y Juan Díaz de Solís.

«Que sigáis la navegación para descubrir aquel canal o mar abierto que principalmente vais a buscar e que yo quiero que se busque», había ordenado el rey Fernando el Católico. En los astilleros vascos se armaron una nao y una carabela: la *Magdalena* y la *Isabelita*. Solís se encargaría de dirigir los movimientos por mar. Pinzón cubriría la exploración por tierra. Como piloto viajaba Pedro de Ledesma, veterano del cuarto viaje de Colón. El 29 de junio de

1508 zarparon los barcos. Tocaron La Española. Siguieron hasta Costa Rica. Luego, rumbo norte, recorrieron el litoral de lo que hoy es Nicaragua. Recalaron en la anhelada bahía (Golfo Dulce, se llamaba entonces). El paso al otro lado no aparecía por ninguna parte. Terminaron en la costa oriental de la península del Yucatán, donde hoy está Cancún. Solís ya había estado allí. Sabía que en esa latitud no había paso alguno al oeste. En octubre de 1509 la expedición volvió a España. Decididamente, no había ninguna forma de llegar a Cipango y Catay.

DESDE LA FLORIDA HASTA EL PLATA

¿Tal vez estábamos buscando donde no era? ¿Habría algún camino por el norte, más allá de las costas de Florida? Las exploraciones en esa región habían sido muy escuetas. Entre La Española y las Bahamas (las Lucayas, se llamaban entonces) se despliega un rosario de islotes que para el navegante es un auténtico laberinto. Los indios decían que al norte se hallaba un territorio llamado Bimini y que era rico en oro. Otros afirmaban que, tierra adentro, se encontraba la fuente de la eterna juventud. Más por el oro que por la fuente, y más por el paso que por el oro, un hombre emprendió la tarea de ver qué había allí: Juan Ponce de León, un caballero que había llegado a La Española con Colón y que, después, había conquistado Puerto Rico. Para guiarse en el laberinto escogió al mejor: el piloto Antonio de Alaminos, veterano de los viajes colombinos. Era marzo del año 1513.

El día 27, Domingo de Resurrección, los hombres de Ponce de León avistaron algo que parecía una isla mucho mayor que las demás. Alcanzaron la playa. Cruzaron un paisaje de dunas. Ponce ganó una elevación natural del terreno. Desde allí vio cómo se extendía a sus pies una vastísima llanura de bosques y ciénagas hasta donde se perdía la vista. Finalmente, el 8 de abril Juan Ponce de León tomó solemnemente posesión de aquellas tierras en nombre del rey de España. Las llamó Florida porque el calendario marcaba, precisamente, la Pascua Florida. Los nuestros no tardaron en comprobar que aquella región era inhabitable por la espesa vegetación y por la hostilidad de los nativos. Pero el piloto Alaminos hizo un descubrimiento que iba a ser crucial: una fuerte corriente que empujaba a los barcos hacia el este. Alaminos había descubierto la Corriente del Golfo, que iba a convertirse en el camino de vuelta a Europa desde el Atlántico norte americano.

Mientras Ponce de León recorría la Florida, otro español hacía un descubrimiento sensacional: en Panamá, Vasco Núñez de Balboa atravesaba las selvas y veía por primera vez el otro lado, el otro mar, el océano Pacífico. La Mar del Sur, como la llamaban en la época. Y eso lo cambió todo, porque ahora los españoles sabían que, efectivamente, al otro lado de aquellas inmensas tierras descubiertas se abría más océano y, sin duda, por él podría llegarse a las ansiadas Indias. Había que explorarlo.

Lo hizo Juan Díaz de Solís, que en aquel momento era piloto mayor de Castilla. Solís ya había planificado una expedición para bordear el continente por el sur, pero había un problema mayúsculo: tal ruta implicaba explorar tierras portuguesas, y Portugal no lo iba a tolerar. Ahora bien, el hallazgo de Balboa cambiaba las cosas: los tratados con Portugal prohibían a los españoles explorar tierras portuguesas, pero no cruzar sus aguas para llegar a tierras españolas como las descubiertas en Panamá y, desde allí, buscar las islas de las especias. Ese sería ahora el objetivo. Era literalmente sumergirse en lo desconocido, porque nadie sabía aún qué podía haber más al sur —hoy lo sabemos: Argentina—, ni siquiera dónde estaba el supuesto paso al Pacífico, pero era exactamente lo que Solís deseaba hacer. La expedición zarpó en octubre de 1515 con el beneplácito de la corona.

Los barcos de Solís siguieron la habitual ruta del sur: Canarias, Cabo Verde y cruzar el Atlántico hasta el Brasil. Tocaron el Cabo de

San Roque, la punta noreste del subcontinente suramericano, y desde ahí exploraron minuciosamente la costa, siempre rumbo sur. Varios miles de kilómetros de litoral que Solís recorrió palmo a palmo. Tenía muy claro lo que buscaba: cualquier brazo de agua que pudiera conducir al otro lado, a la Mar del Sur, que aún nadie llamaba «Pacífico». Cada vez que encontraba una bahía o una desembocadura, penetraba en ella en busca de un paso. Así llegó a un río tan colosal que sus aguas dulces se vertían varias millas dentro de la mar. Mar Dulce, lo llamó Solís. Era el estuario del Plata, donde vierten sus aguas el Paraná y el Uruguay. Los nuestros desembarcaron en lo que hoy es Punta del Este. Tomaron posesión de aquellas tierras en nombre del rey de España. Era el mes de febrero de 1516.

Remontaron dirección noroeste. Hoy allí están Montevideo y Buenos Aires, pero en la época no había absolutamente nada. Fue precisamente en aquella región, en las islas que cierran la boca del gran estuario, donde la expedición halló indígenas. ¿Conocerían ellos un paso al otro mar? Solís y otros siete hombres bajaron a negociar con ellos. Y allí la aventura se tiñó de sangre. Los indios hacían gestos amistosos, pero era una trampa. Según los españoles se acercaban, los indios los mataron a flechazos mientras el resto de la tripulación, desde los barcos, asistía espantada al drama. Una vez muertos, los despedazaron. Allí mismo. Y allí mismo los devoraron.

Terrible, sí. Como tantos otros episodios de aquella gesta formidable que fue la apertura del Atlántico. Apertura que completaría muy poco después otra expedición, la de Magallanes y Elcano, que, esta vez sí, lograría franquear la gran barrera continental americana para llegar al otro mar.

17
LA PRIMERA VUELTA AL MUNDO

Entre las muchas cosas que España ha aportado a la historia universal está la primera demostración empírica de que la Tierra es redonda. Eso fue lo que logró el viaje de Magallanes y Elcano. Después de tres años de calamitosa travesía, en 1522 el vasco Juan Sebastián Elcano se convirtió en el primer hombre que daba la vuelta al mundo. Solo España estaba en condiciones de aunar la experiencia marinera, el conocimiento geográfico, la audacia humana, la voluntad política y los recursos para hacer algo así.

Imaginemos la escena. Estamos en el puerto de Sanlúcar de Barrameda. Es el 6 de septiembre de 1522. Ha llegado una nao. Se llama *Victoria*. Tres años antes habían zarpado cinco barcos; solo vuelve este. En ellos viajaban doscientos sesenta y cinco hombres; solo vuelven dieciocho. Están enfermos y flacos, vestidos con harapos. Más parecen náufragos que héroes. Y sin embargo, estos dieciocho acaban de rubricar una hazaña extraordinaria: son los primeros hombres que han dado la vuelta al mundo. Estos son sus nombres: Juan Sebastián de Elcano, de Guetaria, capitán. Francisco Albo, de Axila, piloto. Miguel de Rodas, piloto. Juan de Acurio, de Bermeo, piloto. Antonio Lombardo (Pigafetta), de Vicenza, sobresaliente. Martín de Yudícibus, de Génova, marinero. Hernando de Bustamante, de Alcántara, marinero y barbero. Nicolás el Griego, de Nápoles, marinero. Miguel Sánchez, de Rodas, marinero. Antonio Hernández Colmenero, de Huelva, marinero. Francisco Rodrigues, portugués de Sevilla, marinero. Juan Rodríguez, de Huelva, marinero. Diego Carmena, marinero. Hans de Aquisgrán, cañonero. Juan de Arratia, de Bilbao, grumete. Vasco Gómez Gallego, el Portugués, de Bayona, grumete. Juan de Santandrés, de Cueto, grumete. Juan de Zubileta, de Baracaldo, paje.

En la lista de los supervivientes hay gente de todos los lugares de la corona, desde Huelva hasta Aquisgrán. Y atención a uno de los nombres, Antonio Lombardo, Pigafetta, italiano, embarcado como criado de Magallanes. Porque Pigafetta va a ser algo así como el reportero de a bordo, un cronista que va a escribir, con un estilo vivísimo, todo lo que acontece en el viaje. Y gracias a Pigafetta conocemos hoy los detalles de esta extraordinaria aventura.

IR POR DONDE NADIE HABÍA IDO

¿De dónde volvía esta gente, cuál había sido su singladura? Vamos cinco años atrás, a 1517. Un avezado marinero portugués, Fernando de Magallanes, ha concebido la idea de rectificar el rumbo de Colón y llegar hasta las Islas de las Especias a través del Atlántico. Recordemos: Colón buscaba las Indias y se había topado con otra cosa, algo que pronto se llamará América. Durante los años siguientes, los marineros españoles buscarán sin éxito un paso a través del continente americano. Lo que Magallanes se propone es rodear América por su extremo sur y abrir una nueva ruta hacia Asia. Nadie ha ido nunca por ahí. Díaz Solís lo había intentado antes y la aventura acabó de muy mala manera. Pero Magallanes, apoyado en los mapas de su tiempo, cree que las primeras islas asiáticas no deben de estar muy lejos de la barrera americana. ¿Cómo lo sabe? No lo sabe: es pura intuición geográfica. Hacía falta valor…

El marino ofrece su proyecto al rey de Portugal, Manuel I el Afortunado. Manuel, casado con una hija de los Reyes Católicos, lo rechaza: ese viaje transcurre por una ruta bajo jurisdicción española y ampararlo supondría vulnerar los acuerdos con España. Así que Magallanes marcha a Valladolid y expone su proyecto a Carlos I, el rey, pronto emperador. Carlos acepta: nombra a Magallanes capitán general de la expedición y gobernador de todas las tierras que pudiese descubrir y conquistar. La gestación del viaje daría para escribir una novela de intriga: problemas financieros, rivalidades de corte, agentes portugueses que intentan frustrar el proyecto. Pero Magallanes es hombre obstinado y consigue su propósito. Reúne cinco barcos: la *Trinidad*, que es la capitana; la *Concepción*, cuyo contramaestre es Elcano; la *Victoria*, la *Santiago* y la *San Antonio*. El 10 de septiembre de 1519 zarpan de Sanlúcar de Barrameda.

El primer tramo de la expedición es relativamente tranquilo. Tocan Río de Janeiro, bordean la costa del Brasil, exploran la gran boca del Río de la Plata y el litoral de la Patagonia. Pero pronto aparecen los problemas. Uno: Magallanes mantiene el secreto sobre el objetivo de su viaje, lo cual inquieta sobremanera al resto de los capitanes. Dos: estos, los capitanes españoles, están ya muy mal predispuestos hacia Magallanes, en buena parte por la cizaña sembrada en Sanlúcar por los agentes portugueses. Tres: pasan los meses, la costa parece interminable, no se ve ningún paso hacia el otro lado y, además, hace un frío que pela, porque estamos en el hemisferio sur y aquí el invierno empieza en marzo.

Magallanes decide invernar en la bahía de San Julián. No es un hotel confortable. Hace mucho frío. La temperatura media en el mes de julio es de 1,2° C, con máximas que nunca suben de los 5° C. Nadie ha estado nunca tanto tiempo por esos parajes. Cunde el miedo. Y con el miedo, el primer motín. El inspector de la expedición, Juan de Cartagena, secundado por otros capitanes, se niega a seguir adelante. Magallanes resolverá el problema a fuerza de astucia, pero será severo con los culpables: los expulsa de la escuadra y los abandona en medio de la nada patagónica.

CARRERA DE OBSTÁCULOS

Magallanes tenía derecho a aplicar justicia: era uno de sus atributos como capitán general. Sus sanciones parecen duras, pero, en realidad, fue clemente: con la ley en la mano, dictó cuarenta condenas a muerte y apenas ejecutó ninguna. Más bien prefirió contemporizar con unos marineros sin los que no hubiera podido proseguir viaje. Uno de los más beneficiados por aquella indulgencia fue precisamente Elcano, subordinado de Gaspar de Quesada, que estaba entre los cabecillas del motín. Elcano se vio atrapado en un conflicto de fidelidades: o seguir al capitán de su barco, o seguir al jefe de la expedición. Elcano anduvo entre dos aguas: se amotinó, pero también contribuyó a sofocar el motín. Y el caso es que se ganó la confianza de Magallanes.

Sofocado el motín, la expedición fondea en una bahía a la que llamarán San Julián. Allí van a pasar cinco largos meses bajo el frío austral. No dejan de ocurrir desgracias: la *Santiago*, enviada a un reconocimiento hacia el sur, se estrella contra la costa por un temporal. Milagrosamente, no habrá muertos. Los expedicionarios se dedican a cazar: avestruces, conejos, zorros, moluscos; obtienen agua derritiendo grandes bloques de hielo. Pero allí va a ocurrir también algo muy importante: la expedición descubre a los indios tehuelches, a los que llamarán patagones por las enormes huellas que sus abarcas dejaban en la nieve.

La expedición volvió a ponerse en marcha a finales de agosto, siempre hacia el sur. El camino es dramático: borrascas, temporales. En uno de ellos, la flota está a punto de irse a pique. En ese momento los mástiles se recubren del fuego de San Telmo, que los marineros interpretan como una señal del auxilio divino. En efecto, la flota consigue salvarse. Magallanes se verá obligado a fondear otros dos meses. Antes de zarpar, ordena que todos sus hombres se confiesen y comulguen: van a afrontar el desafío decisivo.

El 21 de octubre de 1520 se hace el gran descubrimiento: el estrecho, un abrupto y delgado canal que entra desde el Atlántico y sale a mar abierto. Llamarán a ese estrecho «de las Once Mil Vírgenes», conforme al santoral; hoy lo conocemos como estrecho de Magallanes. Al otro lado, el mar se les presenta suave, agitado por unos amables alisios que hinchan grácilmente las velas. A Magallanes le resulta tan dulce que lo bautiza como Mar de las Damas o Pacífico. Pero en esos días ocurre de nuevo algo desagradable: una deserción. Porque la *San Antonio*, al mando del portugués Esteban Gómez, abandona la flota para volver a España. Gómez quiere dar la noticia de que se ha descubierto el paso a Oriente —y, de paso, atribuirse el mérito—. Lo logrará. Más tarde encontraremos a Gómez explorando el Atlántico Norte y dibujando el primer mapa de toda la costa norteamericana. Pero el que encontró el paso al Pacífico fue Magallanes.

EL MAL LLAMADO «PACÍFICO»

De todos modos, aún quedaba lo más difícil para las tres naves que seguían en la expedición: llegar a las islas de las Especies. Y a partir de aquí la crónica del viaje es una brutal prueba de supervivencia. Primero, las enfermedades: se acaban los víveres frescos, se pudre el agua y aparece el escorbuto. Son tres meses horribles. Los marineros mueren a mansalva. No tocan tierra hasta el mes de enero: las islas de los Ladrones, hoy llamadas Marianas. El 16 de marzo llegan a San Lázaro, hoy Filipinas: los hombres de Magallanes serán los primeros en celebrar allí una misa. Después, Cebú, siempre en las Filipinas. Aquí se consuma la tragedia: los expedicionarios entran en amigables tratos con los aborígenes, pero un cacique local, Lapu-

Lapu, celoso de su jefe, tiende una emboscada a los españoles. En la batalla mueren muchos marinos, entre ellos el propio Magallanes. Sobreviven ciento catorce hombres. Tan pocos que sobra un barco. Los expedicionarios deciden hundir la *Concepción*. Ya solo quedan dos: la *Trinidad* y la *Victoria*. La primera la mandará Gonzalo Gómez de Espinosa; la segunda, Elcano. Los barcos seguirán su ruta: en Mindanao y en las Molucas cambiarán paños por una importante cantidad de especias, sobre todo clavo.

El 21 de diciembre, la expedición se divide. La *Trinidad* da la vuelta y se dirige al Darién, entre Panamá y Colombia; fracasará y sus hombres terminarán siendo apresados por los portugueses. La *Victoria* sigue hacia occidente, doblando África por el sur y luego rumbo a Castilla. Lo conseguirá, como sabemos, pero el viaje es un calvario de hambre, sed y enfermedades. Para colmo de males, Portugal, donde ahora reina Juan III, se ha propuesto desbaratar la nueva ruta española: todos los puertos bajo dominio portugués negarán cualquier ayuda a Elcano. En Cabo Verde, ya en el África occidental, Elcano envía a trece hombres para conseguir víveres y los portugueses los apresan. Elcano comprende que nadie va a socorrerle. Así llega a Sanlúcar ese 6 de septiembre de 1522, con solo diecisiete hombres más, después de recorrer 14.000 leguas. Fin del viaje.

El emperador Carlos llenó de honores a Elcano: le concedió una renta anual de 500 ducados oro y un escudo de armas cuya cimera, un globo terráqueo, llevará la leyenda *Primus circundetisti me* («El primero que me dio la vuelta»). El emperador recibió personalmente a todos los supervivientes y, además, se preocupó de que fueran liberados los marineros apresados por los portugueses. Esta vez la aventura terminó bien. Y para la Historia quedó la proeza: se había dado por primera vez la vuelta al planeta.

18
LA CONQUISTA DE AMÉRICA

En poco más de medio siglo, entre 1492 y 1545, España descubrió, exploró, conquistó y en buena parte pobló un territorio veinte veces mayor que la península ibérica. En poco más de medio siglo, España abrió al conocimiento occidental un continente nuevo y dos océanos, hasta las islas del Pacífico. En poco más de cincuenta años, un país de en torno a cinco millones de habitantes, que además mantenía una guerra en Europa y otra en las costas africanas, había derrotado a dos poderosos imperios autóctonos en América. En poco más de cincuenta años, España creó el más longevo de los imperios ultramarinos y lo mantuvo durante casi tres siglos frente al permanente acoso de Francia e Inglaterra. Si esto lo hubieran hecho otros, nos parecería una hazaña extraordinaria. Como lo hemos hecho nosotros, españoles, todos los días echamos basura encima. Pero no: la conquista de América fue, objetivamente, una hazaña extraordinaria.

Basta repasar la secuencia de hechos, con sus fechas, para calibrar la dimensión de la proeza. En 1492 los primeros barcos españoles llegan a América. En los años siguientes, nuestras carabelas exploran a conciencia todo el litoral de ese mundo desconocido. Tras los desastres de la colonización colombina, la isla de La Española queda sometida y regularmente poblada a la altura de 1498. A partir de 1503, con la guerra de Nápoles resuelta y el paisaje político pacificado, la corona decide impulsar resueltamente la exploración y conquista de aquellos territorios. Los logros se suceden a gran velocidad. Entre 1508 y 1511 se dominan Puerto Rico, Jamaica y Cuba. En 1513, mientras Ponce de León desembarca en Florida, Núñez de Balboa ha controlado una extensa porción en Panamá y descubre, al otro lado, el océano Pacífico, la Mar del Sur. En 1519 Hernán Cortés emprende la conquista de México, que culmina solo dos años después con la toma de Tenochtitlán. En 1522 Alvarado completa la conquista de la América central. En 1524 Pizarro comienza a explorar el litoral de los actuales Ecuador y Chile; descubre la existencia el imperio inca, cuya conquista logrará siete años después junto a Diego de Almagro. Este parte enseguida a la conquista de Chile. En 1528 Álvar Núñez Cabeza de Vaca recorre todo el sur de Norteamérica desde Florida hasta Nuevo México. En 1536 Pedro de Mendoza funda por primera vez Buenos Aires. En 1537 Jiménez de Quesada y Belalcázar, cada uno por su lado, exploran y toman los territorios que hoy son Colombia, Ecuador y Venezuela. Ese mismo año Martínez de Irala establece bases fijas en Paraguay. En 1540 Pedro de Valdivia emprende la conquista de Chile. El año siguiente tenemos a Orellana recorriendo el Amazonas hasta su desembocadura y a Hernando de Soto explorando el oeste del Mississippi, en el norte del continente. Y detengámonos aquí, porque la lista se haría interminable.

MUY POQUITA GENTE

Podría uno pensar en grandes ejércitos de españoles, como nuestros tercios de pica y arcabuz, recorriendo las tierras americanas bajo la enseña de San Andrés. Nada más lejos de la realidad. Los españoles eran poquísimos allí. La corona nunca mandó ejércitos a conquistar las Indias; de hecho, no mandará tropas hasta bien entrado el siglo XVII, y ello en muy pequeñas cantidades. La conquista la efectuaron unos pocos miles de hombres y mujeres. ¿Cuántos? Conocemos algunas cifras. Por las listas de pasajeros de la Casa de Contratación de Sevilla y del Consejo de Indias, sabemos que entre 1509 y 1529 —veinte años— marchan allá tres mil novecientas dos personas. Más tarde, entre 1533 y 1539, cuando la conquista se orienta hacia el hemisferio sur —Perú, Bolivia, Argentina—, salen ocho mil españoles. Muy pocos. Supongamos que estas cifras de la Casa de la Contratación fueran falsas —lo cual es mucho suponer—, que solo reflejaran los embarques oficiales y que en realidad la cifra hubiera que multiplicarla por cuatro. Pues bien, incluso en ese caso seguiría siendo una cantidad exigua de personas. Los datos más fidedignos aseguran que en todo el siglo XVI no pasaron a las Indias más de doscientas mil personas. O sea, la población de una ciudad actual como Móstoles para controlar un territorio que es veinte veces la superficie de toda España. Parece increíble, pero es lo que pasó.

¿De dónde venían? Todos de la Corona de Castilla, según habían acordado Fernando e Isabel, y según había dispuesto la reina en su testamento. Por orden de cantidad: son de Andalucía, Castilla la Vieja, Extremadura, Murcia, Albacete... Después vendrán los gallegos y los vascos. Con mucha frecuencia se trata de segundones de familias hidalgas sin recursos. La gran mayoría son muy jóvenes. Y el 90 por ciento, nada menos, varones. Muchos de ellos casarán con indias, y así comenzará ese fenómeno tan típicamente hispano que es el mestizaje en América. Pocas españolas cruzaron el mar: entre los años 1509 y 1538, el número de mujeres que se embarca hacia las Indias es solo el 10 por ciento del total. Después habrá expediciones compuestas muy mayoritariamente por mujeres con la finalidad expresa de formar allí familias; es el caso de la portentosa expedición de doña Mencía de Calderón.

No es fácil ponerse en la piel de cualquiera de esos españoles del siglo XVI al llegar a aquel mundo nuevo: una naturaleza enteramente diferente, animales desconocidos, unas gentes de lenguaje rigurosamente incomprensible… ¿Qué pensaría el primer extremeño que vio una anaconda, por ejemplo? ¿O el primer misionero que se topó con un sacerdote mexica tocado con esas máscaras que, traducidas al imaginario occidental cristiano, eran lo más parecido a la imagen del diablo? Sabemos algunas cosas porque nos las dejaron por escrito. Por ejemplo, en la monumental *Historia verdadera de la conquista de Nueva España* de Bernal Díaz del Castillo. Esos pocos cientos de españoles que componen las huestes de los conquistadores debieron de cruzar las selvas y las sierras con la misma impresión que hoy nos embargaría al explorar un mundo extraterrestre. Desafiaron a todo, incluso a enfermedades desconocidas que en pocos meses mataron a la mitad del contingente, como les pasó a los de Pedrarias Dávila al poco de llegar a Panamá. Lo impresionante es que aguantaran y vencieran.

EL SECRETO DE LA VICTORIA: LOS INDIOS

Porque vencieron, sí. Y ello a pesar de actuar en grupos reducidísimos. Hernán Cortés lleva solo quinientos ocho españoles consigo cuando conquista Tenochtitlán, una ciudad de un cuarto de millón de habitantes, capital de un imperio, el azteca, que superaba los cinco millones de súbditos. Francisco Pizarro encabeza a solo ciento setenta y siete españoles cuando derrota en Cajamarca a más veinte mil incas y se apodera de un imperio que sobrepasaba los 15 millones de habitantes. La conquista de las selvas y sabanas de Nueva Granada (la actual Colombia) la ejecuta Jiménez de Quesada con apenas setecientos españoles. Valdivia comienza la conquista de Chile con doce compañeros y su hueste, en el momento de mayor contingente, era de ciento cincuenta españoles. ¿Cómo fue posible? ¿Arrojo personal, astucia política, superioridad tecnológica? Aun así, la rapidez de la conquista es pasmosa. ¿Nuestros antepasados eran superhombres?

No. Eran gente excepcional, pero no eran superhombres. Y aquí es preciso explicar un poco las cosas, porque esta historia siempre nos la han contado mal. Unos por cantar las glorias nacionales de España y otros por construir una conciencia indígena que en realidad no existió jamás, han querido contarnos la conquista como una gran ofensiva de españoles contra nativos. Pero es que esto nunca fue así. Cortés, Pizarro, Núñez de Balboa o Valdivia, en sus conquistas, contaron siempre con el respaldo militar de decenas de miles de indígenas, pueblos enteros que acogieron a aquellos pocos españoles como salvadores por la sencilla razón de que sus enemigos nativos eran mucho peores que los españoles.

Cuando Colón llega a La Española, obtiene enseguida la alianza de varios caciques nativos que necesitaban ayuda exterior frente a otros indios hostiles. Núñez de Balboa se adueña de lo que hoy es Panamá con unas pocas decenas de españoles, sí, pero con el apoyo decisivo de doce caciques locales frente a otros enemigos nativos. Cortés ataca Tenochtitlán con un ejército de más de ciento cincuenta mil hombres, pero solo novecientos son españoles; el resto son tlaxcaltecas, tepeaqueños, cempoaltecas, cholultecas, huejotzincos, chinantecos, xochimilcos, otomites y chalqueños, todos unidos frente a la tiranía de los mexicas aztecas. Ocurre que los aztecas tenían la costumbre de capturar a los pueblos vecinos en expediciones regulares de saqueo y sacrificar a los cautivos arrancándoles el corazón para conjurar el retorno de Quetzalcoatl, así que cuando todas esas tribus oprimidas vieron aparecer a los españoles, no los tomaron por enemigos, sino por aliados. Es lo mismo que le pasó a Pizarro en Perú: la tiranía inca sobre huancas, tallanes y demás etnias de su imperio era tan brutal, que cuando aquel barbudo les ofreció alianza no se lo pensaron dos veces. Idéntico fenómeno vamos a encontrar en todas partes, desde las selvas de Colombia hasta el estuario del Plata. De manera que la conquista española, en realidad, habría sido imposible sin la participación activa de millones de indígenas que vieron a los españoles como libertadores: para aquellos pueblos era preferible someterse al extranjero que seguir oprimidos por los autóctonos. Sin eso no se entiende nada.

EL PERFIL DEL HÉROE

¿Quiénes eran los conquistadores? Hernán Cortés era un culto señorito con sueños de gloria. Núñez de Balboa, un hidalgo venido a menos que había fracasado como colono, pero con una inteligencia y una capacidad de liderazgo excepcionales. Pizarro, un labriego bastardo curtido en las guerras de Italia y, después, en las asperezas de la lucha en la selva. Almagro, un bala perdida que había encontrado en las Indias la oportunidad de redimir una vida desdichada. Valdivia, un soldado de noble cuna y ambición sin límites. Jiménez de Quesada, un erudito jurista dispuesto a escribir su propio poema épico. Gente, en fin, de lo más variopinta. Con ellos, con los líderes, un racimo de humanidad no menos diverso, pero con un sueño común. ¿El oro? No exactamente: más bien, la gloria.

Efectivamente, si solo hubiera sido por el oro, es decir, por un objetivo económico, jamás esa gente se habría lanzado a la conquista de un mundo desconocido. El beneficio económico de aquellos primeros años de conquista es limitadísimo. Nada que pudiera compensar el gasto invertido en la aventura ni el número de bajas, que porcentualmente fue aterrador, sobre todo por las enfermedades. El oro en cantidades importantes no empieza a llegar hasta después de la conquista de México. No, lo que aquella gente tenía en la cabeza era otra cosa. Algo que incluía la sed de oro y riquezas, en efecto, pero cuyo motor estaba en otro lado.

Vayamos por partes. Y lo primero que hay que entender es que la conquista de América fue fundamentalmente una confluencia de iniciativas privadas. La corona tenía gran interés en América, por supuesto, pero no estaba en condiciones de encargarse directamente de la exploración. ¿Qué hizo? Buscar un sistema que le permitiera patrocinarla sin comprometer su propio tesoro ni sus ejércitos, desparramados en aquel momento por Italia, Francia y el norte de África. Ese sistema se llamará «empresas de rescate»: la corona autorizaba a determinados capitanes para organizar por su propia cuenta expediciones, entrar en contacto con los indígenas, llevar allí la fe y obtener riquezas, especialmente oro. Y así, bajo la forma de empresas privadas, empieza a organizarse la conquista. Como son empresas, el líder tiene que ser capaz de asegurar la expedición. Por eso se trata, en general, de militares o de caballeros que pueden aportar dinero, armas, caballos. En ocasiones crearán un verdadero consorcio comercial, como la Compañía de Levante que fundaron Pizarro y Almagro para la conquista del Perú.

Estas empresas estaban sujetas a una regulación muy detallada. La corona supervisaba la firma de las capitulaciones. Se nombraba a una persona —el capitán— que sería responsable de dominar un territorio y ponerlo bajo la autoridad del rey. Esta persona corría con todos los gastos y a cambio percibiría una parte sustanciosa del botín. La corona imponía las condiciones: territorio que había que explorar, plazo de exploración, ciudades que se asentarían en la zona, etc. También se reservaba otorgar los derechos que recibiría el conquistador: títulos, nombramientos, tierras. Y el rey, en fin, recibiría el 20 por ciento del botín, lo que se llamaba el «quinto real».

La empresa se financiaba a crédito: se pagaría con la riqueza que se obtuviera en la expedición. Y en la operación se partía de un capital inicial con tres partes. Una, en especie, la ponía el rey: la autorización para entrar en los territorios. Otra la ponía el capitán, el líder de la expedición, generalmente previo préstamo de otros socios. Y otra la ponían los soldados que se enrolaban en la empresa, y solía consistir en el equipamiento y las provisiones; si no lo tenían, el jefe se lo prestaba como anticipo y luego lo iban devolviendo con su salario, que se pagaba a modo de acciones sobre el hipotético botín que se obtuviera. Si no había botín, todo el mundo se quedaba sin su dinero, lo cual explica el empeño, tantas veces sobrehumano, por encontrar fuentes de riqueza sorteando los mayores peligros. Y si lo había, entonces el capitán se convertía en gobernador y a sus hombres se les concedían «encomiendas de indios»: se transformaban en auténticos señores, de tipo casi feudal, sobre un grupo de indios, sus tierras y su trabajo. Suena bien, pero, con un mapa del siglo XVI en la mano, en unas tierras que nadie había cartografiado, era realmente el cuento de la lechera.

CABALLEROS ANDANTES

¿Y valía la pena afrontar tantos riesgos por unas expectativas de éxito tan remotas? En una mentalidad económica, no. Pero es que la mentalidad de los conquistadores no era económica: era completamente caballeresca, medieval. Los capitanes son jefes de hueste; sus hombres se veían a sí mismos como caballeros, y ello aunque su condición social fuera de lo más humilde. Los libros que hacían furor entre los conquistadores eran los épicos y fantasiosos libros de caballería. La gran colección de libros de caballería había comenzado a publicarse en España en 1508, cuando aparece el *Amadís de Gaula*. En un siglo se publicarán por lo menos cuarenta y dos títulos. Y todos salen hacia América en cantidades inmensas. California se llama así porque tal era el nombre de una isla de la que se habla en las *Sergas de Espladián*, isla poblada solo por mujeres, que se suponía vecina al paraíso terrenal. Hernán Cortés mandará a su pariente Francisco Cortés a buscarla. Y el río Amazonas se llamará así por ese otro motivo típico de los libros de caballería que son las feroces mujeres guerreras. El español que llega a América se siente un caballero andante. Y lo que encuentra allí le parecerá todavía más fascinante que lo que ha leído en los libros. Así lo explicaba uno de los cronistas de Indias, Pedro de Castañeda, riojano de Nájera, que había participado en la expedición de Vázquez de Coronado por lo que hoy es Norteamérica:

> *Yo no estoy escribiendo fábulas, como algunas de las cosas que ahora leemos en los libros de caballerías. Si no fuese porque estas historias contenían encantamientos, hay algunas cosas que nuestros españoles han hecho en nuestros días en estas partes, en sus conquistas y encuentros con los indios, que como hechos dignos de admiración sobrepasan no solo a los libros ya mencionados, sino también a lo que se ha escrito sobre los doce Pares de Francia.*

Nada menos. Y así, con esta mentalidad, los españoles se extendieron por el nuevo continente a partir de unas huestes exiguas. Buscando una nueva vida: la honra y la fama que los podrían elevar a un estatuto superior. La gloria, en efecto.

Con esos materiales se construyó la conquista española de América, que es una de las mayores gestas jamás escritas por pueblo alguno. Lo es por el desafío físico, material, de dominar un territorio tan inmenso. Pero lo es, además, por los rasgos civilizatorios que la conquista trajo consigo. Nunca antes una potencia vencedora había prohibido esclavizar a los vencidos; España lo prohibió. Nunca antes una potencia vencedora había sometido a examen moral la legitimidad de sus conquistas; España la sometió. Nunca antes una potencia vencedora había trasladado sus conocimientos a las lenguas autóctonas de los vencidos; España los trasladó. Todas esas cosas no se hicieron por prurito humanista, sino por razones religiosas: la conquista de América quiso ser, ante todo, una obra de expansión de la fe cristiana, tal y como estas cosas se entendían en los siglos XV y XVI. Fue propiamente una cruzada. Por eso la hemos llamado la «cruzada del océano». Pero de todo esto hablamos en otros capítulos de este libro. Porque son otras tantas razones para estar orgullosos de la Historia de España.

19

LOS TERCIOS, EL PRIMER EJÉRCITO MODERNO

Los ejércitos profesionales fueron una de las grandes innovaciones de la edad moderna. Ocurrió a principios del siglo XVI. Hasta ese momento, y salvo casos muy aislados de cuerpos concretos, los ejércitos de los reinos europeos eran, normalmente, estructuras mixtas compuestas por caballeros de la nobleza, que por estatus eran los únicos con derecho a portar armas, y masas de campesinos reclutados ya fuera por la fuerza, ya por una obligación de vasallaje o ya por la promesa de botín (y por todas esas cosas a la vez). Contra lo que se suele pensar, la profesionalización de la milicia no significó un aumento de la violencia sobre la población, al revés: comenzó a humanizar la guerra en la medida en que introdujo conceptos de disciplina y códigos éticos antes inexistentes. Y también en eso España fue pionera: es el mundo de los tercios.

EL BRAZO ARMADO DEL SIGLO DE ORO

Los tercios españoles son, sin duda alguna, la fuerza militar más fascinante de nuestra Historia y una de las más asombrosas de la historia militar universal. Durante un larguísimo periodo de tiempo, un país de demografía menesterosa y recursos limitados como España fue la potencia hegemónica en el mundo. Eso resultó posible, entre otras cosas, porque disponía de una fuerza militar absolutamente única, y no tanto por sus medios o su número como por su estilo, por su espíritu y por sus técnicas de combate. Los tercios (junto a la Armada) fueron el núcleo de la hegemonía española en el siglo XVI y buena parte del XVII. El brazo armado del Siglo de Oro.

Los tercios nacieron con un objetivo eminentemente político. Hay que darse cuenta de todo lo que va a ocurrir en España en apenas cuarenta años, entre finales del siglo XV y principios del XVI: en la península ha terminado la Reconquista, la corona española guerrea contra Francia en Italia, comienza nuestra epopeya americana, el poderío español se proyecta sobre África y el Mediterráneo y la llegada al trono del césar Carlos (I de España y V de Alemania) nos convierte en la potencia decisiva en Europa, que es tanto como decir en el mundo. Mantener todo eso exige, entre otras cosas, disponer de un ejército que sea a la vez muy estable y fiel, para defender la propia seguridad de la corona; también muy amplio, para estar en todas partes; muy móvil, para llegar rápidamente a cualquier escenario de combate, y muy eficaz, porque hay que vencer y, además, de manera inapelable, como corresponde al prestigio universal del emperador. Ese ejército serán los tercios, creados por impulso de Carlos I en 1534 y que durante más de cien años van a ser sin discusión la mejor infantería del mundo. Incluso después de la batalla de Rocroi, su primera gran derrota, la infantería española seguirá siendo temible por mucho tiempo.

Naturalmente, este ejército no nació de la nada. La infantería española ya era una potencia formidable desde finales del siglo XV. La experiencia guerrera de la Reconquista se había plasmado en una doctrina militar original, muy singular, que aunaba la tradición grecorromana con los conocimientos adquiridos sobre el terreno y que, además, estaba muy atenta a las innovaciones técnicas de la guerra. Y todo eso se daba cita especialmente en un hombre, Gonzalo Fernández de Córdoba, el Gran Capitán, que sirvió a Isabel y a Fernando, y que de hecho es el creador de la infantería española. Porque esa es precisamente su primera gran innovación: el protagonismo de la Infantería. A lo largo de la Edad Media, el arma protagonista había sido la Caballería, pero el Gran Capitán, muy inspirado en el modelo de las legiones romanas, prefería la Infantería. En las batallas que libró en Italia contra los franceses, por cuenta de los Reyes Católicos, había comprobado que la Caballería ya no tenía nada que hacer contra una formación de infantería cerrada al estilo romano, erizada de picas y con arcabuces bien distribuidos entre las filas. Cualquier caballería se estrellaba contra una fuerza así, y el recurso de acorazar más las armaduras de jinetes y caballos solo servía para que, una vez derribados, no pudieran levantarse. Había sonado la hora de la Infantería y los españoles lo vieron con claridad. Ese fue el hallazgo que está en el origen del nacimiento de los tercios. Así comenzó su leyenda.

MUCHO MÁS QUE CORAJE

Su historia está llena de gestas épicas y de hazañas asombrosas. Un Mondragón lanzándose al agua del Elba en Mühlberg para callar a los arcabuceros enemigos de la orilla opuesta, un Julián Romero manco, tuerto y cojo conquistando fortalezas sin despeinarse, un Sancho de Londoño blasonando de no haber rendido nunca ni una almena y, además, de hacerlo derramando la menor cantidad posible de sangre española, un Lope de Figueroa marchando en primera línea como el más modesto de sus soldados o un Sancho Dávila cruzando bajo el fuego enemigo cinco kilómetros de lodazal en un canal de Flandes. Por no hablar de los grandes generales: Fernández de Córdoba cargando un infante a su grupa en Ceriñola, Alba apretando los dientes en Jemmingen, Juan de Austria sobre su galera de Lepanto o el inconmensurable Alejandro Farnesio arrojándose lanza en mano a la primera ocasión. La historia de los tercios es necesariamente una historia de héroes, incluso en las jornadas turbias de los motines o en las amarguras de las derrotas. Es la típica estampa del soldado de los tercios: coraje, combatividad.

Pero ese indiscutible valor físico y esa avasalladora combatividad habrían servido de poco si no hubieran venido envueltos en dos cosas de la mayor importancia: inteligencia y sentido ético. Estas virtudes, habitualmente olvidadas cuando se habla de los tercios, sin embargo son las que realmente marcan la diferencia entre los tercios españoles y los otros ejércitos de la misma época en Europa.

Inteligencia. La creación de un método de combate específico para la infantería española, sobre todo después de la primera batalla de Seminara en 1495, es ante todo un ejercicio de racionalidad. El Gran Capitán sacó las consecuencias oportunas de una derrota, estudió a fondo el problema e introdujo innovaciones tácticas que iban a ser determinantes para las inmediatas victorias españolas cuando los tercios aún no se llamaban formalmente así. Inteligencia, también, porque todo el desarrollo posterior del poderío militar español va a descansar sobre una capacidad inagotable de adaptación, improvisación y, lo más importante, incorporación de la experiencia al acervo común de la milicia. La propia organización de los ejércitos de Italia en tercios concebidos como unidades administrativas, organizativas, es una innovación de primer orden. Aquel sistema permitió contar con un ejército permanente, profesional, voluntario, nacional —porque el elemento español era decisivo incluso en una corona multinacional como la de los Austrias— y en continua disposición para ser movilizado.

Y sentido ético. Imprescindible para entender por qué los tercios pudieron convertirse en una referencia social para los españoles —y no solo para ellos— en su tiempo, y por qué siguen hoy despertando tan singular atracción. La codificación explícita de los valores de honor, deber, sacrificio, etc., hizo de la infantería española un modelo. Los tercios eran un lugar donde un hombre se hacía mejor; un lugar donde un pobre podía alcanzar la gloria y en nada era inferior a un rico, donde el reloj social se ponía a cero —valga la fórmula— y todos empezaban desde el mismo punto de partida. En una sociedad tan extraordinariamente jerarquizada como la de los siglos XV y XVI, aquello tenía mucho de revolución. En la panoplia ética de los tercios entran, junto a los baremos habituales de la guerra —el valor, las victorias, etcétera—, los principios morales clásicos, y lo hacen en un tono estoico que no se puede separar del humanismo típico de los Siglos de Oro. El hombre que acudía a filas no lo hacía para ser rico, sino para ser alguien, para ser *señor.* Y normalmente, vivo o muerto, lo conseguía.

El camino no era fácil. Y no solo por las habituales privaciones y sacrificios que acompañan al ejercicio de la guerra, sino porque la disciplina en el interior de los tercios era severísima. Lo sabemos por el *Discurso* de uno de los grandes jefes españoles, Sancho de Londoño, que lo explicó con toda claridad. ¿Ejemplos? Ahí van. Blasfemar se castigaba la primera vez con treinta días de prisión, la segunda con sesenta «además de ser traído a la vergüenza con una mordaza a la lengua» y la tercera con pena de galeras. Tener en casa «mujer sospechosa» se penaba con degradación y pérdida de sueldo. Emborracharse tenía una sanción de vergüenza pública y privación de un mes de sueldo si era la primera vez, dos meses si era la segunda y, a la tercera, destierro. Jugarse o robar la despensa común de la tropa se castigaba con una multa de cuatro veces lo defraudado y cárcel. Maltratar a un clérigo estaba castigado con la pena proporcional al grado del maltrato. Utilizar los recintos de titularidad eclesial para alojar a la tropa se castigaba con la degradación del oficial responsable. Si eran los soldados los que entraban por su cuenta en tales lugares, la pena era la cárcel. Robar objetos sagrados se sancionaba con multa de siete veces el valor de lo robado y castigo corporal. Violar a una mujer se castigaba directamente con la muerte. Y aún más: como podía darse el caso de que una mujer de una población vencida cediera por miedo sin oponer resistencia, también aquí se consideraba que había habido violación y, por tanto, se aplicaba la pena capital. Salirse de la formación en marcha para robar por el camino —uno de los estragos clásicos del paso de la tropa en todos los tiempos— también estaba penado con la muerte. Por supuesto, la dureza de la disciplina también se aplicaba sobre los oficiales, en particular para prevenir cualquier abuso.

Disciplina muy estricta, pues. Y a pesar de ello, rarísima vez hubo que reclutar soldados a la fuerza. Los tercios fueron, antes que ninguna otra cosa, un gran ejército nacional y popular, no formado por una casta cerrada ni tampoco reunido por levas forzosas, sino que era una fuerza constituida esencialmente con voluntarios. Estos voluntarios provenían sobre todo de la pequeña hidalguía rural, aunque las filas de los tercios estaban abiertas a todas las clases sociales cristianas. Eso es importante porque explica el vínculo fortísimo que había por entonces entre el pueblo español y sus soldados: eran lo mismo. También hay que decir que los soldados de los tercios eran de todo el territorio español: una tercera parte, más o menos, venía de la vieja Corona de Aragón (Cataluña, Valencia, Aragón y Baleares), otra tercera parte venía de Castilla (incluidos los territorios vascos) y la restante de Andalucía y Extremadura. Era, pues, un ejército mayoritariamente voluntario y profesional, de tono nacional y popular, probablemente el primero de Europa con esas características.

UN ESTILO ÉTICO

Los tercios crearon un estilo, dejaron una huella. Esas estampas de grandes cuadros de piqueros con sus morriones, bajo las banderas que ondean al viento la Cruz de San Andrés, están clavadas en la memoria colectiva de los españoles como algo que merece ser evocado con admiración. Pero eso es porque no eran solo una fuerza militar, sino que representaban, además, un modelo ético. La Historia de Europa está llena de órdenes y colectividades que llegan a simbolizar un tipo humano, tipo que encarna unos ciertos valores éticos: la Caballería francesa en la Edad Media, el legionario romano, el caballero templario, la Compañía de Jesús, la Armada británica en el XIX, el Estado Mayor prusiano... Todas estas figuras han sido la vanguardia histórica de alguna potencia, y lo han sido por su fuerza ética. Porque ningún poder puede conquistar el corazón de los hombres si no va acompañado de un modelo ético superior, de una línea de virtud que además siempre implica entrega, renuncia, sacrificio. Pues bien: los tercios españoles son una de esas órdenes. No es solo una máquina militar; es, sobre todo, un espejo de virtud. Que luego, como ya sabemos, todos somos de barro y los hombres no siempre estamos a la altura de las circunstancias, pero el modelo ha quedado sentado. Esto lo vio muy bien un gran soldado y gran poeta español, Calderón de la Barca, que dedicó a los tercios un poema que viene a ser un resumen de su ética. Dice así:

Este ejército que ves
vago al yelo y al calor,
la república mejor
y más política es
del mundo, en que nadie espere
que ser preferido pueda
por la nobleza que hereda,
sino por la que él adquiere;
porque aquí a la sangre excede
el lugar que uno se hace
y sin mirar cómo nace
se mira cómo procede.

Aquí la necesidad
no es infamia; y si es honrado,

pobre y desnudo un soldado
tiene mejor cualidad
que el más galán y lucido;
porque aquí a lo que sospecho
no adorna el vestido el pecho
que el pecho adorna al vestido.

Y así, de modestia llenos,
a los más viejos verás
tratando de ser lo más
y de aparentar lo menos.

Aquí la más principal
hazaña es obedecer,
y el modo cómo ha de ser
es ni pedir ni rehusar.

Aquí, en fin, la cortesía,
el buen trato, la verdad,
la firmeza, la lealtad,
el honor, la bizarría,
el crédito, la opinión,
la constancia, la paciencia,
la humildad y la obediencia,
fama, honor y vida son
caudal de pobres soldados;
que en buena o mala fortuna
la milicia no es más que una
religión de hombres honrados.

Todo esto es más importante que la eficacia militar. La gente no acudía a los tercios por dinero, para hacer carrera o para aprender una profesión. La gente acudía por sentido del honor, por sentido de la gloria, y en eso coinciden todos los testimonios de la época. Por ese sentido ético, los tercios pudieron mantenerse durante más de un siglo como una tropa esencialmente voluntaria, cuya compensación no era una soldada bastante poco lucida, ni tampoco el botín, que además estaba sujeto a reglas muy estrictas, sino que la recompensa era el honor de servir a su rey y a su patria bajo esas banderas.

Por supuesto, esa historia no se escribió sin sangre. En la guerra suele ser el líquido base. Pero, pese a la fama de brutalidad que extendió la leyenda negra, la verdad histórica es que los tercios españoles no fueron más crueles que sus enemigos, y con frecuencia lo fueron menos. Basta leer episodios como las matanzas de católicos a manos de los calvinistas suizos o en la Inglaterra de Isabel I, que fueron, estas últimas, las más salvajes de todo el siglo XVI. Frente a eso, los tercios fueron una tropa disciplinada hasta cuando se amotinaba. Y lo que hoy debe quedarnos, casi medio milenio después, es quizás aquello otro: esa ética del honor y del deber, del sacrificio y de la fidelidad, del compromiso, que fue realmente la base de la fuerza de los tercios.

20
LA CONQUISTA DEL PACÍFICO

El océano Pacífico. Nada menos que 165 millones de kilómetros cuadrados. La tercera parte de la superficie del planeta. Eso era lo que había aparecido detrás de la barrera de tierra americana. Algo así como la cara oculta de la luna. Núñez de Balboa había descubierto en 1513 que aquel mar existía, aunque nunca pudo hacerse una idea de su dimensión. Muy pronto empezaron a zarpar expediciones recorriendo el litoral pacífico americano de norte a sur, para tratar de dibujar sus contornos y, por supuesto, hallar un paso al otro mar, el Atlántico. Fue Magallanes quien le puso el nombre de «Pacífico» en noviembre de 1520, en aquel largo periplo que le costaría la vida y que culminó Elcano atravesando por primera vez el nuevo océano. Una proeza impresionante. Con todo, no era más que una línea sobre un espacio en blanco. ¿Qué más había allí?

UNA LÍNEA SOBRE UN MAPA MUDO

La preocupación fundamental de España en aquel tiempo seguía siendo la de siempre: encontrar una ruta estable hacia la Especiería, las islas de las Especias, las Molucas. Los portugueses habían llegado por el Índico; ahora nosotros teníamos abierto el camino por este nuevo mar. Pero... ¿podíamos ir? ¿No era eso tierra portuguesa? Peliagudo asunto. Recordemos: muchos años atrás, España y Portugal se habían repartido el control del mar en Tordesillas, pero aquel acuerdo contemplaba solo la existencia del Atlántico y ahora teníamos otro océano. ¿Qué hacer? En principio, prolongar la línea de Tordesillas: puesto que la Tierra es redonda, la misma línea vertical de Tordesillas podía prolongarse al otro lado de la esfera y marcar las respectivas áreas de influencia. Sobre el papel, algo sencillo. Pero, en la práctica, la tarea era inviable porque nadie había sido capaz de fijar aún con precisión qué tierras caían a cada lado de la línea de marras.

Habrá numerosas negociaciones para delimitar áreas de influencia. Todas infructuosas. El emperador Carlos estaba convencido (o quería estarlo) de que las Molucas, o al menos parte de ellas, entraban en zona española; los portugueses se negarán obstinadamente a aceptarlo. Las negociaciones terminarán rompiéndose. Y entonces Carlos tomó la decisión: había que ir allí. España tenía previsto el viaje desde varios años atrás. Rotas las conversaciones con Portugal, solo restaba zarpar cuanto antes. La armada: siete barcos y más de cuatrocientos cincuenta hombres. Su jefe: el caballero García Jofre de Loaísa. Iban a emprender una de las singladuras más arriesgadas de todos los tiempos, atravesando aguas de cuyos vientos y corrientes apenas se sabía nada. Ellos serían los pioneros de la conquista del Pacífico.

Misión de Jofre en las Molucas: «Quedar en las dichas islas para tener la gobernación de ellas», según la orden del rey. En plata: invadir y conquistar un país. Nada que no se hubiera hecho antes. Con la salvedad de que, esta vez, el país estaba a 25.000 kilómetros de distancia y nadie sabía qué iba a encontrar allí. El plan: que unos pocos barcos volvieran a España cargados de especias mientras el grueso del grupo, con Jofre a la cabeza, permanecería en las islas.

¿Y cómo volverían? Tampoco lo sabía nadie: la ruta de retorno todavía era desconocida.

¿Quién era García Jofre de Loaísa? ¿Qué méritos tenía para que el rey le encomendara semejante aventura? García, nacido en Ciudad Real hacia 1490, era caballero de la Orden de San Juan (la que después sería Orden de Malta) y comendador de Barbales. Y descendiente de Godofredo de Bouillon, primer regente del reino de Jerusalén, nada menos. Parece que García, como caballero de su Orden, traía intensa experiencia bélica en el Mediterráneo: los turcos acababan de echar a los cruzados de Rodas —por eso el emperador les dio Malta, cuyo nombre tomarían— y hay que suponer que nuestro hombre habría combatido en cualquiera de aquellos lances. Pero si Carlos pensó en él no fue por sus cualidades náuticas o bélicas, sino porque era de sangre noble, lo cual le confería una inmediata superioridad jerárquica sobre el conjunto de los expedicionarios (algo muy importante en aquel tiempo) y porque se precisaba de alguien que, además de pelear y navegar, supiera poner en pie una gobernación.

TODAS LAS CALAMIDADES DEL MUNDO

La Armada zarpó al alba del 24 de junio de 1525 desde el puerto de La Coruña con sus siete barcos. La nave capitana, con el *frey* Jofre, era la *Santa María de la Victoria*. Para este viaje se había recuperado nada menos que al glorioso Juan Sebastián Elcano, cuyo concurso tenía que ser decisivo para cruzar el estrecho de Magallanes, pues ya lo había hecho una vez. Elcano, que enroló en la aventura a tres de sus hermanos, mandaba la *Sancti Spiritus*. Con ellas formaban la *Anunciada* de Pedro de Vera, la *San Gabriel* de Rodrigo de Acuña, la *Santa María del Parral* de Jorge Manrique de Nájera, la *San Lesmes* de Francisco de Hoces y el ligero patache *Santiago* al mando de Rodrigo de Guevara, cuñado de Elcano. Todas las naves habían sido especialmente artilladas para la ocasión. A bordo, cerca de quinientos hombres bien armados con ballestas y arcabuces. Entre la marinería, mucho vasco y mucho gallego. Y entre la tropa, además de cántabros, andaluces, vascos y gallegos, algunos italianos y flamencos. Los barcos iban repletos no solo de munición y víveres, sino también de mercaderías para comerciar con los nativos.

Haría falta un libro entero para detallar la interminable sucesión de calamidades que flageló a la expedición. Seis meses tardaron en llegar a la entrada del estrecho de Magallanes. Por el camino, tormentas brutales, calmas exasperantes, accidentes, enemigos, desperfectos en los barcos, hambre, frío, naufragios, expediciones que van a buscar a los náufragos y se pierden, nuevas expediciones para buscar a los extraviados... En esos meses terribles empieza a destacar el nombre de un guipuzcoano de diecisiete años: Andrés de Urdaneta.

La flota no logra llegar al estrecho de Magallanes hasta comienzos de 1526. ¡Y lo peor está por llegar! Con la mar agitada, la simple visión del estrecho da pavor: el primer golpe de viento puede estampar al barco contra las rocas. La capitana, la *Victoria*, sufre lo indecible y empieza a romperse. Hay que detenerse y reparar sus desperfectos, que son muchos. Otro de los barcos, la *San Lesmes*, desaparece de repente empujado por el temporal. Volverá a los pocos días con una noticia sorprendente: el viento ha llevado la nave a mar abierto, donde acaba la Tierra. Es la primera vez que un barco llega hasta el Cabo de Hornos, el extremo sur del continente americano. La *Anunciada*, presa del pánico, termina desertando. Por idénticas razones deserta también la *San Gabriel*. La armada de Jofre de Loaísa queda reducida a cuatro barcos y todos en malas condiciones. La reparación llevará semanas. Hasta bien entrado abril no consiguen hacerse de nuevo a la mar. El paso del estrecho será un infierno: temporales, un amago de ataque de indios patagones, plagas de piojos a bordo (cuenta Urdaneta que uno de los marinos murió ahogado por los parásitos) y mil calamidades más. El 26 de mayo consiguen salir por fin a la isla Desolación, el anuncio del Pacífico. Han tardado cuarenta y ocho días en cruzar el estrecho. Y aún quedaba lo más difícil: cruzar el Pacífico hasta las Molucas. La prueba será tremenda.

Desde el mismo momento de la entrada en la Mar del Sur se suceden los temporales. El 31 de mayo la mar se ha hecho tan difícil que los barcos ya no pueden navegar juntos. Parece que el agua se los va a tragar. Injuriada por las tempestades, la flota se divide. La armada ya no existe. El patache *Santiago* tiene que afrontar una situación espantosa: se ve solo en el mar, lleva más tripulación de la que cabe y sus provisiones están en la *Victoria*, con la que se ha perdido todo contacto; si permanece en ruta, todos perecerán de hambre. Al capitán Guevara no le queda otra que poner rumbo norte y, aprovechando la corriente, tratar de llegar a Nueva España. Lo conseguirá: el 25 de julio de 1526, al borde de la inanición, hará puerto en Tehuantepec. También la *San Lesmes* desaparece, pero, en este caso, para siempre. Nunca más se supo de ella. Dos siglos más tarde se descubrirá una gran cruz cerca de Tahití, algunos cañones españoles en islas cercanas y, asimismo, sorprendentes rasgos europeos —ojos azules, cabello rubio, piel clara— en ciertas familias indígenas. ¿Era la huella de los náufragos de la *San Lesmes*? Hubo un tercer barco fuera de ruta: la *Santa María del Parral*. Este logrará llegar a las islas Célebes, muy cerca de su destino, pero dos marineros se amotinan y asesinan al capitán. La tripulación será atacada por los nativos, que matarán a muchos y esclavizarán a otros.

La selección ejecutada por el océano fue brutal. Solo quedaba en ruta la capitana, la *Victoria*, con García Jofre de Loaísa, Elcano, Urdaneta y hasta ciento cuarenta y cinco hombres. El calvario de esta gente iba a ser inenarrable. El barco andaba con el codaste quebrado y otros serios desperfectos, de manera que era preciso repararlo permanentemente en alta mar. A los pocos días, la falta de alimentos frescos desencadenó el inevitable escorbuto, que hizo estragos. Hasta cuarenta tripulantes morirán por su causa. García Jofre de Loaísa muere enfermo y agotado el 30 de julio de 1526.

Queda al mando Juan Sebastián Elcano, pero el héroe de la primera circunnavegación del globo, sigue el mismo camino el 6 de agosto. En medio del océano Pacífico.

Lo asombroso es que la *Victoria* terminó llegando a su destino. El 4 de septiembre ven al fin tierra: las islas de los Ladrones, hoy llamadas Marianas. Tratan de acercarse a su costa. En plena maniobra, una muchedumbre de canoas indígenas se precipita sobre el barco. Los nuestros se aprestan a la defensa. Y entonces desde las canoas, de entre los indios desnudos, surge una voz que, en perfecto español y con acento gallego, exclama: «¡Buenos días, señor capitán y maestre y buena compañía!». Era Gonzalo de Vigo, único superviviente de los desertores de la *Trinidad*, el barco que había quedado preso en la expedición de Magallanes, cinco años atrás. El tal Gonzalo pidió «seguro real», es decir, perdón por su delito, a cambio de guiar a los nuestros y procurarles alimentos. Se le dio el seguro, por supuesto. El 10 de septiembre vuelven a la mar. El 6 de octubre están en Mindanao, donde consiguen un pacto con los nativos que a los pocos días se convierte en conflicto. El 22 de octubre de 1526 recalan en Talao, en las Célebes. Y una semana después, al fin, su objetivo: la isla de Gilolo, en las Molucas. Habían tardado quince meses. De los siete barcos solo quedaba uno, y destrozado. De los casi quinientos hombres que partieron, no llegaron vivos a destino más que ciento cinco.

UNA GUERRA EN EL FIN DEL MUNDO

¿Había terminado la aventura? No. Llegados a las Molucas en las condiciones descritas, los españoles se toparon con los portugueses que, naturalmente, les instaron a rendirse. Pero los nuestros contestaron que de ninguna manera, que aquellas eran islas de su rey, y así empezó una guerra local que iba a prolongarse por más de dos años. Ojo al paisaje: poco más de un centenar de españoles, exhaustos y macilentos, perdidos en las antípodas y sin expectativas de socorro, declaraban por su cuenta la guerra a Portugal. Era enero de 1527.

La corona no abandonó a los pioneros del Pacífico. Ya en la primavera de 1526 había mandado una expedición al mando de Sebastián Caboto, pero este, llegado al Río de la Plata, no siguió camino, sino que se dejó seducir por las historias que situaban grandes riquezas en la sierra del interior. El rey Carlos recurrió entonces a Hernán Cortés, en México, que organizó una expedición al mando de su primo Álvaro de Saavedra. Nadie había cruzado nunca antes el Pacífico desde México (nadie, al menos, que hubiera vuelto para contarlo). Los conocimientos sobre corrientes y vientos en aquellas aguas eran mínimos. Aun así, aquel hombre se hizo a la mar con tres barcos. El 28 de noviembre de 1527 Saavedra descubre el archipiélago de Hawai. Enseguida el océano empieza a cobrarse el precio: dos de los barcos desaparecen. Solo logra llegar a las Molucas uno, el *Florida*, mandado precisamente por el propio Saavedra.

La llegada del *Florida* alivió ostensiblemente a los españoles de las Molucas, que pudieron disponer de abundante munición, armamento, utillaje y víveres. Poco más, porque la misión de Saavedra era hallarlos, no meterse en una guerra local cuya razón desconocía. Después de tres meses de descanso, el *Florida* cargó 70 quintales de clavo y se hizo a la mar con el propósito de regresar a Nueva España. Otra aventura, porque nadie había recorrido nunca el camino de vuelta, el «tornaviaje», como se le llamaba. Saavedra lo intentó una primera vez y, después de cinco meses de lucha con la mar, los vientos le devolvieron al punto de partida. Aún lo intentó una segunda vez, con el mismo resultado. Por el camino descubrió las islas Marshall y las islas del Almirantazgo. Saavedra murió en estos afanes, en alta mar. El mismo camino siguió su relevo en el mando, Pedro Laso. En diciembre de 1529 el *Florida* acababa de volver de su segundo intento fallido y buscaba a los nuestros en las islas de las Especias. Fue entonces cuando los hombres de Saavedra se enteraron de lo inevitable: aquella pequeña guerra de la Mar del Sur —una guerra que ni España ni Portugal declararon oficialmente jamás— había terminado. Y con victoria portuguesa. En cuanto al *Florida*, jamás podrá regresar a Nueva España.

EL JOVEN URDANETA

¿Qué había pasado entretanto en las Molucas? Que los nuestros, sencillamente, no pudieron más. Apenas quedaban cincuenta hombres. Los portugueses, por el contrario, recibían continuamente refuerzos de las plazas cercanas. En el ánimo de los españoles estaba resistir hasta el final, pero uno de los destacamentos, desesperado, se pasó al enemigo. Los que quedaban se vieron en una tesitura imposible. Los portugueses ofrecieron respetar sus vidas y repatriarlos a España. Muchos desertaron. Otros se entregaron. Y a otros hubo que sacarlos a punta de arcabuz. Una de estas secciones que no se quisieron rendir la mandaba aquel joven del que antes hablábamos, el guipuzcoano Andrés de Urdaneta.

¿Una catástrofe, la primera aventura para conquistar el Pacífico? Sí, absolutamente. Y sin embargo, de aquella catástrofe iba a surgir la llave que daría a España el dominio sobre el nuevo océano durante dos siglos y medio. ¿Y quién llevaba la llave? Urdaneta. El guipuzcoano, con apenas veinte compañeros, fue trasladado por los portugueses a Cochín y después a Goa, siempre en la costa suroccidental de la India. Se ganó la vida como comerciante entre pueblos nativos. Iba de un lado a otro con una niña en brazos: una india le había dado una hija mestiza. Y mientras buscaba dinero para volver a España y alimentos para la niña, iba tomando cuidadosa nota de sus propias mediciones. Entre lo que había aprendido él, más lo que le contaron Saavedra primero y Laso después, y lo que luego pudo conocer de labios de los navegantes indios, chinos, árabes y portugueses, Urdaneta compuso su propio mapa de las Indias orientales.

Los supervivientes de las Molucas lograron embarcarse hacia Europa. Llegarán a Lisboa el 26 de junio de 1536. ¡Once años después de su partida! A Urdaneta, nada más poner un pie en la capital portuguesa, le incautaron todos sus apuntes y documentos. Pero el sabio guipuzcoano lo tenía todo en su cabeza y no tardará en contárselo a quien se lo tenía que contar. ¿A quién? Al emperador, por supuesto. Urdaneta pasó de Portugal a Valladolid. Se presentó ante el consejo del rey en la corte. Allí contó todo lo que había anotado. Incluso los derroteros de Loaísa y Elcano, incautados por los portugueses, pero que él había aprendido de memoria. Nadie sabe dónde había estudiado Urdaneta —eso sigue siendo un misterio—, pero aquel guipuzcoano de Villafranca de Ordicia que aún no contaba treinta años dejó boquiabierto al Consejo del rey. Tan valiosas fueron las informaciones proporcionadas, que el consejo le otorgó una recompensa de 60 ducados de oro. De sobra para volver a su pueblo... con su hija mestiza.

La corona, mientras tanto, había llegado a acuerdos muy concretos con Portugal sobre las Molucas. El emperador necesitaba dinero —como siempre—, así que renunció a sus derechos sobre la Especiería a cambio de una fuerte indemnización que Portugal pagó sin rechistar: 350.000 ducados de oro, es decir, 131 millones de maravedíes. Hoy serían unos 60 millones de euros. Que Portugal se aviniera al trato da una idea de cuánto valían las Molucas. En cuanto a España, los proyectos sobre las islas de oriente quedaban aplazados *sine die*. Bastante teníamos con las guerras de Alemania y del norte de África. Y sin embargo, ahí quedaba la experiencia del Pacífico, esperando tan solo a que alguien recogiera el testigo.

El primero que lo recogió fue el explosivo Pedro de Alvarado, conquistador de México con Cortés y, después, de Guatemala y Honduras. Poco hecho a la vida de gobernador, Alvarado volvió a Valladolid buscando nuevas aventuras y allí se encontró a Urdaneta, que también estaba incómodo con su vida de pacífico rentista en su

Ordicia natal. Cuando Alvarado preparó su retorno a las Indias, Urdaneta dejó en Ordicia a su mestiza y se enroló en la expedición. El 16 de octubre de 1538 zarpaban desde Sevilla. Horizonte: las islas de las Especias, por supuesto. Las Molucas eran portuguesas, sí, pero en aquel mar inmenso había muchas más islas y, sin duda, podrían ser tan ricas como ellas en especias. En concreto se apuntaba a un archipiélago aún apenas conocido: las llamadas islas de Poniente o de San Lázaro, que tal había sido el nombre que Magallanes les dio. Hoy las conocemos como Filipinas, pero a la altura de 1540 no eran más que un vacío en el mapa. Uno más.

Alvarado preparó su propia expedición a las misteriosas islas de Poniente desde los puertos de México. No llegó muy lejos porque de inmediato fue requerido para sofocar una rebelión indígena, de manera que, después de tocar unas cuantas islas, se vio obligado a volver (y recién llegado, por cierto, se dejará la vida). Pero su idea la recuperó el virrey de Nueva España, Mendoza. En noviembre de 1542 partía una flota de seis barcos al mando del noble malagueño Ruy López de Villalobos y de su segundo, el sevillano Guido de Lavezaris. En febrero de 1543 estaban en Mindanao. Llegaron a tocar Leyte y Samar, dos de las islas de Poniente. Las bautizaron «Filipinas» en honor del príncipe Felipe (el futuro Felipe II). Otra cosa fue tratar de sobrevivir en aquellas islas, porque, cogieran el rumbo que cogieran, los vientos les empujaban una y otra vez hacia las Molucas, es decir, precisamente el único territorio que les estaba vetado porque era portugués. Toda la tripulación fue apresada por los portugueses y encerrada en una isla. El segundo, Lavezaris, y otros ciento diecisiete conseguirán arreglárselas para volver a España... ¡cuatro años después! Villalobos, enfermo, no lo soportará: en abril de 1544 moría de unas fiebres. En su lecho de muerte le confortó un jesuita navarro que misionaba en aquellas tierras: san Francisco Javier.

Y ASÍ LAS FILIPINAS TERMINARON SIENDO ESPAÑOLAS

¿Se olvidó el asunto de las islas de las Especias? No. Al margen de las Molucas, el Oriente seguía siendo un emporio comercial. Las rutas de China y Japón no estaban prohibidas por tratado alguno; era posible establecer relaciones mercantiles con aquellos reinos. Solo hacía falta llegar hasta allí. La idea no va a abandonar nunca a la corona española. Tampoco a los de la Nueva España. A la altura de 1559, un nuevo virrey, Velasco, escribe a Felipe II sometiéndole el proyecto de explorar una vez más el Pacífico hasta aquellas islas de Poniente que ya se llaman Filipinas. Y el 24 de septiembre de ese año, el rey en persona da luz verde:

> *Os mando (…) que para hacer dichos descubrimientos, enviéis dos naos del porte y manera que con la gente de allá pareciere, que procuren traer alguna especiería para hacer el ensayo de ella y se vuelvan a esa Nueva España para que se entienda si es cierta la vuelta (…) Daréis por instrucción a la gente así enviáredes que en ninguna manera entren en las islas de los Molucos porque no se contravengan al asiente que tenemos tomado con el Serenísimo Rey de Portugal.*

Lo más notable es que, entre sus recomendaciones, el rey hace ver que tiene especial interés en que en la expedición participe un viejo conocido nuestro: Andrés de Urdaneta. ¿Qué había hecho Urdaneta desde su retorno a Nueva España? Un poco de todo: administrador colonial, supervisor de expediciones náuticas, corregidor… Nunca había abandonado la idea de volver a la Mar del Sur. Más aún: empezaba a tomar forma en su cabeza un posible camino de vuelta, que era precisamente, como hemos visto, el gran problema de aquellas exploraciones. En cuanto volvieron a Nueva España los misioneros agustinos que acompañaron a la flota de Villalobos, Urdaneta quiso conversar con ellos. El resultado fue sorprendente:

Andrés de Urdaneta profesó como monje agustino en 1552. Sorprendente con los ojos de hoy, pero no con los de una España que vivía persuadida de estar protagonizando una cruzada.

En todo caso, y aunque clérigo, Urdaneta seguía siendo una eminencia en materia náutica. Felipe II escribió a nuestro monje navegante y, con enorme cortesía, le dio la orden de partir: «Yo vos ruego y encargo que vayáis en dichos navíos y hagáis lo que por el dicho Virrey os fuere ordenado, que además del servicio que haréis a Nuestro Señor yo seré muy servido, y mandaré tener cuenta con ello para que recibáis la merced que hobiere lugar. Yo, el Rey». No era cosa de decir que no al rey, y menos que nadie el guipuzcoano Urdaneta, que era un buen fraile, un buen marino y un devoto súbdito de su majestad. De manera que Urdaneta habla con el virrey Velasco y, juntos, planifican la expedición. Hay que fletar barcos, aprovisionarlos, llegar a las islas de Poniente, sentar bases, cerrar el camino a los portugueses y, de paso, rescatar a los supervivientes de todas las expediciones anteriores. El de Ordicia volvía a la aventura.

El hombre elegido como jefe de la expedición será otro vasco, Miguel de Legazpi. ¿Un militar, un navegante, un conquistador, un caudillo nato? No: un funcionario real, un alcalde, un letrado de oficio, sesenta años, viudo, con nueve hijos, que llevaba ya dos decenios en la Nueva España en tareas administrativas. ¿Y este era el hombre adecuado? Los hechos demostrarán que sí. Para empezar, Legazpi vende la mayor parte de sus bienes para financiar la expedición. El rey le nombra «Almirante, General y Gobernador de todas las tierras que conquistase». Fleta cinco barcos y enrola a unos trescientos cincuenta expedicionarios. Urdaneta va como piloto. Es el 21 de noviembre de 1564 cuando Legazpi zarpa del puerto de Barra de Navidad, en Jalisco, con destino a la primera gran aventura de su vida.

Lo que asombra de Legazpi, a partir de este momento, son sus dotes naturales de gran capitán. Impone a la tripulación una disciplina muy estricta en dos cuestiones: guerra sin cuartel a los piratas y ladrones, respeto absoluto a los nativos. Nuestros barcos cruzan el Pacífico, tocan las Marianas y la isla de Guam, después las islas de Poniente, las Filipinas. Su método es el mismo en todas partes: desembarcan, compran alimentos a los nativos y toman posesión de la tierra en nombre del rey, normalmente de acuerdo con los jefes locales. Legazpi no saca partido solo de las luchas entre tribus enemigas, sino también de la hostilidad que los nativos profesan a los portugueses; frente al tipo de dominación portugués, bastante depredador, los españoles ofrecen protección y un trato más respetuoso. Urdaneta constata que ha acertado plenamente al escoger al veterano Legazpi como jefe de la empresa.

A partir de su base en Cebú, Legazpi va a organizar la expansión. Pero antes, siguiendo escrupulosamente las instrucciones de Felipe II, ha de asegurar el camino de vuelta, el anhelado tornaviaje que permitirá navegar desde las islas de oriente hasta las costas americanas y cuya ruta precisa nadie había conseguido fijar. Porque ese era realmente el gran reto, el desafío en el que todos habían fracasado antes: encontrar un camino seguro para volver. Esa será la misión de Urdaneta, que ve llegado el momento de comprobar si sus cálculos de tantos años son correctos.

LA «AUTOPISTA» DEL PACÍFICO

El 1 de junio de 1565 zarpa Urdaneta de Cebú en la nao *San Pedro*. El 9 ya está en el Pacífico abierto. Pone rumbo nordeste. La nave cambia dos veces de latitud, primero al sur, luego de nuevo al norte. ¿Por qué? Porque es la única manera de calcular la longitud y Urdaneta necesita ese dato para encontrar lo que está buscando: la corriente de Kuro-Shivo, que le va a permitir atravesar el Pacífico. El 4 de septiembre Urdaneta calcula que se halla a 270 leguas del Cabo Mendocino, en la costa de California. ¿Cómo lo sabe? Los números están en su cabeza. Y el cálculo es exacto: en quince días tiene ante los ojos la isla californiana de Santa Rosa. La tripulación está exhausta, pero Urdaneta ha calculado bien incluso la previsión de víveres. El 8 de octubre de 1565 la *San Pedro* amarraba en Acapulco. Había recorrido 20.000 kilómetros, 14.000 de ellos en océano abierto, en poco más de cuatro meses. Lo había conseguido. Una auténtica proeza náutica que iba a tener consecuencias decisivas.

En las Filipinas, Legazpi se apresura a echar raíces. Impone su autoridad sobre una revuelta de sus propios hombres y rechaza dos ataques de la escuadra portuguesa y algunos más de piratas chinos y japoneses. Felipe II decide nombrarle gobernador y capitán general de las Filipinas y, además, le envía cuantiosos refuerzos: galeones, soldados, colonos, misioneros... Lo último que hizo Legazpi fue fundar la ciudad de Manila en 1571. Allí morirá al año siguiente, al pie del cañón. ¿Y Urdaneta? El sabio navegante volvió a su convento. Después de todo, ya había hecho lo que tenía que hacer, que era abrir la ruta de retorno desde Asia. Tras lo cual se retiró de cualquier aventura y vivió sus últimos años enseñando a los jóvenes novicios de San Agustín. Dios se lo llevó el 3 de junio de 1568, a los sesenta años, en el convento mexicano al que había consagrado su vida.

El secreto del tornaviaje dio a España la hegemonía absoluta sobre el océano Pacífico durante siglos. Esa hegemonía se plasmó en un nombre: el Galeón de Manila o Nao de la China, la primera ruta estable que surcó el Pacífico enlazando Asia y América. Gracias al galeón pudo España canalizar desde las Filipinas el comercio del extremo oriente hacia las costas americanas. Centenares de buques chinos acudían permanentemente a aquellos puertos españoles. También centenares de marinos españoles, como antes los portugueses, construían su red comercial con los mercaderes asiáticos. El fruto de todo ese comercio se almacenaba en un enorme recinto, el Parián de los Sangleyes, y embarcaba en el famoso Galeón de Manila. Desde allí viajaba hasta Acapulco, en la costa pacífica de México. Cuatro o cinco meses de travesía. En Acapulco eran desembarcadas las mercancías y se trasladaban por tierra a la costa atlántica, a Veracruz, para ser nuevamente embarcadas rumbo a España en la Flota de Indias. Así creó España la primera ruta comercial global de la Historia.

Vendrán más aventuras. Juan Fernández descubrirá en 1574 la corriente del Pacífico Sur, que le permitió avistar Nueva Zelanda saliendo desde el Perú y acortar enormemente el tiempo de navegación venciendo la corriente de Humboldt. Álvaro de Mendaña y su esposa, Isabel Barreto, descubrirán en 1596 las islas Salomón y las Marquesas en una épica singladura de trágico final. Vaez de Torres descubrirá Australia en 1606… Otros muchos dejaron su estela en un mapa que aún tardaría siglos en ser enteramente descifrado. Y así fue como aquel inmenso océano, un tercio de la superficie del planeta, fue conocido durante mucho tiempo como el «lago español».

21
ESOS HÉROES INCONCEBIBLES

Este no es un libro de hazañas bélicas. Aquí hemos querido prestar más atención a otras cosas: la herencia cultural, la obra de civilización, la construcción de una cierta idea de la libertad, etc. Pero la huella de España en la historia es tan profunda y tan extensa que, se mire como se mire, sería imposible hacer una relación de las cosas por las que cabe estar orgulloso sin hablar de algunas de esas hazañas, bélicas o no, escritas por compatriotas nuestros. Todos los pueblos tienen héroes, y todos merecen veneración, sea cual fuere su bandera. Pero si algo caracteriza a muchos de los nuestros es la enormidad del desafío. Algunos murieron en el intento; otros, no. En ambos casos, lo que nos queda es la admiración ante una gente que plantó cara al destino cuando todo estaba en su contra. ¿Vemos algunos ejemplos?

Llanos de Otumba, México, julio de 1520. Los españoles de Hernán Cortés huyen como pueden de la «noche triste» de Tenochtitlán, la capital azteca. Son apenas ochocientos hombres (y mujeres), y todos maltrechos. Los aztecas salen en su persecución: más de cincuenta mil guerreros dispuestos a aniquilar a esos extranjeros. Los nuestros cuentan con el apoyo de un millar de guerreros tlaxcaltecas, poca cosa ante la superioridad enemiga. ¿Qué hacer? Cortés decide afrontar el reto: forma línea dispuesto a deshacer las embestidas aztecas. En las líneas españolas una mujer agita sin cesar su lanza y su adarga: se llama María de Estrada. Al grito de «Santiago y cierra, España», los infantes rechazan los ataques mexicas. Entonces Cortés distingue sobre una loma al jefe enemigo, el Cihuacoatl. Es la única oportunidad: cargar contra el jefe. Una pequeña hueste de caballería, con Cortés en cabeza y María detrás, se abalanza sobre el mando rival. El caballero Juan de Salamanca, abulense de Fontiveros, logra dar alcance al jefe azteca, herido de muerte, y le arrebata la enseña de entre las manos. En el código guerrero mexica, eso es tanto como una adversa señal divina. El ejército enemigo, al ver sus insignias en manos de los españoles, se disuelve como agua. Milagrosamente, Cortés gana la batalla de Otumba.

Florida, 1528. La expedición de Pánfilo de Narváez ha naufragado después de una calamitosa travesía. Solo quedan cuatro supervivientes de una tripulación de cuatrocientos. Son Álvar Núñez Cabeza de Vaca, el capitán Alonso del Castillo Maldonado, de Salamanca, el capitán Andrés Dorantes de Carranza, de Huelva, y el negro Estebanico, esclavo de este último. Solos y perdidos en medio de primitivas tribus hostiles, sobreviven como pueden, esclavizados a veces, haciendo de curanderos en otras ocasiones. Resueltos a volver a tierra española, emprenden una interminable marcha por lo que hoy son los estados de Florida, Alabama, Mississippi, Luisiana, Texas y Nuevo México. En su interminable periplo, entre hambre y privaciones, centenares de indios se les unen como quien sigue a un ser divino. Finalmente, tras ocho años de odisea, Cabeza de Vaca y los suyos encuentran un destacamento español en Sinaloa, México. Han recorrido casi 2.500 kilómetros por territorios que ningún europeo había pisado jamás.

Castelnuovo, hoy Herceg Novi, en el adriático montenegrino. Julio de 1539. En el interior de la fortaleza, tres mil soldados del Tercio Viejo de Nápoles al mando del maestre de campo Francisco de Sarmiento. Y alrededor, doscientos barcos del almirante otomano Jeireddín Barbarroja, al frente de veinte mil soldados turcos y treinta mil mercenarios bosnios. ¡Cincuenta mil contra tres mil! Barbarroja insta a Sarmiento a rendir la plaza. Sarmiento dice que no. El día 18 de julio Barbarroja ordena el asalto. Los españoles, asombrosamente, rechazan al enemigo causándole miles de bajas. El turco (berberisco, en realidad) despliega todos sus cañones en torno a Castelnuovo e intima de nuevo a la rendición. «Vengan cuando quieran», contesta el maestre de campo. Toda la potencia de los cincuenta mil otomanos y sus cañones se desencadena sobre la fortaleza. Pero los del Tercio de Nápoles responden con determinación sembrando el campo de muertos. Nuevo ataque. Más cañoneo. Pasan los días. Castelnuovo va quedando reducida a escombros. Alrededor se acumulan los cadáveres de los soldados de Barbarroja, incapaces de sobrepasar la línea. Barbarroja sabe que solo es cuestión de tiempo; Sarmiento también lo sabe, pero está dispuesto a llegar hasta el final. El 7 de agosto, después de tres semanas de asedio, los otomanos acometen el asalto decisivo. La hueste española se ha reducido a apenas seiscientos hombres, casi todos heridos. Sarmiento muere en combate. Cuando la batalla acaba, solo quedan vivos doscientos españoles; Barbarroja ordenará matar a la mitad de ellos como represalia. Pero los otomanos han perdido más de veinte mil hombres a manos de la mejor infantería del mundo: los tercios españoles.

Santiago de Chile, 11 de septiembre de 1541. En lo que entonces era una pequeña aldea han quedado cincuenta españoles de la hueste de Pedro de Valdivia, con Inés Suárez, pareja del conquistador, y doscientos indios auxiliares. Los españoles mantienen presos, a modo de rehenes, a siete caciques locales. De repente, al anochecer, surgen alrededor del poblacho seis mil guerreros picunches del cacique Michimalonco que empiezan a lanzar material incendiario sobre las empalizadas. Quieren liberar a los caciques, quemar Santiago y aniquilar a los españoles. Los indios se lanzan en masa sobre la ciudad. Los españoles montan todos los caballos que tienen —treinta y dos— y cargan contra la marea picunche. La batalla dura toda la noche. Dentro del poblado, los caciques gritan para que los atacantes sepan dónde están. Al amanecer, la situación es desesperada: los españoles saben que, si pierden, morirán. Entonces Inés Suárez hace lo único que se le ocurre para frenar el empuje de los nativos: decapita a los caciques y muestra sus cabezas a los enemigos, que frenan en seco. Brutal, pero efectivo: los picunches, viendo que la ciudad resiste, que los treinta y dos jinetes españoles han hecho estragos en sus filas y que ahora, además, ya no hay nadie a quien rescatar, retroceden. Una última carga al mando de Francisco de Aguirre termina de descomponer las filas de Michimalonco. Inés Suárez y cincuenta soldados han salvado Santiago.

Asunción del Paraguay, primavera de 1556. Una singular expedición llega a la ciudad: cuarenta mujeres españolas, varios marineros también españoles, algunos frailes y curas, una docena de mercenarios portugueses... Al frente de la comitiva, una mujer: doña Mencía Calderón, viuda del adelantado Sanabria. Seis años antes, doña Mencía había zarpado desde España para conducir al Paraguay a ochenta mujeres que desearan casarse con los conquistadores y emprender allí una nueva vida. La corona quería repoblar aquellas tierras recién conquistadas. Pero no iba a ser fácil. Por el camino, ataques piratas, naufragios, cautiverio en una fortaleza portuguesa del Brasil y, finalmente, una penosa marcha de 1.500 kilómetros a través de selvas y sierras inexploradas. Así, con ese impresionante ejercicio de tenacidad, llegaron las primeras mujeres españolas a aquellas tierras. A doña Mencía la llaman hoy en Asunción «madre española del Río de la Plata». Con razón.

Jemmingen, Flandes (hoy Jemgum, Alemania), 21 de julio de 1568. Los rebeldes holandeses de Luis de Nassau han organizado un ejército mercenario de doce mil hombres para tomar la ciudad de Groninga. El duque de Alba, que en ese momento solo tiene en la mano tres mil quinientos soldados, lleva semanas empujando a los enemigos aquí y allá, con escaramuzas bien planificadas, obligándoles a retirarse. Luis de Nassau resuelve agrupar a su ejército en una península entre los ríos Ems y Dollar con un plan muy claro: abrir las esclusas de los canales, inundar el campo y atrapar a los españoles en el agua y el barro. El de Alba lo ve. Se impone una decisión a vida o muerte: llegar antes que el agua; marchar contra los puentes y cerrar las esclusas como sea. Tres capitanes deciden jugarse el todo por el todo: a caballo, con otra treintena de jinetes, se lanzan al galope. Son Marcos de Toledo, Diego Enríquez y Hernando de Añasco, más ocho caballeros que allí se hallaron, más quince arcabuceros a caballo de la compañía de Montero, más... Más todo el que se quiso sumar. Que no fueron muchos, pero los suficientes para abalanzarse sobre el puente, neutralizar a los holandeses y tapar de nuevo las esclusas mientras los tercios de Londoño y Romero, en refuerzo, avanzaban en una penosa carrera de dos kilómetros sobre el barro hasta llegar a la posición. Luis de Nassau no da crédito: lanza al grueso de su tropa contra el puente para echar de allí a los españoles, abrir de nuevo las esclusas y ahogar a nuestra infantería. No lo conseguirá, al revés: la ordenada resistencia de los nuestros, aun siendo tan pocos, diezmará al enemigo y dejará sus filas tan descompuestas que el duque de Alba, atacando en el último momento, aniquilará a los mercenarios alemanes del ejército de Nassau. La jornada terminará con siete mil bajas holandesas entre muertos y heridos, por apenas ochenta muertos y un centenar de heridos en el campo español.

Cagayán, Filipinas, 1582. Una flotilla de piratas japoneses ha puesto sitio a la colonia española en la isla de Luzón. El jefe japonés, Tay Fusa, al frente de unos mil quinientos ladrones del mar en más de veinte barcos, impone un ultimátum: o le pagan un cuantioso rescate, o pasará la ciudad y sus habitantes a sangre y fuego. Luzón sabe que no puede resistir mucho tiempo. El gobernador pide ayuda. ¿Quién acude? Un anciano: Juan Pablo Carrión, un lobo de mar de setenta años que se ha pasado la vida en el Pacífico.

Carrión llega a las Filipinas dispuesto a limpiar Luzón de piratas con siete barcos, veinte marineros y… cuarenta soldados. Cuarenta, sí. Es todo lo que ha podido reclutar. Pero son cuarenta infantes españoles, es decir, veteranos del mejor ejército del mundo. Carrión ataca directamente a los piratas en el norte de la isla, en Cagayán. Batalla tras batalla, los españoles se imponen de manera implacable. Tras varios días de combate, los piratas terminan marchándose: se han dejado en el campo más de ochocientos hombres, por apenas quince bajas españolas.

Cartagena de Indias, marzo de 1741. El almirante inglés Edward Vernon asedia la plaza con la mayor fuerza anfibia nunca vista: treinta mil hombres, veintinueve navíos de línea, veintidós fragatas y ciento treinta y cinco barcos de servicio. En Cartagena, los españoles a duras penas logran reunir cuatro mil hombres, un millar de los cuales son arqueros nativos y milicianos locales, protegidos por solo seis navíos. Lidera la defensa el general vasco Blas de Lezo. La ocasión es trascendental: si Cartagena cae en manos inglesas, será tanto como desmantelar el nudo central del imperio español. Lezo, el famoso «mediohombre» (así llamado por sus mutilaciones de guerra), es perfectamente consciente de su pavorosa inferioridad, pero también de las bazas que tiene en la mano: el terreno, el clima, el exceso de confianza del enemigo… A partir de este momento, el vasco da un verdadero recital de tenacidad e ingenio: hunde sus barcos para bloquear la entrada del puerto, obliga a los ingleses a desembarcar lejos, adapta los cañones para poder disparar a cualquier distancia, dispone trincheras en zigzag para aprovechar al máximo el fuego de sus escasos fusiles, fuerza al enemigo a entrar en la selva, excava fosas al pie de los muros para que las escalas inglesas se queden cortas en el momento del asalto. Los cadáveres ingleses se van acumulando, el clima los descompone y la peste se extiende por el campo; también la enfermedad es un arma de guerra. La ferocidad enemiga se convierte en desesperación. Una última carga española con unos pocos marineros termina de descomponer a la mayor fuerza anfibia jamás acumulada. Tras un mes de asedio, los ingleses optan por marcharse. Han perdido la mitad de sus hombres, cincuenta barcos y mil quinientos cañones. Proporcionalmente, cada barco y soldado español hizo frente y derrotó a diez ingleses. Fue una de las mayores victorias militares españolas de todos los tiempos.

Estos son solo unos pocos ejemplos de una lista que podríamos estirar hasta el infinito. Hay cientos más. La defensa de La Coruña en 1589 frente a los ingleses —con el episodio de María Pita—, la carrera del *Glorioso* de Messía de la Cerda en 1747 contra doce barcos enemigos, los sucesivos sitios de Gerona frente a las tropas de Napoleón entre 1808 y 1809, la epopeya de los héroes de Baler en Filipinas en 1898… Estampas todas ellas donde lo esencial es la determinación frente a un enemigo superior. Historias que llevaron al límite la condición humana. Lo llamativo es que, con muy pocas excepciones, ninguna de estas historias han merecido la atención del audiovisual español. Al revés, la tónica general de nuestra producción audiovisual contemporánea es casi siempre buscar lo más lamentable, sucio, triste y oscuro de nosotros mismos. Habría que preguntarse por qué. No será, desde luego, por falta de ejemplos de entrega suprema. Como la historia que a continuación vamos a contar.

22
LA PRIMERA CAMPAÑA TRANSOCEÁNICA DE VACUNACIÓN

Cuando el ejército español tuvo que elegir un nombre para bautizar su operativo por la pandemia de la Covid-19, escogió este: «Operación Balmis». Seguramente muchos españoles aprendieron entonces quién era este Balmis que daba nombre al gigantesco despliegue sanitario. Al mismo tiempo, la comunidad de Madrid anunciaba que su nuevo hospital de emergencias se llamaría Isabel Zendal. Y también entonces, con toda seguridad, muchos españoles descubrirían la existencia de esa mujer. Pues bien: la uno y el otro, Isabel y Balmis, fueron los principales protagonistas de un episodio estremecedor, una de esas hazañas que te hacen estar orgulloso de la historia de España: la expedición contra la viruela de 1803. Fue la primera campaña médica internacional. Millones de personas salvaron la vida gracias a esta proeza que llevó la vacuna por mar. En la travesía, un jefe alicantino, un médico catalán, un capitán vasco, una enfermera gallega… Y unos niños que llevaron el virus inoculado en sus propios brazos para que pudiera llegar a América.

EL AZOTE DE LA HUMANIDAD

Pongámonos en situación. Estamos en 1803. Aún quedan dos años para la derrota de Trafalgar. Carlos IV reina (mal) y Godoy gobierna (peor), pero España es un país importante y sus posesiones son inmensas. También su gente es importante; entre esa gente no faltan los científicos de mérito. En esas posesiones españolas, concretamente en Lima y en Bogotá, se ha declarado una nueva epidemia de viruela, el azote del mundo desde miles de años atrás. Se calcula que apareció en el nordeste de África 10.000 años antes de Cristo. La Historia está llena de referencias a los letales brotes del virus, desde los egipcios y los hititas hasta el mismo siglo XVIII, pasando por las mortandades causadas en América. A España, según parece, la trajeron los árabes en el siglo VIII. A través de los barcos españoles llegó a América en el siglo XVI. Hacia 1650 diezmó a la población mexicana. En la Europa del XVIII la viruela mataba a unas cuatrocientas mil personas al año; de los supervivientes, un 30 por ciento quedaba ciego. Uno de los hijos del propio rey Carlos IV había muerto de viruela.

Pero a finales del XVIII el mundo científico está conmocionado: Edward Jenner, un inglés, ha inventado la vacuna. Jenner había oído relatar a una lechera local que los campesinos que contraían la cowpox (una enfermedad vacuna) mientras ordeñaban a sus vacas parecían quedar inmunes a la viruela. Jenner se decidió a inocular a un niño líquido linfático tomado directamente de las vesículas variólicas de la mano de una lechera. Hizo público su descubrimiento en 1798. Había nacido un remedio contra la viruela. En España se administró muy pronto: en 1800. Lo hizo el doctor Piguillén en la localidad catalana de Puigcerdá.

En aquel momento se desataron dos nuevos y terribles brotes en Lima y Bogotá, con efectos letales. Cuando Carlos IV lo supo, no lo dudó: inmediatamente quiso saber si era posible trasladar la vacuna a América. Reunió a sus cirujanos de cámara (Gimbernat,

Lacaba, Galli, el venezolano Flores) y les propuso la idea de organizar una expedición médica. Pero había un problema fundamental: conseguir que el virus llegara vivo al otro lado del mar, porque, si no, la vacuna no sería eficaz. Aquel gran científico gaditano que fue José Celestino Mutis, arraigado en Bogotá desde 1761, ya había intentado vacunar en Bogotá unos años antes, cuando el brote de 1782 y siguiendo las pautas del fraile chileno Pedro Chaparro, pero con resultados limitados. El gran problema era cómo mantener viva la muestra a través de largas distancias. En la época no había frigoríficos. Era preciso encontrar otro método de transporte, y este será de lo más elemental: llevar el virus vivo inoculado en brazos de niños. Y una vez hallado el método, ¿quién podría realizar la empresa? El designado será otro de los médicos de cámara del rey: el alicantino Francisco Javier Balmis y Berenguer, un hombre de cincuenta años con una excelente reputación científica.

A COSTA DEL REAL ERARIO...

La corona se implicó a fondo. El 29 de julio de 1803 el rey ordena «que se propague a ambas Américas y si fuese dable a las Islas Philipinas, a costa del Real Erario, la inoculación de la vacuna, acreditada en España y en casi toda Europa como un preservativo de las viruelas naturales. Y en consecuencia se envíe una expedición marítima, compuesta de facultativos hábiles y adictos a la empresa, dirigida por el Médico honorario de Cámara don Francisco Xavier de Balmis».

Balmis lo tenía todo para encabezar la empresa. Había viajado ya cuatro veces a América, luego conocía el terreno, y además había traducido al español el primer gran tratado médico sobre la vacuna, el del francés Moreau. Era la persona indicada. Pero habrá más nombres importantes. Uno de ellos es José Salvany Lleopart, un médico militar, catalán, de veinticinco años, que también gozaba de gran reputación, y que fue subdirector de la expedición. Hacía falta dinero, y la corona lo puso. Hacía falta un barco y también lo hubo: la corbeta *María Pita*, de La Coruña; para gobernarlo se escogió al teniente de fragata Pedro del Barco, vizcaíno de Somorrostro. Pero hacían falta, por supuesto, los niños, y estos serán veintiún asilados del hospicio de expósitos de La Coruña, de entre nueve y tres años. Con los niños viajará una mujer singular: Isabel de Cendala, la rectora del Hospicio coruñés, que será la primera enfermera de una campaña internacional que deje su nombre en la Historia.

¿Quién era Isabel? Sabemos poquísimo de ella. Por las rígidas normas que entonces se exigían al personal de los hospicios, y por otros cabos sueltos sobre su vida, podemos afirmar que era una viuda con menos de cuarenta años, de constitución fuerte y buena salud, de familia bien considerada e intachables costumbres. También sabemos que tenía un hijo, Benito, que participó en la expedición. Nada más. Incluso su nombre exacto es objeto de discusión, porque en los documentos de la empresa aparece escrito de seis formas distintas: Cendal, Cendala, Zendal.... Pero de lo que no cabe duda es de que estuvo allí. Y sería el verdadero ángel de la Real Expedición Filantrópica.

Es sugestivo imaginar qué virtudes podrían adornar a Isabel para que Balmis la designara. En la época no era nada común que una mujer embarcara en una aventura así. Pero hacía falta una mujer para cuidar de los niños, ¿y quién mejor que la propia rectora? En octubre de 1803, un documento oficial nombra a Isabel enfermera de la Expedición «para inculcar confianza y repartir cariño maternal entre los infantes». Se le asigna una prima de tres mil reales y un sueldo de quinientos pesos anuales. Y se le prescribe un objetivo muy concreto: «Que cuide durante la navegación de la asistencia y aseo de los niños que hayan de embarcarse, y cese la repugnancia que se experimenta en algunos padres de fiar sus hijos al cuidado de aquellos sin el alivio de una mujer de probidad».

ENTREGA SIN LÍMITES

La campaña partió de Madrid, camino de La Coruña, con cinco niños que llevaban en sus brazos la vacuna. Durante el trayecto se organizaban vacunaciones en los pueblos donde paraban. En La Coruña, el virus pasará a los brazos de los niños gallegos. Ya en el mar, la primera escala fue en Santa Cruz de Tenerife: nuevas vacunaciones. Es enero cuando la *María Pita* y su valiosísima carga dejan las Canarias rumbo a América. Serán dos meses de travesía. Los niños son vacunados de dos en dos, sucesivamente y de brazo a brazo, cada nueve días, para que el fluido vacuno se mantenga fresco. En las bodegas viajan, además, materiales que en aquellas circunstancias tenían un valor incalculable: quinientos ejemplares del *Tratado histórico y práctico de la vacuna* de Moreau, traducido por Balmis, para ser repartidos en las principales ciudades de América; además, varios millares de laminillas de cristal para conservar gotas con el suero de vaca.

La expedición fue recibida en América con todos los honores. Primero en Venezuela, después en Cuba y México. Pero aquello distó de ser un paseo triunfal. El plan de trabajo itinerante era agotador. La Expedición Filantrópica administra vacunas, pero también instruye a los médicos locales sobre su uso y constituye Juntas de Vacunación en las ciudades para que allí se encarguen de conservar el suero con el virus vivo. Se vacuna por decenas de miles. Después, la expedición se divide: mientras Balmis e Isabel viajan desde México hasta Filipinas, Salvany se interna en América: Bogotá, Quito, Lima, por fin Bolivia. Solo en Nueva Granada, Salvany registra nada menos que cincuenta y seis mil vacunaciones. Isabel se desvive literalmente por sus niños. Se ocupa de su aseo, de su ropa, de su comida, de su salud.

Las enfermedades hacen presa en los expedicionarios; Balmis está al borde de la muerte por disentería. En todo este trayecto, la que deja admirados a los expedicionarios es la mujer, Isabel. Ya es

1806 y están en Macao. Balmis, impresionado, escribe sobre la rectora: «Con excesivo trabajo y rigor de los diferentes climas que hemos recorrido, perdió enteramente su salud; infatigable noche y día ha derramado todas las ternuras de la más sensible madre sobre los veintiséis angelitos que tiene a su cuidado, del mismo modo que lo hizo desde La Coruña y en todos los viajes y los ha asistido enteramente en sus continuadas enfermedades».

Fue Salvany quien corrió peor suerte. Su expedición se vio sacudida por todo tipo de contratiempos. Perdió un ojo en Guaduas, Colombia; perdió un brazo en los Andes. Su barco naufragó. Pese a todo, siguió su camino hasta rendir la vida en Cochabamba, Bolivia, el 21 de julio de 1810, con treinta y cuatro años, en plena campaña de vacunación.

España fue agradecida con los expedicionarios. Balmis se vio colmado de honores, como el capitán Pedro del Barco, el vizcaíno. Hubo pensiones oficiales para los huérfanos de quienes murieron en la aventura. La guerra que pronto iba a estallar oscureció sus vidas, pero en América y en Filipinas quedaba el fruto de su esfuerzo: fueron más de un millón las personas que recibieron los beneficios de la vacuna. Las vidas que España salvó con la Expedición Balmis-Salvany pueden cifrarse en varios millones. El mismísimo doctor Jenner, el inventor de la vacuna, que se había mantenido informado sobre la aventura, expresó su admiración: «No me imagino que en los anales de la historia haya un ejemplo de filantropía tan noble y tan extenso como este». Realmente, hasta entonces nadie había hecho nada igual. Una vez más.

¿Y qué fue de Isabel de Cendala? Isabel nunca volvió a España. Cuando la expedición regresó de Filipinas a México, la mujer se instaló en Puebla de los Ángeles. Con toda seguridad quedaría con ella su hijo Benito, al que un documento posterior reconoce una pensión. Allí se extinguió la vida de «la primera enfermera de la historia de la medicina hispana». México ha rescatado su memoria: desde 1975 la Presidencia de la República otorga anualmente el premio Isabel Cendala y Gómez para recompensar la labor de un profesional de la enfermería. Y en el puerto de La Coruña hay una escultura, *Los galleguitos*, de Acisclo Manzano, que representa a Isabel con sus niños. Desde allí ven el mar que un día cruzaron para salvar millones de vidas en dos continentes. Esos niños minerales son los últimos testigos de una de las mayores hazañas científicas y humanitarias de todos los tiempos. Nada más justo que ver hoy de nuevo honrados los nombres de Balmis e Isabel.

23
ESA GENERACIÓN QUE LEVANTÓ ESPAÑA

La pandemia del Sars-Cov-2, la Covid-19, el coronavirus, esa calamidad que azotó el mundo en 2020, dejó tras de sí una estela de dolor y miedo en todas partes. En España, de forma muy singular. Y tocó a nuestra historia reciente en un aspecto que pocas veces se ha valorado adecuadamente: más del 80 por ciento de los fallecidos en la pandemia, casi cincuenta mil personas, habían nacido antes de 1945. Es decir que las principales víctimas de la catástrofe fueron los españoles que protagonizaron la construcción de la España contemporánea.

En efecto, esa generación fue la que cambió España. Fueron ellos, con su trabajo cotidiano, con su dedicación, con su capacidad de resistencia (que también) y con sus esperanzas, los que levantaron la España hundida de la posguerra y la convirtieron en la novena potencia industrial del mundo. Hubo un largo periodo en el que España fue el país que más y más rápidamente crecía en el mundo, solo superado por Japón. La pobreza, el analfabetismo y el atraso dejaron de ser cosas habituales, parte del paisaje, para convertirse en lacras marginales que había que desterrar. España pasó de ser un país agrario mal compuesto, cruzado por brechas sin sutura posible, con amplias capas de población literalmente muerta de hambre, a ser un país industrial y ostensiblemente próspero, con una anchísima clase media (más del 55 por ciento de la población a finales de los años setenta), totalmente escolarizado y lleno de universitarios. Tomad distancia y miradlo con perspectiva: ¿fue o no una hazaña? Lo fue. De ella ha vivido el país entero durante otros cuarenta años.

HISTORIA DE LA GENTE DE A PIE

Esas cosas no vienen por sí solas, no son fenómenos atmosféricos. Tampoco son obra de la varita mágica de un político. Los grandes cambios históricos suelen contarse siempre poniendo como sujeto a los reyes, los gobiernos, los políticos, los pensadores, etcétera. Rara vez se otorga el protagonismo a la gente del común. Y sin embargo, de poco sirven las ideas de un político si al otro lado no hay un pueblo, personas de carne y hueso, capaces de seguir adelante. Cuando se habla de conquistas o de invenciones, es evidente que hay que usar el modo singular; pero para hacer la crónica de una transformación colectiva en un proceso histórico, hay que usar el plural. El plural de la gente de a pie.

Una observación previa: el esfuerzo de esta generación de españoles fue extraordinario, pero hay que decir que lo mismo estaban haciendo sus coetáneos del resto de Europa. Los españoles tenemos la mala costumbre (y no solo nosotros) de contar nuestra historia como si hubiéramos estado solos en el mundo, lo cual hace muy difícil entender ciertas cosas. Y además, sobre todo últimamente, se ha extendido la manía de ver los hechos del pasado con los ojos del presente, con lo cual ya es imposible entender nada de nada. Así que aquí trataremos de no perder de vista qué es lo que estaba pasando a nuestro alrededor.

Conviene describir cuál era el paisaje de España en aquel momento, cuando esta generación vino al mundo. Calificarla como «endiablada» es poco. La guerra civil había dejado al país económicamente exhausto, con las reservas de oro agotadas (en el Moscú de Stalin buena parte de ellas) y los ahorros privados reducidos al mínimo por las sucesivas incautaciones y por la inflación. En la zona nacional la inflación había sido de un 41 por ciento durante la guerra, que es mucho, pero es que en la zona republicana se había situado en un 1.340 por ciento, es decir, que el dinero no valía nada. Además, los estragos bélicos habían dejado muy maltrechos tanto al campo, que era entonces la base de la economía nacional, como a la industria. Ahí fuera, al otro lado, seguía habiendo otros países, así que hubiera sido posible poner en valor lo que España producía, pero enseguida comenzó la segunda guerra mundial. Treinta años antes, cuando la primera guerra, la oligarquía española pudo aprovechar en su beneficio la conflagración europea para hacer negocio, pero ahora no había nada con lo que negociar. Lo que había era un país destartalado, obligado a racionar lo poco que tenía.

CENTRO Y PERIFERIA

¿Cuál era el desafío que tenía a la altura de 1945 toda Europa? En realidad, solo uno: tratar de reconstruir el desastre de la guerra mundial, que en España era el de la guerra civil. Pero eso no podía hacerse de cualquier modo: todo el mundo era plenamente consciente de que los desequilibrios de la época anterior habían sido la causa directa de las revoluciones, las crisis y, al cabo, las guerras que acababan de deshacer el continente. Por utilizar esta imagen, lo que había caracterizado al mundo anterior a 1914 había sido un crecimiento espectacular de riqueza en el centro del sistema al mismo tiempo que, en la periferia, se acumulaba una cantidad insoportable de pobreza. Si ahora, en 1945, podíamos empezar de nuevo, habría que hacerlo de tal modo que la periferia quedara integrada en el centro, que el desarrollo no dejara fuera a nadie, que el conjunto de la sociedad se beneficiara, en mayor o menor medida, del esfuerzo económico colectivo. Por eso todas las políticas de la Europa de posguerra se parecen tanto, ya fueran más democráticas o más autoritarias, más de izquierda o más de derecha.

En el caso de España, todas las políticas sociales aprobadas después de la guerra iban deliberadamente encaminadas a cerrar la brecha social. Subsidio familiar, subsidio de vejez, protección de pequeños patrimonios familiares, seguro de enfermedad, descanso dominical, creación masiva de centros sanitarios, contrato obligatorio de trabajo, seguros agrarios, vacaciones retribuidas, cobertura de maternidad para las mujeres trabajadoras, pagas extraordinarias, coberturas de invalidez y discapacidad... Todas estas cosas nos parecen hoy «naturales», pero no lo eran en absoluto, ni en España ni en buena parte de Europa. Fue así como se consiguió integrar a la periferia en el centro.

Nuestro problema específico, en España, era que había que sacar adelante todo eso en una atmósfera de penuria extrema. Porque si mala fue la guerra civil, mala la posguerra y mala la segunda guerra mundial, la posguerra europea fue la puntilla. Hay que recordar cómo estaba entonces el resto de Europa: el ministro americano Henry Morgenthau quería reducir Alemania al estatuto de un país agrario desmantelando su industria, Roosevelt —según cuenta De Gaulle— quería dividir Francia en dos países distintos, todo ello con el aplauso de Churchill desde una Gran Bretaña agobiada por la escasez y con su población estrictamente sujeta a las cartillas de racionamiento, como España. Antes de 1945, la situación de España era mejor (menos mala, si se prefiere) que la de Francia o Alemania. Después de esa fecha, ocurrió lo peor que podía pasarnos: los vencedores de la guerra mundial decretaron el aislamiento político y económico de España. La traducción inmediata fue el hambre: mil ciento veinte españoles muertos de inanición en 1946, la cifra más alta del siglo.

A MERCED DE LOS VENCEDORES

Imaginemos una escena típica de los años cuarenta que a cualquier español procedente del medio rural le resultará familiar: una abuela que marcha cinco o seis kilómetros de un pueblo a otro, llevando de la mano a una niña, guardando una y otra bajo el refajo, bien escondidos, un par de kilos de harina y un litro de aceite. Escondidos, porque el tráfico de bienes de primera necesidad estaba prohibido y sujeto a racionamiento. Al menos el campo, aunque pobre, permitía esas alegrías; en la ciudad era sencillamente impensable. En Alemania o en Francia estaba ocurriendo lo mismo. Y aún peor, porque las depuraciones de posguerra y las matanzas de civiles alcanzaban cifras de decenas de miles, el control militar y policial era más severo y había muy pocas vías para escapar del hambre.

En realidad lo que nos salvó a todos fue el miedo. Más precisamente: el miedo de Estados Unidos a la Unión Soviética y a su expansión por toda Europa al calor de las ruinas de la guerra. Si había que frenar a Stalin, era preciso olvidarse de esos sueños mórbidos de convertir Europa en una suerte de granja de segundo orden. El famoso Plan Marshall de 1948 obedeció a ese objetivo. No fue exactamente un ejercicio de generosidad, contra lo que tanta gente cree: la cosa consistía en ofrecer créditos en dólares para comprar productos norteamericanos. Estados Unidos ganaba tanto en lo financiero como en lo comercial. Pero es verdad que aquello alivió la situación y, sobre todo, abrió el campo comercial permitiendo que la actividad económica volviera a circular. Ahora bien, España no tuvo Plan Marshall. El americano pasó de largo, como retrató García Berlanga en su famosa película. Lo que sí ocurrió fue que la frontera con Francia se reabrió en 1947, al año siguiente pudieron firmarse acuerdos comerciales con Inglaterra y Francia, en 1949 se recibió el primer crédito norteamericano... Se empezaba a respirar.

CIUDADES, VIVIENDAS, ESCUELAS

¿Y qué estaba pasando en las calles de España mientras tanto? Que la gente luchaba por sobrevivir. Entre otras cosas, el campo se despoblaba y muchos españoles acudían a la ciudad buscando algo. Algo que a veces encontraban y a veces no. Hay una película de Nieves Conde, *Surcos* (1951), una de las mejores cintas del cine español de todos los tiempos, que cuenta la historia de una familia campesina depauperada que viaja a la capital deslumbrada por el incipiente desarrollo y solo encuentra miseria y delito. La España rural retrocedió rápidamente. La periferia de las ciudades se llenó de familias que abandonaban el campo. Había trabajo suficiente. Con penurias, pero lo había. La cifra de paro empezó a ser muy baja, hasta convertirse en irrelevante (en torno al 3 por ciento) a finales de los cincuenta. Entre otras cosas porque, muy pronto, hubo muchas decenas de miles de españoles que decidieron cruzar la frontera para buscar fortuna fuera, especialmente en la Europa que se reconstruía. No fue una emigración desordenada; todo estaba regulado, hasta el último papel. Esos emigrantes también fueron parte del milagro.

¿Qué pasaba en las ciudades? Que se llenaban de gente. ¿Hablamos de la vivienda? En 1950 había en España 6.687.200 viviendas. Diez años después, el número había crecido al ritmo de cien mil viviendas anuales hasta las 7.726.400. Y aun otros diez años más tarde, en 1970, el número de viviendas alcanzaba ya las 10.658.882. Son datos del Banco de España. Habrá en todo el país una especie de fiebre de la construcción. El Estado crea organismos para promover viviendas, pero también lo hacen los ayuntamientos, las diputaciones, las cajas de ahorros y la Iglesia, y eso sin contar con las casas que determinadas empresas, públicas o privadas, crearon para sus trabajadores (SEAT en Barcelona, UNINSA en Gijón, FASA en Valladolid, etcétera.). Algunas de esas promociones eran muy notables; otras, sencillamente indecentes. En todo caso, no puede entenderse el paisaje urbano español actual sin saber esto.

¿Y era fácil acceder a esa vivienda? Al principio, no. Hay una célebre película de Marco Ferreri, *El pisito* (1958), que cuenta las tribulaciones de una pareja de novios para encontrar una casa y poder casarse. Tan grave era la situación que el Estado decidió congelar el precio de los alquileres hasta 1964. El hecho es que, a fuerza de empeño, la vivienda acabó convirtiéndose en el emblema de la nueva sociedad española: tener una casa en propiedad, aun humilde, era el horizonte irrenunciable de cualquier familia. Cincuenta años atrás habría sido impensable. Tan impensable como tener un coche en propiedad. Y este también vino. En 1946 había setenta y dos mil vehículos privados en España; en 1966 habrá ya más de un millón.

Mientras tanto pasaban otras cosas que estaban cambiando profundamente la atmósfera de la sociedad. Hablamos de la alfabetización, por ejemplo. Esta cuestión es clave, porque mal puede una sociedad construir nada si no sabe leer. En Francia o en Alemania, por ejemplo, la proporción de población analfabeta en el año 1900 era de en torno al 9 por ciento. En España era todavía del 25 por ciento en 1936, dato que habla por sí solo de la ineficiencia de las políticas educativas. ¿Acaso no hubo en España políticos preocupados por la cuestión? Claro que los hubo. Muchísimos. Tan preocupados como incapaces. Porque no solo hay que hacer escuelas y surtirlas de docentes; también hace falta crear la conciencia de que el niño tiene que ir a clase. No se ha escrito aún la historia de los padres que en los años cuarenta, y sobre todo en el medio rural, vieron con zozobra que los hijos tuvieran que acudir al colegio en vez de ayudar en casa, como se había hecho toda la vida. Hubo ahí una generación que se sacrificó (a veces, hasta lo indecible) para que sus hijos tuvieran la instrucción que a ella le faltó, y otra, la de los hijos, que fue perfectamente consciente de que había que esforzarse para sacar el máximo provecho de la oportunidad que se les daba.

El resultado fue impresionante: según los datos del Archivo Linz de la transición española (Fundación Juan March), a la altura de 1961 el analfabetismo ya se había reducido por debajo del 9 por ciento de la población, el número de estudiantes de Bachillerato se había multiplicado por seis y había más de cuatro millones de niños escolarizados. El número de mujeres que cursaban estudios universitarios se multiplicó por veinte entre 1940 y 1970. La población del país entonces era de unos treinta millones de habitantes. En los años siguientes, estas proporciones avanzaron a toda velocidad.

UN PAÍS VOLCADO EN LA PRODUCCIÓN

Hay un dato que es particularmente relevante, por sus implicaciones para el conjunto del desarrollo social, que es el de estudiantes de las enseñanzas técnicas. A principios de la década de 1940, España era uno de los países occidentales con menos ingenieros técnicos y superiores por millón de habitantes. En Estados Unidos había 3.841. En Francia, 2.612. En Italia, 1.344. En España... solo 550. Los españoles se pusieron a trabajar y en apenas veinticinco años, a mediados de los sesenta, la proporción de ingenieros por millón de habitantes ya superaba el millar. Había que estudiar, por supuesto. Y se estudió.

Cuando se mira atrás y se hace el retrato del español de los años cincuenta y sesenta, el rasgo dominante es este: un tipo dispuesto a no dejar pasar ninguna oportunidad. Otra película mítica: *La gran familia* de Fernando Palacios (1962), que es la historia de una familia lanzada con igual entusiasmo a la producción y a la reproducción. Esta película es importante porque pocos títulos definen mejor el espíritu de la España de ese tiempo: trabajar, progresar, sacar adelante a la familia, estudiar... Fue ese espíritu lo que hizo posible el éxito de las políticas de desarrollo multiplicadas a partir del Plan de Estabilización de 1959, que seguramente no habrían tenido el mismo efecto con ningún otro tipo humano. Las cifras son asombrosas. Entre 1945 y 1975 España creció a un ritmo medio anual del 4,4 por ciento. Entre 1951 y 1956 el PIB español creció a una media del 7,9 por ciento anual. El indicador económico por excelencia, la producción de electricidad, pasó de 3,61 en 1940 a 90,82 millones de kilovatios-hora en 1976. Entre 1945 y 1978 la renta media de los españoles se acercaba ya al 80 por ciento de la renta media de los grandes países europeos (son datos de Angus Madisson Project).

Es verdad que toda Europa estaba creciendo a un ritmo fantástico. Los economistas franceses llaman «Treinta Gloriosos» a los tres decenios que van de 1945 hasta 1975. Porque también en Francia, en Alemania, en Italia o en Gran Bretaña se puso todo el mundo a trabajar. Pero, sobre ese paisaje, lo que hicieron los españoles es sencillamente insólito: entre 1960 y 1973 el PIB real creció un 7,73 por ciento y el PIB per cápita un 6,59 por ciento. Entre 1960 y 1970 la renta per cápita creció nada menos que un 98 por ciento, es decir, nos habíamos convertido en un país rico. La clase media, según cálculo por ingresos reales, abarcaba ya al 56 por ciento de la población en 1978.

Ahora podemos volver a mirar a la niña que, en 1944, acompañaba a esa abuela que cruzaba los campos con su carga prohibida de harina y aceite bajo el refajo, a los campesinos depauperados de *Surcos* o a los novios atribulados de *El pisito.* Podemos volver a mirarlos y reencontrarlos veinte, treinta años después, convertidos en clase media, con automóvil y vivienda en propiedad (con permiso de las inevitables letras) y la convicción de que sus hijos van a vivir mejor que ellos. Que eso era, al cabo, por lo que habían luchado. Es la misma generación que había dejado atrás los odios y desdichas de sus padres y que enseguida iba a abrazar un nuevo sistema político con multiplicación de libertades. Y que supo entenderse, mal que bien, para que todo eso fuera posible en un clima de razonable paz. Otra medalla para esa generación.

Ahora muchos de ellos han muerto. Se los ha llevado un virus. Seguramente su última mirada alrededor fue angustiada. Muchos de ellos recordarían cómo era la vida en 1950, en 1955, cuando todo estaba por hacer. Lo hicieron. Ellos levantaron literalmente el país. Esa fue su hazaña. Y es para estar orgullosos.

IV

LA CIVILIZACIÓN

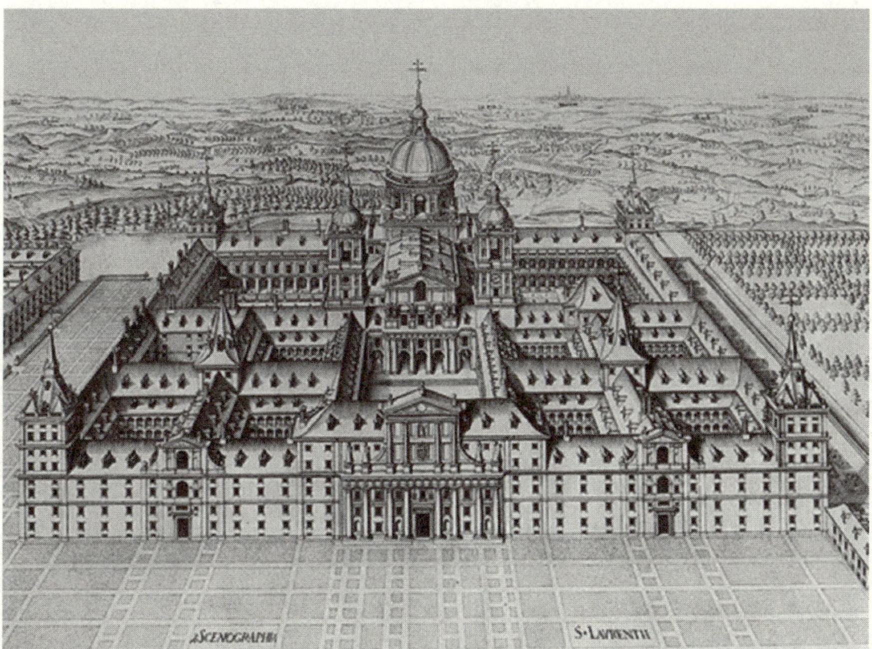

24

EL CAMINO DE SANTIAGO, COLUMNA VERTEBRAL DE EUROPA

Hubo un momento, hace mil años, en que España construyó una de las columnas vertebrales de Europa. «Europa nace de la peregrinación», decía Goethe. Esa columna vertebral fue el Camino de Santiago. La peregrinación a la tumba del Apóstol que, según la tradición, evangelizó España, es una de nuestras grandes aportaciones a la cultura europea y a la cristiandad en general. En 2019 Santiago acogió a casi trescientos cincuenta mil peregrinos de todo el mundo. Y muchos volverán.

¿Es realmente Santiago quien está enterrado en Compostela? Sabemos a ciencia cierta que se trata de restos humanos inhumados en una necrópolis romana, y que pertenecen a alguien que vivió en los primeros siglos de nuestra era, entre el I y el III. También sabemos a ciencia cierta que la tradición cristiana sostiene desde muy temprano —desde el siglo VII, con Beda el Venerable— que Santiago está enterrado en Galicia. A partir de aquí, no podemos saber más. Es verdad que habría algo milagroso en que el cadáver de aquel apóstol, decapitado en Palestina en el año 44, pudiera ser trasladado a Galicia en aquellos tiempos. Pero aún más milagroso sería que un remoto rincón de España se convirtiera en centro espiritual de toda Europa. Y este milagro fue el que aconteció.

UN ERMITAÑO GALLEGO

La historia nos lleva a principios del siglo IX, tal vez al año 814, cuando reinaban, como dicen las crónicas, Alfonso II en Asturias y Carlomagno en Francia. Vamos a internarnos en un bosque gallego: el paraje de Libredón, en la primitiva diócesis de Iria Flavia. Allí habita, aislado del mundo, un ermitaño llamado Pelayo. Una noche, el solitario Pelayo ve sobre el cielo algo prodigioso: un intenso resplandor se ha posado en un punto concreto del bosque; luces cegadoras brillan en los árboles y canciones de ángeles surgen de la espesura. Pelayo cree estar loco, pero no: todos los vecinos, feligreses de la antigua iglesia de San Félix de Solobio, al pie del bosque, han visto lo mismo. Impresionado, Pelayo acude al obispo de Iria, Teodomiro, y le cuenta el prodigio. Teodomiro, intrigado, va al bosque de Libredón, investiga entre la maleza, descubre un viejo cementerio y, en él, un sepulcro, un túmulo funerario. Con la tradición en la mano, Teodomiro no duda: aquellos misteriosos fenómenos obedecen a que en este lugar se halla el Arca Marmárea, el lugar donde fue enterrado el Apóstol Santiago junto a sus discípulos Teodoro y Anastasio (porque, en efecto, ese «Arca» no es exactamente un arca: es que el lugar donde apareció el cuerpo se llamaba Arcis Marmoricis).

Teodomiro corre a ver a Alfonso II el Casto, uno de los grandes gobernantes de la primera etapa de la Reconquista, rey de Asturias y amigo de Carlomagno. Alfonso percibe inmediatamente la importancia del hallazgo y acude en persona a comprobarlo. De hecho, él es el primer peregrino. Y sobre el mismo campo donde se han encontrado los restos, ordena que se eleve una iglesia. Será el primer templo de Santiago: una iglesia de estilo asturiano, típica del siglo IX, pequeña y un tanto rústica, pero que enseguida alcanzará enorme importancia como centro de peregrinación. El obispo Teodomiro abandona Iria Flavia, instala en Compostela su sede episcopal y aquí residirá hasta su muerte en 847; su tumba se ha hallado en las excavaciones de la catedral.

Antes decíamos que Alfonso II era amigo de Carlomagno, y este es un dato muy importante para entender el amplio eco del hallazgo jacobeo en toda Europa. Asturias mantenía relaciones muy fluidas con la corte carolingia y Carlomagno era el faro de la cristiandad occidental: el heredero del Imperio de Occidente. En torno a Carlomagno, la corte de Aquisgrán estaba alentando una auténtica reconstrucción del imperio, también en el terreno religioso y cultural. Tanto impacto causó allí la noticia del hallazgo de Compostela, que en muchas representaciones francesas de la época —incluida la propia tumba del monarca— se atribuye a Carlomagno el descubrimiento. El hecho es que gracias a la corte carolingia toda Europa se enteró del suceso: en el extremo occidente, en el lugar que marcan las estrellas de la Vía Láctea —el Camino de Santiago—, ha aparecido milagrosamente la tumba del Apóstol. Las peregrinaciones comenzaron casi inmediatamente.

EPICENTRO DE LA CRISTIANDAD

Santiago se convierte así en el epicentro de la cristiandad. En el año 899, otro rey asturiano, Alfonso III el Magno, consagra a Santiago una nueva catedral, en el mismo emplazamiento que la anterior, pero más grande y rica. Comienzan a llegar peregrinos ilustres: el obispo de Puy, Gotescalco, en 950, con imponente comitiva; el marqués de Gothia, Raimundo II, que morirá asesinado en el trayecto; ya en el siglo XI, el arzobispo de Lyon. Estas personalidades llegaban entre un incesante goteo de gentes de todos los lugares de Europa. El islam no ignora la gran importancia religiosa y cultural de Santiago, y así el sanguinario caudillo moro Almanzor, en el año 977, organiza una expedición para arrasar la capital jacobea. Destruyó la catedral y se llevó las campanas (las devolverá dos siglos después Fernando III el Santo), pero dejó la tumba, de modo que el culto al apóstol siguió adelante. Y un siglo después, en 1073, con el obispo Peláez, comienza la construcción del tercer templo, que es el que hoy conocemos: una auténtica joya monumental.

En medio de todas estas tribulaciones, el culto jacobeo se afianza muy rápidamente. Desde el corazón de Europa la orden de Cluny promueve las peregrinaciones. Por su parte, los monarcas, tanto en España como en Francia, se implican en el apoyo logístico: señalizan rutas, abren caminos, construyen puentes, levantan hospitales y albergues. El célebre Camino Francés queda plenamente consolidado en esta etapa, en el siglo XI. Por Roncesvalles o por Somport y Jaca llegan peregrinos de Italia, Suiza, Francia, Alemania, Holanda. Los ingleses llegan por mar al Finisterre. A lo largo del camino van levantándose iglesias de todo tamaño y condición. Muy pronto el Camino de Santiago se convierte en una especie de museo de 800 kilómetros de largo con centenares de tesoros. Solo en el tramo español del Camino Francés se construirán ocho catedrales, innumerables iglesias, además de espléndidos edificios civiles y obras de ingeniería, y hasta ciudades enteras, porque muchas villas nacen precisamente como hitos en el Camino.

Un hecho fundamental será la peregrinación del papa Calixto II —Guido de Borgoña— en 1109. Vivamente impresionado por lo que ha visto allí, Calixto concede a Santiago el privilegio del Año Jubilar —cuando la fiesta del apóstol, 25 de julio, caiga en domingo—, que otorga indulgencia plenaria a los peregrinos que en tal situación acudan a Compostela. A lo largo del siglo XII habrá una verdadera riada humana. El número de peregrinos se calcula en doscientos mil; para la época, una cifra excepcional. Las crónicas dirán que la «calzada de occidente» estaba tan atestada por el gentío que en ciertos lugares era imposible ordenar el tráfico de ida y de vuelta: no se cabía. Es también la época en la que se establece el atuendo del peregrino: el bordón o bastón, la calabaza-cantimplora y la concha de vieira, que se entregaba en Santiago, a modo de acreditación, al final del viaje.

PÓRTICO DE LA GLORIA

Por cierto que con este papa Calixto viajaba un sujeto singular, un monje cluniacense, francés, sumamente cascarrabias: Aymerich de Picaud, a quien debemos el mérito de haber redactado la primera guía para peregrinos. Esa obra se conoce bajo el nombre de *Codex Calixtinus* y es una enumeración detalladísima que incluye desde textos religiosos sobre el Apóstol hasta una práctica guía de viaje, pasando por descripciones pormenorizadas de la catedral. También incorpora, todo hay que decirlo, juicios de lo más hostil hacia gascones, navarros, vascos, castellanos y hasta gallegos. Parece ser que a Aymerich, al verlo en comitiva pudiente, quisieron cobrarle ciertos portazgos como derecho de paso por distintos puntos del Camino, y el buen monje se vengó dejando como hoja de perejil a los naturales del lugar. En todo caso, el texto vale como testimonio vivísimo de lo que representaba el Camino para las gentes del siglo XII. El propio monje Picaud, fascinado ante el Pórtico de la Gloria del Maestro Mateo, lo explica así:

> *Desde el comienzo de la obra hasta nuestros días, este templo florece con el resplandor de los milagros de Santiago, pues en él se concede la salud a los enfermos, se restablece la vista a los ciegos, se suelta la lengua de los mudos, se franquea el oído a los sordos, se da movimiento libre a los cojos, se concede liberación a los endemoniados y, lo que es todavía más, se atienden las preces del pueblo fiel, se acogen sus ruegos, se desatan las ligaduras de los pecados, se abre el cielo a los que llaman a sus puertas, se consuela a los afligidos, y las gentes de todos los países del mundo allí acuden en tropel a presentar sus*

ofrendas (...) Todo el mundo debe recibir con caridad y respeto a los peregrinos, ricos o pobres, que vuelven o se dirigen al solar de Santiago, pues quien los reciba y hospede con esmero, tendrá como huésped no solo a Santiago, sino también al mismo Señor.

El Camino de Santiago mantuvo mucho tiempo su prestigio. Dante escribió que solo merecían el nombre de «peregrinos», con su esclavina y su bordón, los que viajaban a Compostela; los que viajaban a Roma serían romeros, y si a Jerusalén, palmeros. Luego llegaron las pestes, el deterioro, la reforma protestante (muy hostil hacia Compostela) y la amenaza inglesa, pero el Camino resucitó en el siglo XX por iniciativa particular de un cura —Elías Valiña— rápidamente secundado por cristianos de todo el mundo. Hoy el Camino de Santiago permanece como una de las grandes columnas vertebrales de la civilización occidental.

25

LA ESCUELA DE TRADUCTORES DE TOLEDO

La cultura española dio a la sabiduría universal algo que nadie más estaba en condiciones de dar: la obra de la denominada Escuela de Traductores de Toledo. Enseguida explicaremos en qué consistió esto, pero, para empezar, deshagamos un malentendido: en realidad nunca hubo en Toledo una escuela habitada por talentos cristianos, moros y judíos que se dedicaran a traducir a mansalva en un ambiente de paz y armonía. O sea que esa imagen que nos han vendido de sabios de tres culturas entregados al diálogo intercultural es una ficción, una reconstrucción moderna. Lo que sí hubo en Toledo fue una serie de obispos, y después de reyes (cristianos), dispuestos a exprimir el jugo a toda la sabiduría disponible, para lo cual, ciertamente, había que traducir, ya fuera en la propia Toledo o en otras partes. Pero esta historia (la real) es casi más interesante y, además, es verdad que no hay nada igual en ninguna parte de Europa, así que vale la pena contarla, porque es otra razón para estar orgullosos de nuestra historia.

CRISTIANOS, MOROS Y JUDÍOS

Pongámonos en contexto: Toledo, año 1085. El dominio musulmán sobre la ciudad está a punto de concluir. Desde el hundimiento del califato de Córdoba, medio siglo atrás, la España andalusí se ha fragmentado en varios reinos: las taifas. En árabe «taifa» significa bando o facción. Toledo es una de esas taifas, un ancho territorio que abarca aproximadamente las actuales provincias de Toledo, Ciudad Real, Madrid, Guadalajara y Cuenca, bajo el mando de una dinastía de origen bereber. Los reinos moros de taifas mantienen un notable poder económico, pero son militarmente débiles y políticamente caóticos, enfrentados entre sí. Naturalmente, al otro lado de la frontera los reinos cristianos sacan partido de esa situación: otorgan protección militar a unos reinos de taifas frente a otros, cobran por ello y, de paso, estimulan las luchas internas en la España musulmana. Es la España del Cid.

En el caso de Toledo, Alfonso VI, rey de León y Castilla, ha tejido una compleja maniobra política que le va a permitir tomar Toledo sin gastar una flecha. Toledo es, para la España cristiana, una pieza de valor excepcional: fue la capital del reino visigodo y bajo el poder musulmán siempre llevó una vida autónoma y frecuentemente rebelde. Si ahora vuelve a la Cruz, será como cerrar un largo paréntesis. Y para Alfonso VI significará un auténtico baño de legitimidad, porque él, como los demás reyes españoles, se considera heredero de la monarquía visigótica.

Toledo se rindió en la primavera de 1085. Los embajadores moros venían negociando las condiciones de la capitulación desde varios meses atrás. Y fueron condiciones generosas. Estamos hablando de una ciudad donde la población musulmana mandaba, pero no era mayoritaria; una parte importantísima de los habitantes eran mozárabes (así se llamaba a los cristianos que vivían bajo dominio musulmán) y judíos. Mozárabes y judíos estaban encantados con la entrada de Alfonso VI, pero había que ver qué se hacía con los musulmanes de la ciudad. Las capitulaciones prescribieron que los musulmanes de Toledo serían libres de permanecer allí bajo dominio cristiano o de marchar a otro lugar con todos sus bienes. Si alguno marchara y después quisiera regresar, se le reconocerían todas sus propiedades. En cuanto a la mezquita mayor, no se cristianizaría, sino que permanecería reservada para el culto islámico. Era evidente que a Alfonso le interesaba, ante todo y sobre todo, poner el pie en la capital: poder proclamar que Toledo volvía a ser la España cristiana, incluso con una porción de población musulmana.

El rey cristiano entró en Toledo el 25 de mayo de 1085. Fue un acontecimiento de resonancia internacional. La vieja capital de los reyes godos volvía a la Cruz. Y no solo la capital, sino todo el territorio del reino toledano. En la Europa cristiana se alabó la proeza de Alfonso. En la España musulmana, por el contrario, se desató una ola de pavor. Recuperada la ciudad, Alfonso nombró a sus delegados. El gobierno local sería desempeñado por un mozárabe portugués formado en Córdoba y Sevilla, el conde Sisnando Davídiz. La reina Constanza, la esposa de Alfonso, una dama de Borgoña, también quiso hacer su propia contribución y apoyó firmemente a la orden de Cluny para que tomara en sus manos la dirección religiosa de la ciudad. Así se convierte en arzobispo de Toledo el monje cluniacense Bernardo de Sauvetat, hasta entonces abad del monasterio de Sahagún.

Desde Roma, el papa restaura la sede toledana como primada de España y además lo hace expresamente en nombre de la herencia visigoda. La atmósfera de Reconquista lo envuelve todo. En la misma línea, los cluniacenses, siempre apoyados por la reina Constanza, burlan las cláusulas de las capitulaciones y se adueñan de la mezquita de Toledo para convertirla en catedral. La mezquita había sido iglesia obispal de Toledo antes de la invasión musulmana; ahora volvía a ser cristiana. Y atención a estos cluniacenses del obispo Bernardo de Sauvetat, porque ellos van a ser los que, muy pocos años más tarde, emprendan la tarea de reconstrucción cultural que pasará a la historia como Escuela de Traductores de Toledo.

EL CONOCIMIENTO ES PODER

En efecto, son la corona y la Iglesia los que, desde Toledo, empiezan a patrocinar la traducción al latín de obras judías, arábigas y persas. ¿Por qué? Situémonos. La España cristiana, tanto en Castilla y León como en Aragón, es una sociedad pujante, inquieta, que compensa su escasez demográfica con una enorme vitalidad, pero es también una sociedad rudimentaria, de cultura muy limitada, después de que la invasión árabe asolara el mundo visigodo. Enfrente está la España mora, en pleno caos político y social, ya incapaz de recuperar lo perdido, pero cuya civilización se ha beneficiado de la gran extensión del islam, incorporando conocimientos traídos de todo el viejo mundo, desde el ámbito grecolatino hasta Persia y la India. El poder cristiano, ascendente, desea ese saber: reyes y obispos son conscientes de que el conocimiento, la ciencia, son imprescindibles para consolidar su liderazgo. Así decidirán traducir las obras que los árabes atesoraban.

¿Por qué había tantas obras clásicas en Al-Ándalus? Hay que remontarse a la época final del imperio romano: fue entonces cuando buena parte de la sabiduría grecolatina se tradujo al siríaco, precisamente en Siria. Siglos más tarde, esas obras se verterían al árabe. Así llegaron a las grandes bibliotecas califales de Córdoba, de donde pasarían a su vez a Toledo. El último gran califa de Córdoba, Alhakén II, había reunido la mayor biblioteca de su tiempo. Gran parte de esa biblioteca ardió a la muerte del califa: la mandó quemar Almanzor, en su conquista del poder, para congraciarse con los alfaquíes, los rigurosos doctores de la ley islámica. Es muy probable que parte de esa biblioteca pudiera salvarse en Toledo. Estas obras eran, en su mayor parte, de materias científicas, disciplina en la que la civilización árabe poseía anchos conocimientos, tanto importados como propios. Y ese tesoro es lo que se encontraron en la ciudad los cluniacenses del obispo Bernardo.

Fue el sucesor de Bernardo en la sede toledana, Raimundo de Sauvetat, cluniacense y gascón, pero muy integrado en la vida política y religiosa castellana, el que tuvo la idea: Toledo estaba llena de cristianos que entendían el latín y el árabe, de judíos que hablaban el hebreo y el árabe y el latín, de musulmanes que conocían el hebreo, el latín y, por supuesto, el árabe... Era perfectamente posible traducir al latín todos los textos árabes disponibles. ¿Cómo organizar el trabajo? Mediante una cadena de traducciones sucesivas. El arzobispo Raimundo encargaba a los mozárabes de Toledo, cristianos que entendían el árabe, las traducciones del árabe al romance (el castellano antiguo), y los clérigos de la catedral toledana, que conocían el latín, traducían del romance al latín; igualmente, los judíos de Toledo traducían del árabe al hebreo y del hebreo al latín.

Hubo, pues, muchos traductores, muchas traducciones y un efectivo trasvase de la cultura acumulada por el islam medieval a la civilización cristiana. Conocemos a algunos de esos traductores: el mozárabe Domingo Gundisalvo, el judeoconverso Juan Hispalense, el italiano Gerardo de Cremona, el escocés Miguel Scoto. También sabemos qué se traducía: todo Aristóteles, Platón, Tolomeo, Euclides; la metafísica de Avicena, la astronomía árabe, la *Fons Vitae* de Avicebrón... El 47 por ciento de las obras traducidas eran de cálculo y cosmología; el 21 por ciento, de filosofía; el 20 por ciento, de medicina; un 8 por ciento, de religión, física y ciencias naturales, disciplinas que en esta época es difícil deslindar; solo un 4 por ciento de las traducciones se ocupaba de alquimia y ciencias ocultas.

Todos esos saberes no eran enteramente desconocidos para los europeos de la época: desde el siglo X hubo cristianos estudiando en la *madrasa* (universidad) de Córdoba, como Gerberto de Aurillac, después papa como Silvestre II, pero eso se limitaba a los periodos en los que el poder musulmán mostraba cierta tolerancia, lo cual no era un estado permanente. Sabemos también que, contra lo que se ha pensado durante mucho tiempo, las obras de los clásicos grecolatinos no habían sido olvidadas en la Europa medieval. Pero es verdad que las copias eran raras, pocas veces completas y, con mucha frecuencia, malas. Por el contrario, el trabajo desarrollado a iniciativa de Raimundo permitió una difusión prácticamente generalizada del saber oriental en Europa. Después aparecerán escuelas de latín y arábigo en lugares como Sevilla o Murcia.

Y DESPUÉS, ALFONSO X EL SABIO

Así fue como el patrocinio de los reyes y obispos cristianos, en Toledo singularmente, pero también en otros lugares, permitió un impulso cultural sin precedentes. Un solo ejemplo: el sistema decimal y el invento del número cero es de origen indio; fue un persa, Al-Khuwarismi, quien recogió de los indios el sistema decimal en su *Libro de los guarismos*; ese libro fue difundido a su vez en el mundo islámico hasta Córdoba; en Toledo será traducido al latín. Del mismo modo, el *Canon* de Avicena o el *Arte* de Galeno se generalizarán en las universidades europeas. Y una curiosidad: en la España del siglo XI se usaba ya el papel, introducido por los árabes, que a su vez lo habían tomado de China. El libro de papel más antiguo que se conserva en Occidente es un misal toledano del siglo XI.

Lo más notable es que el trabajo no se detuvo aquí. Años más tarde, y por impulso directo de Alfonso X el Sabio, encontraremos en torno a Toledo una intensa vida cultural. Estamos ya en el último tercio del siglo XIII. Se sigue traduciendo, pero ya no solo al latín, sino también al primitivo castellano e incluso al francés. Y no solo se copia, sino que se crea mucha obra original. Un ejemplo eminente es el libro de las *Tablas alfonsíes*: Alfonso X había mandado instalar un observatorio astronómico en el castillo toledano de San Servando; a partir de las observaciones aquí realizadas se calcularon esas *Tablas alfonsíes*, un completo tratado de Astronomía que todavía tres siglos más tarde admirará al mismísimo Copérnico.

Alfonso X el Sabio fue un rey de huella muy discutible en lo político, pero como animador cultural no tuvo parangón: no había disciplina que no le interesara —las ciencias, la historia, el derecho, la literatura—, él mismo dirigía las traducciones y revisaba su trabajo. Y, sobre todo, él fue quien impulsó las dos grandes compilaciones historiográficas que la España medieval nos dejó: la *Estoria de España* y la *Grande e general Estoria*. ¿Qué se proponía el rey con estas obras? Él mismo nos lo dijo:

> *Donde por todas estas cosas, yo, don Alfonsso, después que hube hecho juntar muchos escritos y muchas historias de los hechos antiguos, escogí dellos los más verdaderos e los mejores que supe; e hice también hacer este libro, y mandé poner en él todos los hechos señalados tanto de las historias de la Biblia como de las otras grandes cosas que acaecieron por el mundo (...). Todos los grandes hechos que acaecieron por el mundo a los godos y a los gentiles y a los romanos y a los bárbaros y a los judíos y a Mahoma, a los moros de la engañosa fe que él levantó, y todos los reyes de España, desde el tiempo en que Joaquín casó con Ana y que Octaviano César comenzó a reinar, hasta el tiempo que yo comencé a reinar, yo, don Alfonso, por la gracia de Dios, rey de Castilla.*

De manera que la llamada Escuela de Traductores de Toledo, que en realidad no era una escuela, fue una gran aventura del saber promovida por los reyes cristianos y por los obispos de la Reconquista. Fueron ellos quienes enriquecieron la cultura occidental al incorporar los conocimientos que los árabes habían conservado y también sus nuevas aportaciones. Nadie más estaba en condiciones de hacer nada igual. Y aquí se hizo.

26
LA PRIMERA GRAMÁTICA MODERNA DEL MUNDO

El castellano, o español, es la primera lengua moderna de Europa que tuvo una gramática. Ocurrió en 1492, aquel año en el que pasaron tantas cosas decisivas. Ningún otro idioma europeo vivo se había considerado digno de otorgarse unas reglas científicas; eso era algo que se reservaba para el latín. Pero un español, Antonio de Nebrija, aplicó las reglas del arte gramático al idioma que se hablaba en la calle, a nuestra lengua romance. Y otra española, la reina Isabel la Católica, aprobó esas reglas y les dio carta de naturaleza. Esa fue la partida de nacimiento del español moderno. ¿Qué se proponía Nebrija? ¿Qué pensó Isabel la Católica cuando le presentaron aquel proyecto, completamente singular?

A la altura del siglo XV, había una lengua culta que era el latín. En latín se comunicaban todas las gentes de letras en cualquier lugar de Europa. Era el idioma de las cortes reales, de las cancillerías, de los monasterios y de las universidades. Y el latín era la lengua que había sido codificada y reglamentada con textos científicos, es decir, con gramáticas. Por debajo de esa lengua, digamos, oficial, la gente hablaba cada cual su propio idioma en su país: castellano, francés, alemán, inglés... Pero eran lenguas sin normas y sin reglas, sin gramáticas: cada cual las hablaba y escribía a su antojo. Y por eso mismo, eran lenguas poco de fiar.

UN SABIO MENESTEROSO

Antonio de Nebrija era un latinista. Había nacido en 1441 en Lebrija, la antigua y noble ciudad romana de Nebrissa Veneria, cerca de Sevilla, a orillas del Guadalquivir, en el hogar de don Juan Martínez de Cala y doña Catalina de Xarava y Ojo. Don Juan y doña Catalina tuvieron cinco hijos; Antonio fue el segundo. Como tenía seso y era despierto, sus padres le buscaron un futuro en los libros. Así marchó muy joven a estudiar Humanidades en Salamanca. Y a los diecinueve años, con el caletre ya amueblado, viajó a Italia, a la prestigiosa Universidad de Bolonia. Una beca del obispo de Córdoba le permitió cursar Teología en Bolonia durante diez años.

Cuando regresó a Sevilla, Nebrija ya era un sabio. Inmediatamente fue contratado por el arzobispo, don Alonso I de Fonseca, y a sus expensas impartió clases en la capilla de la Granada, en el patio de los naranjos de la catedral sevillana. Allí estuvo tres años, hasta que una mujer se cruzó en su vida: doña Isabel Solís de Maldonado. No debió de ser una experiencia muy agradable, porque el propio Nebrija consignó el asunto en términos más bien melancólicos: «Quiso la fatalidad que la incontinencia me precipitase en el matrimonio…». No es lo que se dice una declaración de amor. El hecho es que Nebrija se casó con Isabel, la pareja empezó a tener hijos —hasta seis— y, para mantener a su familia, el sabio tuvo que buscar trabajo en la Universidad de Salamanca. Allí enseñó gramática y retórica; latinas, por supuesto. Todo ello mientras escribía libros de botánica, cosmografía, teología, medicina, jurisprudencia…

En Salamanca dio a la imprenta un libro para reformar la enseñanza del latín que tuvo gran reconocimiento: *Introductiones Latinae*, de 1481. Y de la imprenta hay que decir un par de cosas, porque fue precisamente Nebrija quien la extendió en Salamanca. Hay quien asegura que la primera imprenta salmantina fue suya, y que el dato se ocultó porque tal empresa era incompatible con su puesto académico. Es posible. Lo cierto es que tanto un hijo como un nieto de Nebrija serán impresores, y que la mayoría de los incunables salmantinos de esta época son de Nebrija o de sus amigos más cercanos.

Mientras impartía clases en Salamanca, Nebrija se ganó la protección de un mecenas: don Juan de Zúñiga, maestre de la Orden de Alcántara, gran caballero y gran hombre, pío y erudito, amante de las letras, que llegó a ser arzobispo de Sevilla. Zúñiga liberó a Nebrija de obligaciones docentes, de modo que nuestro personaje pudo dedicarse a escribir y a pensar. Y así fue como dio en la idea de hacer una gramática del castellano. Idea que al principio pareció un poco extravagante, porque a nadie se le había ocurrido hasta entonces hacer una gramática de lengua vulgar. La Europa del Renacimiento seguía siendo una Europa del latín. Numerosos sabios se habían entregado al trabajo de recuperar la literatura grecolatina. La gramática latina del italiano Valla, que había aparecido en 1471, estuvo reeditándose todos los años durante medio siglo. Pero gramáticas de lenguas vulgares, no había. Hasta que llegó Nebrija.

EL ENCUENTRO CON LA OTRA ISABEL

En agosto de 1492, varios meses después de que las banderas de Castilla y Aragón reconquistaran Granada y pocas semanas antes de que Colón partiera hacia las Indias, la reina Isabel la Católica acudió a Salamanca para despachar ciertos asuntos de la corona. Alguien hizo llegar a la reina un libro de título insólito: *Gramática de la lengua castellana*. La reina abrió el libro. Comprobó que estaba expresamente dedicado a ella. Isabel quedó muy sorprendida. E hizo llamar al autor.

El proyecto que había concebido Nebrija iba más allá de lo filológico. Lo que hace a una lengua digna y noble —pensaba nuestro hombre— es su perfección, su regla, su orden, su precisión. ¿Y por qué no había de merecer la lengua castellana todas esas cosas? Pero es que, además, Castilla vivía un momento de efervescencia. La conquista de Granada había puesto bajo el cetro de los Reyes Católicos toda la península ibérica. Los matrimonios regios iban a sentar sólidas alianzas con Portugal. Ya se vislumbraba la nueva cruzada en tierras de África... La Corona de España surgía en el horizonte como el astro dominante del orden del mundo.

La reina recibió a nuestro personaje. Franca como era, Isabel I preguntó: ¿para qué quiero yo un trabajo como este, si ya conozco la lengua? E iba Nebrija a contestar cuando tomó la palabra el obispo de Ávila, allí presente, y dijo: «Vuestra alteza ha metido bajo su yugo a muchos pueblos bárbaros y naciones de peregrinas lenguas. Ahora estos tienen que recibir las leyes que el vencedor pone al vencido, pero no podrá ser si no conocen la lengua. Para eso sirve la Gramática». Estaba claro: para gobernar, hay que conseguir que te entiendan. Nebrija lo expresó con una fórmula que hizo fortuna: «La lengua es el instrumento del imperio». Ninguno de los presentes en aquella reunión podía imaginar el imperio que en verdad iba a caer sobre la corona pocos meses después. Porque faltaba poco para que Cristóbal Colón llegara a lo que resultó ser un continente nuevo.

Así la *Gramática* de Nebrija se convirtió en una herramienta preciosa: la primera regla escrita de una lengua que hoy es el idioma nativo de cerca de quinientos millones de personas, la primera gramática moderna del mundo. Luego vinieron las demás. El italiano tendría su primera gramática en 1529; el portugués, en 1536; el francés, en 1550. España fue la primera en aquel año decisivo de 1492. El mismo año de la toma de Granada, de la expulsión de los judíos y del descubrimiento de América. Lo que Nebrija ofreció a los Reyes Católicos fue una revolución: que una lengua vulgar, el romance castellano, se convirtiera en lengua culta al disponer de una gramática propia, la primera en su género, y que esta lengua romance, así ennoblecida, se convirtiera en el factor de cohesión y expansión de un imperio que comenzaba a nacer sobre las carabelas que cruzaban el Atlántico.

LA CIENCIA DE LA LENGUA

Pero además, y desde un punto de vista estrictamente científico, Nebrija aportó cosas que han tenido vigencia hasta nuestros días. Fue el primero en intuir el origen de la lengua castellana a partir de un latín corrompido influido por los godos y con préstamos de otras lenguas. Fue el primero en dividir formalmente la gramática en ortografía, prosodia, etimología y sintaxis. Fue también el primero en señalar ocho partes en la oración: nombre, pronombre, verbo, participio, preposición, adverbio, interjección y conjunción, a las que el erudito añadía el gerundio y el supino.

Don Antonio de Nebrija, protegido primero por el cardenal Juan de Zúñiga y después por el cardenal Cisneros, culminará su proyecto en 1517, cuando escriba las *Reglas de la ortografía en lengua castellana*. Mientras tanto, su vida fue la de un erudito… problemático. En 1502 intervino como latinista en la *Biblia Políglota Complutense* que auspiciaba el cardenal Cisneros, pero se enfrentó con los teólogos del equipo por la interpretación de los textos. Volvió a la Universidad de Salamanca, pero allí se peleó de nuevo con sus colegas. No debemos pensar que fue un sabio maltratado: en 1509 le dieron la cátedra de Retórica. Y cuando volvió a pelearse con sus colegas, el cardenal Cisneros nuevamente le protegió.

¿Por qué se peleaba Nebrija con sus colegas? Por prurito de pureza científica. La gran cuestión filológica de la época era la interpretación de las versiones latinas de los textos sagrados y su traducción a lenguas romances, y sobre esto nuestro personaje era inflexible: «Cada vez que se presenten variantes entre los manuscritos latinos del Nuevo Testamento —decía Nebrija—, debemos remontarnos a los manuscritos griegos; cada vez que haya desacuerdo entre los diversos manuscritos latinos o entre los manuscritos latinos y los manuscritos griegos del Antiguo Testamento, debemos pedir la regla de la verdad a la auténtica fuente hebraica».

Estas palabras se las escribió Nebrija al cardenal Cisneros, y de Cisneros hay que decir que fue el último gran mecenas de nuestro protagonista. En 1513 le llama de nuevo para ocupar la cátedra de Retórica de la recién fundada Universidad Complutense de Alcalá de Henares, con un privilegio especial: se le pagará el sueldo sin obligación de dar las clases. Con frecuencia será una hija del sabio, Francisca, la que imparta las clases en vez de su padre. Porque Francisca, como todos los hijos del maestro, era también una mujer de excepcional erudición. Y en ese envidiable estatuto permaneció Nebrija hasta su muerte en Alcalá de Henares en 1522.

Vale la pena echar un vistazo a ese año, 1522: en España —y en media Europa— reina Carlos I, Cortés acaba de conquistar México, Pizarro se dispone a entrar en el Perú, Núñez de Balboa ha descubierto el Pacífico, Magallanes y Elcano han dado la vuelta al mundo, los misioneros traducen las Escrituras a las lenguas indígenas de América y, pronto, de Asia. Todo eso se hace ya en una lengua española que es el castellano. Nebrija tenía razón: la lengua estaba siendo la compañera del imperio.

Así nació la primera gramática castellana, que fue la primera gramática moderna de la Historia. Obra de un sabio sevillano, don Antonio de Nebrija, uno de los grandes intelectuales de la Historia de España, y de la visión política de Isabel la Católica. Nada menos.

27
LA EVANGELIZACIÓN DE LOS INDIOS

Cuando Benedicto XVI visitó Brasil, cantó las excelencias de la evangelización de América. Rápidamente, las poderosas terminales del neoindigenismo se le echaron encima y exigieron que pidiera perdón por el «holocausto» de los indios. El papa respondió cortésmente: en todo proceso de conquista surgen episodios de injusticia y violencia, pero la evangelización no fue nada de eso. Y el papa Benedicto tenía razón. Veamos ahora más detenidamente qué fue la evangelización. Entre otras cosas porque, gracias a ella, los amerindios del sur sobrevivieron, cosa que no ocurrió con los amerindios del norte. Es una de las razones por las que hay que estar orgullosos de la Historia de España.

LA CONCIENCIA MORAL DEL PODER

Lo primero que hicieron los españoles cuando pusieron los pies en América fue plantar una Cruz. Lo seguirían haciendo en todos y cada uno de los lugares donde asentaban un establecimiento. Las escenas de conquista varían, cambian los nombres, cambia el tipo de hueste, cambian hasta las banderas y las fórmulas, pero hay algo que es siempre idéntico en todos los actos de toma de posesión en nombre de la corona: se planta la Cruz y se celebra una misa. Lo hace Colón, lo hace Núñez de Balboa, lo hacen Cortés, Pizarro y todos los demás, desde Florida hasta la Tierra del Fuego. La conquista española de América es una conquista religiosa.

Junto a cada hueste va un sacerdote, a veces varios de ellos. Los religiosos —franciscanos, dominicos, jesuitas, enseguida los agustinos y mercedarios— toman a los indios bajo su protección, les predican y los convierten. Fundan centros religiosos y, en torno a ellos, establecimientos de acogida, escuelas, hospitales; son las llamadas «reducciones», que en muy poco tiempo se extienden desde el norte de México hasta el Paraguay, pasando por la Amazonia. El proceso se repite de manera idéntica en Filipinas, donde los religiosos se convierten en la columna vertebral de la organización administrativa y política. La Iglesia se despliega en América y Filipinas al mismo tiempo que la conquista política, pero mantiene una posición independiente, hasta el punto de que actuará como conciencia moral del poder imperial. Será la presión de los religiosos la que llevará a redactar las sucesivas leyes de Indias. Ese fue el verdadero espíritu de la evangelización.

Esta dimensión religiosa, evangelizadora, de la conquista no es sobrevenida, ni es tampoco una suerte de justificación de la ganancia de nuevas tierras. Aparece desde el primer momento de manera deliberada y consciente, y sobre este punto hay un documento fundacional que es el testamento de Isabel la Católica o, más precisamente, su codicilo, las disposiciones finales. La evangelización no es algo que ocurre por accidente o por azar, sino que es desde el principio «nuestra principal intención», como dice la reina.

Pronto aparece, por supuesto, lo demás, todos esos rasgos tan «humanos, demasiado humanos»: la ambición, la rapiña, la demencia del oro, la violencia sobre la población conquistada... Es decir que aparecen todas y cada una de las cosas que vemos en absolutamente todas las conquistas que en la Historia han sido. Pero la de América tiene una particularidad, y es que, cada vez que a alguien se le va la mano, ahí está la Iglesia para denunciarlo, el poder civil para sancionarlo y los propios jefes de la conquista para poner orden. Esa norma correctora no la vamos a encontrar en ningún otro ejemplo histórico de gran conquista: ni en las de la Roma imperial, ni en la de los ingleses y los franceses en América y África. El signo distintivo de la conquista española es que posee, desde el primer momento, una motivación religiosa y, por tanto, un freno moral. Y eso fue así precisamente por el protagonismo vigilante de la Iglesia y porque los conquistadores, además de ser aventureros, quizá locos, sin duda ambiciosos, eran hombres de fe.

EL CHOQUE CULTURAL

Es muy interesante leer las *Crónicas de Indias*, y también los textos de los primeros misioneros, porque nos muestran a unos hombres perplejos por lo que ven. Por un lado, prácticamente todos subrayan las virtudes humanas y morales de los indios: nos dicen que suelen ser tranquilos, mansos, con un sentido religioso de la existencia, bien dispuestos hacia el extranjero y, en general, muy receptivos a la predicación. Pero por otro lado, y al mismo tiempo, nos dicen que los indios observan rituales y prácticas de extrema crueldad, celebran fiestas en las que se embriagan hasta perder la razón y terminan matándose, libran entre sí guerras terribles, cuelgan cadáveres —humanos— y hasta se los comen, y eso por no hablar de los sacrificios humanos a las divinidades locales. ¿Qué pensar de unas gentes así? El razonamiento del español que llega allí y ve aquello es el siguiente: puesto que no parecen malos, pero obran mal, es que están endemoniados; por consiguiente, hay que librarles de ese estado. ¿Cómo hacerlo? Para un católico de todos los tiempos, y especialmente del siglo XVI, la respuesta es clara: catequesis, bautismo y conversión.

Este es un punto siempre espinoso, pero conviene contar las cosas como fueron: los pueblos amerindios, en general, practicaban religiones de una crueldad asombrosa. Algunos de ellos habían construido civilizaciones muy estimables en muchos aspectos, pero todos practicaban sacrificios humanos y también era común la antropofagia. Hoy es «incorrecto» decirlo, pero la verdad nunca tendría por qué ser incorrecta. Los mexicas, por ejemplo, capaces de construir maravillas arquitectónicas como Tenochtitlán y de idear un excelente calendario astronómico, practicaban sacrificios humanos y con alguna frecuencia se comían a las víctimas. Los cronistas lo cuentan (Bernal Díaz del Castillo, Bernardino de Sahagún, Diego Durán), los estudios más recientes, como los de Ortiz de Montellano, lo corroboran, y la arqueología lo ha atestiguado después sin duda posible.

La práctica de sacrificios humanos era generalizada en toda la zona que hoy ocupa México. En el nuevo imperio de los mayas se sacrificaba a los prisioneros de guerra, a los esclavos y, en caso de gran calamidad, a los propios hijos; el sacrificio se realizaba sacándoles el corazón, por decapitación, flechando a las víctimas o ahogándolas en agua. Entre los tarascos, cuando moría el representante del dios principal, se daba muerte a siete de sus mujeres y a cuarenta de sus criados para que le acompañasen en el más allá. Normalmente se guardaban las calaveras. El capitán Andrés Tapia, compañero de Cortés, describe el muro de cráneos que vio en el gran teocali de Tenochtitlán y dice que había en él «muchas cabezas de muertos pegadas con cal, y los dientes hacia fuera»; Tapia cuenta que vieron miles de palos verticales y «en cada palo cinco cabezas de muerto ensartadas por las sienes».

Si seguimos camino hacia el sur, desde México hacia lo que hoy es Colombia y Venezuela, entramos en el virreinato de Nueva Granada. Allí había un mosaico de pueblos muy diversos que se llamaban a sí mismos chibchas, que quiere decir «pobladores». Los chibchas no construyeron estados ni civilizaciones, pero desarrollaron una maestría sin igual en la orfebrería del oro y el cobre. Y también practicaron abundantemente sacrificios humanos. Era especialmente frecuente el sacrificio ritual de niños, ofrecidos al sol. Había un auténtico mercado de niños —llamados *moxas*— para estos menesteres. Los caciques los compraban a muy alto precio. Mientras eran pequeños, los dedicaban al culto sagrado: cantaban, celebraban oficios, etc. Al llegar a la pubertad, los sacrificaban y dejaban su cuerpo al sol en signo de reverencia. Estos cadáveres se convertían en objetos sagrados. Cuando los españoles entraron en tierras de los indios de Gachetá, en el centro de la actual Colombia, vieron con estupor que los indios les arrojaban cadáveres de niños; eran esos niños. Pero el rasgo más singular de los chibchas era la antropofagia: comían frecuentemente carne humana, sobre todo de enemigos vencidos.

Más al sur de los chibchas están los incas, que habían levantado una extraordinaria civilización sobre un territorio inmenso: lo que hoy es el sur de Colombia, Ecuador, Perú, Bolivia y más de la mitad de Chile. Cerca de veinte millones de personas, de muy distintos pueblos, vivían bajo el poder del Inca en Cuzco, ciudad sagrada del sol. Parece que los incas no practicaban habitualmente sacrificios humanos. Así lo dicen dos ilustres mestizos: el inca Garcilaso y el jesuita Blas Valera, ambos hijos de conquistadores y princesas incas. Pero los estudios arqueológicos más recientes señalan que sí los hubo con cierta periodicidad: sacrificios de niños y adolescentes y también, en ciertas zonas del imperio inca, sacrificio ritual de doncellas. El imperio era muy grande y los incas, en general, dejaban que los pueblos conquistados mantuvieran sus ritos, incluido el canibalismo. Más recientemente se ha descubierto, además, que el propio poder incaico utilizaba los sacrificios de niños con fines de dominación política: mataban a los niños y niñas aportados por los pueblos sometidos en ofrenda a Viracocha, enviaban después los cadáveres a Cuzco, donde eran momificados, y así se transformaban en huacas, es decir, objetos de culto. Así los pueblos sometidos terminaban adorando a los símbolos de su propia sumisión: las momias de esos niños entregados al poderoso imperio. Los hallazgos arqueológicos confirman esta práctica.

No es preciso seguir. Bastan estos pocos ejemplos para calibrar lo que la evangelización aportó a la vida de los amerindios.

UN ELEMENTO DE CIVILIZACIÓN

¿Hubo violencia en las conversiones de los indios? Al margen de casos aislados, no puede decirse que los indios abandonaran sus viejas creencias por la fuerza. La Iglesia no empleó la violencia para convertir a nadie. Evidentemente, para los indios no dejó de ser un aliciente el hecho de que convertirse al cristianismo significaba mejorar de vida. Pero las poblaciones amerindias abandonaron sus viejas creencias masivamente en cuanto se derrumbaron sus organizaciones políticas. En los grandes imperios precolombinos, la religión estaba estrechamente ligada a la autoridad política. Era del todo natural que la descomposición de esos imperios llevara a la gente a abandonar también sus cultos de origen; sencillamente, ya no tenían sentido.

Esta fue una causa fundamental de que la evangelización avanzara a una velocidad de vértigo. Para México, el gran misionero y cronista Motolinía habla de más de cuatro millones de bautizados desde que cayó el imperio azteca, en 1521, hasta 1536. La aparición de la Virgen de Guadalupe ante el indio Juan Diego es de 1531. En el Perú, a finales del siglo XVI conviven en la ciudad de Lima cinco santos: el arzobispo santo Toribio de Mogrovejo, el franciscano san Francisco Solano, la terciaria dominica santa Rosa de Lima, el hermano dominico san Martín de Porres (Fray Escoba) y el hermano dominico san Juan Macías. Martín de Porres y santa Rosa de Lima son nativos de la capital peruana. Y no, no es verdad que la Inquisición forzara las conversiones de los indios. La Inquisición pasó a

América, por supuesto, y allí se dedicó a perseguir a protestantes, supuestos judaizantes y curas disolutos, pero no a los indios. Más aún: en 1570 el Santo Oficio prohibió expresamente que se actuara sobre los nativos porque eran «neófitos en la fe».

Hay una metodología de la evangelización tanto en América como en Filipinas. El primer paso es predicar las bienaventuranzas y, con ellas, eliminar las creencias de tipo animista o fetichista. Cuando el nativo entiende el mensaje y expresa un mínimo de adhesión personal, se le aplican los sacramentos: bautismo, comunión, confirmación. ¿Cómo asegurarse de que la comunicación con los nativos es buena? Traduciendo el catecismo y las Escrituras a las lenguas autóctonas, cosa que empieza a hacerse de inmediato, como veremos más tarde. Para la propia vida de la Iglesia es una revolución, porque nunca antes se había hecho nada parecido. Están naciendo las misiones y los misioneros. Desde 1511 hay una jerarquía eclesiástica específica para América; no dependen de España. En Roma, el papa crea una comisión cardenalicia especializada en la materia. Desde 1588 se crean seminarios específicos para las misiones y luego, en 1622, un departamento especial, la Congregación para la Propagación de la Fe, que es una especie de ministerio de las misiones. En América, mientras tanto, los españoles han empezado a crear universidades: Santo Domingo en 1538, San Marcos de Lima en 1551, México en 1551, Santo Tomás de Filipinas en 1611.

Para los conquistadores, ver que los indios se convierten al cristianismo equivale a una victoria sobre el mal. Con la evangelización terminan los sacrificios humanos y también la esclavitud de unos pueblos indígenas sobre otros. Para un español del siglo XVI no cabe otra forma de verdad que la vida conforme a la religión cristiana, y la evangelización es un progreso indudable.

¿Y en el resto del continente? En el norte de América, los franceses, católicos, empiezan su evangelización en el siglo XVII. Es más lenta y pobre que la española en el sur: el territorio es menor y la población es más reducida. En cuanto a los ingleses, que llegan hacia la misma época, su actitud no tendrá nada que ver con la de los españoles. Para la mayor parte de los inmigrantes ingleses, protestantes, el indio es un ser inferior, un hijo de Satanás, y como tal debe ser sometido y exterminado. No hay posibilidad de redención mediante el bautismo. En la América anglosajona los indios son exterminados. Ahí sí puede hablarse netamente de genocidio: hubo una matanza racial con el pretexto de motivaciones supuestamente bíblicas. Hoy los pocos supervivientes de aquello están en reservas. Por el contrario, en la América hispana sigue habiendo millones de indios y aún circulan, quinientos años después, muchas de las lenguas autóctonas. Y eso fue posible porque los teólogos y juristas españoles reconocieron que los indios tenían derecho a casa y hacienda y a trabajar por un salario justo. ¿Una obviedad? No: en la época, una revolución.

Esta es la verdad de la evangelización. Si las razas y las culturas de la América hispana sobrevivieron a la conquista fue, precisamente, porque hubo al mismo tiempo un intenso proceso de evangelización. No son la Iglesia ni España quienes tienen que pedir perdón por ello. Quienes han de hacerlo son, más bien, los que mienten al ocultar la verdadera historia. La evangelización de América y Filipinas fue una de las grandes gestas de los españoles.

28
SALVAR LAS LENGUAS AMERINDIAS

Se habla muy poco de esto fuera de los círculos académicos especializados, pero entre los laureles de la obra cultural española hay uno de importancia trascendental: gracias a nuestros misioneros pudieron salvarse las lenguas amerindias, es decir, los idiomas y dialectos que hablaban los nativos americanos antes de la llegada de los europeos. Aún más: fueron precisamente nuestros misioneros quienes, por primera vez, trataron de fijar reglas gramaticales para unas lenguas que, en general, carecían de escritura. Gracias a los misioneros españoles, las lenguas amerindias tuvieron gramáticas antes que el inglés o el holandés, por ejemplo. Así que no es impropio decir que España, literalmente, salvo las lenguas indígenas de América.

UN PIONERO DE LA PRIMERA HORNADA

En efecto, entre los siglos XVI y XVIII una legión de dominicos, franciscanos, jesuitas, capuchinos y agustinos se entrega a la tarea de estudiar las lenguas de los nativos americanos, traduce las Escrituras a esas lenguas y elabora vocabularios. No les movía el amor a la filología, sino una finalidad expresamente religiosa. Uno de los grandes estudiosos de las lenguas amerindias, el franciscano Alonso de Molina, lo explicó muy bien:

> *Mal se pueden tratar y conversar los que no se entienden. Este daño e inconveniente experimentamos en esta tierra donde, puesto caso que la piedad cristiana nos incline a aprovechar a estos naturales así en lo temporal como en lo espiritual, la falta de la lengua nos estorba. (...) La fe se alcanza oyendo y lo que se ha de oír ha de ser la palabra de Dios, y esta se ha de predicar en lengua que los oyentes la entiendan, porque de otra manera (como lo dice el mismo san Pablo) el que habla será tenido por bárbaro. Y para declararles los misterios de nuestra fe, no basta saber la lengua como quiera, sino entender bien la propiedad de los vocablos y maneras de hablar que tienen pues, por falta de esto, podría acaescer que, habiendo de ser predicadores de verdad, lo fuesen de error y de falsedad.*

Este Molina era un extremeño que llegó a Nueva España siendo niño, con sus padres, en 1522. Es decir que era un colono de la primera hornada. Se crio y educó con niños nativos (porque las escuelas religiosas estaban abiertas para los indígenas) y a los quince años ingresó en los franciscanos. Fue el primer sacerdote ordenado en la Nueva España. Desde muy temprano se dedicó a estudiar la lengua náhuatl, que era la que hablaban la mayoría de los mexicas, y en 1547 publica su *Doctrina christiana breve traduzida en lengua mexicana*. Es el primer libro en náhuatl y le seguirán muchos más.

Aquello fue una revolución en todos los sentidos. Lo fue especialmente en el aspecto propiamente religioso, porque hasta entonces la norma era que las lenguas de referencia fueran, por este orden, el latín, el griego y el hebreo. ¡Ya estaba costando mucho que determinados círculos aceptaran el español para la literatura religiosa, así que puede imaginarse cuántas resistencias no levantaría el náhuatl! Pero los argumentos de Molina, y de otros muchos, eran inapelables: si no había traducción, los nativos nunca podrían entender el mensaje evangélico. Fue también una revolución en términos políticos, porque eso de que el conquistador protegiera la lengua de los vencidos era algo completamente insólito. De hecho, la corona española nunca tuvo una política definida al respecto, o más precisamente: cambió varias veces de política según las circunstancias.

LA PRIMERA CÁTEDRA DE QUECHUA, EN 1579

Lo habitual, históricamente, es que el vencedor imponga su lengua al vencido. Lo hizo Roma en su imperio con el latín y lo hicieron los árabes en todos los territorios conquistados. En la misma línea, Carlos I de España y V de Alemania, en sus cédulas de 1550, quiso favorecer la sustitución completa de las lenguas indias por el español pensando que así sería más fácil la evangelización. Era exactamente lo contrario de lo que pensaban casi todos los misioneros, así que aquello no prosperó. De hecho, quince años después su hijo, Felipe II, firma otras cédulas donde impone el conocimiento de la lengua indígena local para quien quiera misionar o tener un cargo de sacerdote entre los indios. Más todavía: el rey Felipe hace oficial la lengua indígena más hablada en cada región y dispone normas para que se difunda entre el mayor número posible de poblaciones indias.

Hay que tener en cuenta que el panorama lingüístico amerindio es de una complejidad extrema. Al lado de las lenguas más habladas por los nativos, que de por sí ya tenían varias formas dialectales, convivían otras muchas lenguas minoritarias completamente distintas. Ordenar todo eso era un verdadero rompecabezas, de ahí que se optara por organizar el paisaje en torno a las lenguas más extendidas. Los léxicos escritos por los misioneros fueron un instrumento decisivo para ello, pero Felipe II fue aún más lejos y promovió la creación de cátedras de lenguas amerindias en las universidades del Nuevo Mundo. La primera fue la de quechua, oficialmente llamada Cátedra de Lengua General de los Indios, instituida en julio de 1579 en la Universidad de Lima. Sí: una cátedra de quechua en la universidad española, en el siglo XVI.

¿Cuántas obras escribieron los sabios españoles en lenguas indígenas, ya fuera traducciones de textos religiosos, ya léxicos o estudios gramáticos? Con toda seguridad, más de mil. La tarea de contarlas la acometió en 1892, cuando el IV centenario del descubrimiento, don Cipriano Muñoz y Manzano, conde de la Viñaza (*Bibliografía española de lenguas indígenas de América*, Ed. Sucesores de Rivadeneyra, Madrid). Don Cipriano recogió un total de 1.188 títulos entre los siglos XVI y XIX. A los primeros años corresponden 241, y esta es una cifra limitada, porque concierne solo a las obras impresas, cuando sabemos que en la época muchos otros estudios se publicaron como copias manuscritas porque la imprenta aún no se había difundido completamente en la América hispana. En Europa, las primeras gramáticas del holandés son de 1584 y las del inglés están fechadas en 1586. Para entonces los españoles ya habían publicado gramáticas de tarasco, quechua, náhuatl y zapoteco. Y antes de eso, léxicos y traducciones al menos desde 1547. A esas gramáticas se las llamaba *Artes*, siguiendo el modelo latino.

UN TRABAJO CIENTÍFICO DE PRIMER ORDEN

Lo que pasma en todo este trabajo es su profusión. Lejos de ser esfuerzos aislados de tal o cual fraile erudito, el número y secuencia de las gramáticas y traducciones demuestra que se trataba de una tarea perfectamente planificada y consciente. Al *Arte de la lengua mexicana y castellana* de Alonso de Molina en 1547, que es una gramática del náhuatl, le siguen inmediatamente otros dos *Artes* de fray Andrés de Olmos sobre el náhuatl y el totonaco, una gramática del purépecha de Michoacán firmada por fray Maturino Gilberti (1558), la *Grammatica o arte de la lengua general de los indios de los reynos del*

Perú de Domingo de Santo Tomás, que es una gramática del quechua, en 1560, y el impresionante *Symbolo Catholico Indiano* de fray Luis Jerónimo de Oré y Rojas, impreso en Lima en 1598, que es la primera obra científica escrita en castellano, latín, quechua general y aimará. Antes de eso, fray Luis Jerónimo, hijo de conquistadores y nacido ya en el Perú, había traducido a las lenguas autóctonas todos los textos del III Concilio de Lima (1582), además de catecismos y otros textos religiosos.

Por esos mismos años aparecía en México *Psalmodia cristiana y Sermonario de los Santos del año, en lengua mexicana, ordenado en cantares o psalmos para que canten los indios en los areytos que hacen en las Iglesias*, de fray Bernardino de Sahagún, un franciscano leonés que pasaría a la historia por su monumental *Historia general de las cosas de Nueva España*, una auténtica enciclopedia etnográfica en doce volúmenes, con versiones en náhuatl y español, que recoge todos los aspectos de la cultura indígena: religión, calendario, astronomía, economía, costumbres... Con razón se considera a fray Bernardino de Sahagún el padre de la antropología americana.

A partir del siglo XVII, las gramáticas se extienden al mapuche de Chile y el allentiac del sur de la Argentina, la variante cuzqueña del quechua, las lenguas de Chile, el mochica del norte del Perú, el chiapaneco (de Chiapas, México), las lenguas mayas, el zamuca de Bolivia y Paraguay, el cacchi de Guatemala, el guaraní... La lista es larguísima. Desde el punto de vista científico, el trabajo se va haciendo cada vez más refinado: más allá de los léxicos, adaptaciones gramaticales y traducciones directas, se apunta a estudiar la propia estructura interna de cada lengua. Hasta bien entrado el siglo XVIII y aun el XIX continuará la labor. Logrará imponerse incluso al cambio de criterio de la corona, que con Carlos III, y siguiendo los imperativos homogeneizadores de la política «ilustrada», tratará de extirpar las lenguas nativas en nombre de la modernidad. «Que de una vez se llegue a conseguir el que se extingan los diferentes idiomas de que se usa en los mismos dominios (América y Filipinas) y solo se hable castellano», decía la cédula real de Carlos III en 1770. El monarca ilustrado (porque, sí, la Ilustración también fue esto) logró acabar temporalmente con la literatura impresa en lenguas amerindias, pero el intenso trabajo previo ya había creado un corpus cultural de vitalidad imparable.

Se calcula que en el momento de las independencias hispanoamericanas, a principios del siglo XIX, solo el 30 por ciento de la población hablaba español. El resto se entendía en las lenguas originarias, cada vez más agrupadas precisamente en aquellas que habían dispuesto de gramáticas y diccionarios: náhuatl, quechua, etc. En realidad lo que hizo peligrar a las lenguas amerindias fue la independencia: las nuevas elites republicanas de Hispanoamérica, en su ambición de construir estados modernos según el patrón europeo, alentaron de forma expresa o implícita una política sostenida de aniquilación de las lenguas indígenas y extensión generalizada del español. Como es sabido, esa nueva política republicana no ahorró la aniquilación física de comunidades indígenas en Chile, Uruguay, Bolivia, México y otros países. Pero esto es otra historia.

Pese a todo, las lenguas amerindias sobrevivieron. Hoy tienen millones de hablantes: ocho millones el quechua y otros tantos el guaraní, casi cinco millones las lenguas mayas y dos millones tanto el aimará como el náhuatl. Sobrevivieron, entre otras cosas, porque en los siglos anteriores hubo sabios frailes que las rescataron y las codificaron. Y así España salvó las lenguas originarias de América.

29

LA PRIMERA EXPEDICIÓN CIENTÍFICA INTERNACIONAL

Hay hazañas que se escriben con barcos o con espadas, y hay otras que se escriben con cerebros y libros. Entre las muchas cosas que los españoles aportaron a la ciencia universal está la primera expedición científica internacional de la era moderna: la que el médico castellano Francisco Hernández dirigió en 1570 para investigar la naturaleza en el Nuevo Mundo. De aquella excepcional aventura nos quedó no solo un tesoro de conocimientos, sino también algo que sería decisivo para la ciencia posterior: un método riguroso de clasificación.

En aquel tiempo, siglo XVI, las ciencias estaban experimentando un fuerte desarrollo en toda Europa y, por supuesto, también en España. Las ciencias más desarrolladas eran la náutica y la cartografía, como corresponde a las necesidades de la época, y también las ramas de la física relacionadas con la construcción y el arte militar: artillería, ingeniería, etc. También había importantes avances en medicina, por supuesto, pero aquí había un obstáculo mayor: lo que hoy conocemos como ciencias naturales, véanse la botánica o la zoología, eran las parientes pobres del mundo científico. ¿Por qué? Ante todo, por falta de clasificación. Y aquí es donde este médico español pondrá la primera piedra.

EL PROTOMEDICATO

¿Quién era este Francisco Hernández, tan importante para la historia universal de la ciencia, pero al que los españoles hemos olvidado? Era médico de cámara de Felipe II, nada menos. Había nacido en la Puebla de Montalbán, en Toledo, en 1514. A los quince años ya era bachiller en Artes y Filosofía. Estudió Medicina en Alcalá de Henares y emprendió una carrera rápida y brillante. Ejerció la medicina en el Hospital de la Santa Cruz de Toledo, y también en Sevilla. Aquí se casó con Juana Díaz de Paniagua, que le daría dos hijos: uno, Juan, seguirá los pasos de su padre; la otra, una hija, ingresaría en un convento. Francisco vive consagrado al estudio. Y en Sevilla descubre algo que le fascinará: la obra del médico Nicolás Monardes, que fue el primero en informar sobre los productos naturales que venían de América y sus propiedades curativas. Esta es la gran novedad científica del momento: los españoles están descubriendo los secretos de la medicina natural amerindia, sus plantas y fórmulas.

La cumbre en la carrera profesional de Hernández llega en 1560, cuando entra en el Monasterio de Guadalupe, con los frailes jerónimos, haciendo disecciones anatómicas, practicando la cirugía y organizando el Jardín Botánico. La escuela médica de Guadalupe era la antesala en la formación de los grandes médicos del reino, lo que se llamaba el Protomedicato. Aquí, en Guadalupe, alcanza Francisco el grado de magíster. En 1567 es nombrado médico de cámara del rey: entra en la corte de Felipe II.

Contra las estupideces y deformaciones de la leyenda negra, Felipe II era cualquier cosa menos un fanático oscurantista. Al revés, era un hombre con auténtica pasión por el conocimiento y los libros. En 1576, al borde de cumplir los cincuenta años, atesoraba ya 4.545 volúmenes y dos mil manuscritos. A su muerte, en 1598, la colección del rey alcanzará los catorce mil volúmenes: la mayor biblioteca privada del mundo. Pero su ambición no era tener una gran colección privada, sino instituir en El Escorial un centro de investigación «para el aprovechamiento particular de los religiosos que en esta casa hubieren de morar y para el beneficio público de todos los hombres de letras que quisieren venir a leer en ellos», según el mismo rey escribió. El rey donó a la biblioteca de El Escorial cuatro mil volúmenes de su propiedad, y envió a eruditos de su confianza a todas partes, en España y en Europa, para adquirir libros. Así nació la biblioteca Laurentina: un gigantesco proyecto de investigación con el mejor fondo de códices griegos y la mejor colección europea de manuscritos árabes.

Dentro de esa afición de Felipe II por el conocimiento, el interés por las ciencias de la naturaleza ocupaba un lugar muy relevante. El rey era un apasionado de la Medicina y, en particular, de la herboristería. Aparte de los numerosos médicos de cámara que tenía en la corte, se encargó de que una legión de jardineros y «simplistas» (así se llamaba a los farmacólogos especializados en fórmulas simples) buscara por todas partes plantas medicinales. En varios jardines de Andalucía se plantaron diversas especies exóticas para aclimatarlas; después, esas plantas eran trasladadas a los jardines reales de El Escorial, Madrid, La Granja o Aranjuez, donde otros científicos (los «destiladores»), extranjeros varios de ellos, se dedicaban a convertirlas en remedios medicinales. En esa tarea destacaron dos flamencos, los hermanos Juan y Francisco Holbeque, arquitecto de jardines el primero, destilador el segundo. A un afamado «simplista», Luis León, se le encomendó recorrer Castilla en busca de plantas medicinales y «simples» para elaborar remedios. Por indicación expresa del rey, dos de sus médicos de cámara recibirán el encargo de unificar criterios científicos: Luis Mercado, profesor en la Universidad de Valladolid, coordinó los libros que debían servir como temario para los exámenes de futuros galenos, y Francisco Valles, profesor en la Universidad de Alcalá, estableció los criterios comunes para unificar pesos y medidas en la composición de los remedios. La Farmacia de El Escorial era la mejor del mundo. Ese es el ambiente al que llega nuestro Francisco Hernández.

LA VIDA NATURAL DE AMÉRICA

La vida de nuestro médico, un hombre tranquilo, estudioso, entregado a sus libros y a sus escritos, experimenta un vuelco absoluto cuando Felipe II en persona le propone una aventura insólita: marchar a América y estudiar su naturaleza. Felipe II sabía de los grandes conocimientos de Hernández en todas las ciencias naturales. Así que en 1570 le nombra Protomédico de todas las Indias y le encomienda viajar a la Nueva España, el virreinato más pujante de las Indias: un enorme territorio con centro en el actual México, que se extendía por el norte hasta California y la costa oeste norteamericana, por el sur hasta Panamá, y del que dependían también las islas Filipinas. Un mundo inmenso, en fin. ¿Y qué tendría que hacer allí el médico? Recopilar, en un plazo de cinco años, toda la vida natural de los nuevos reinos. Felipe II quiere conocer qué hay allí y cómo se puede utilizar. Y pone a disposición de Hernández medios considerables: un asistente (el hijo del propio Hernández, Juan), un «técnico», un cosmógrafo y un amplio equipo con médicos, boticarios, herborizadores, dibujantes, amanuenses...

El trabajo de Hernández es el sueño de cualquier investigador. Viaja por todas partes: la altiplanicie central, el mar del sur, Oaxaca, Michoacán. Recoge muestras y material botánico, las estudia, las clasifica, siempre con especial interés por las plantas medicinales. Habla con todo el mundo: campesinos, curanderos, ancianos... «El preguntador», le llamaban los indios. Los cinco años prescritos se convertirán en ocho años de intenso trabajo de campo. Y su método, su manera de investigar, va a ser muy importante para la ciencia de los próximos siglos, porque es un ejemplo pionero de ciencia experimental.

El método de Hernández se basaba en un sistema de fichas normalizadas sobre cada especie vegetal o animal y sobre cada mineral. Era un cuestionario de tipo descriptivo, por escrito, acompañado de dibujos. Con este sistema pudo recabar información por correo desde los lugares más remotos de la Nueva España. Y después, con toda la información en la mano, el equipo de Hernández viaja, confronta los datos con la realidad, recoge materiales y los analiza. Así hubo en aquellos años, por todo el virreinato, una pequeña legión de sabios buscando hierbas y piedras, estudiando animales, analizando plantas y frutos. El propio Hernández participó, entusiasta, en la tarea. Con frecuencia probaba él mismo las plantas; una vez estuvo al borde de la muerte por comer lo que no debía.

El fruto del trabajo de Hernández fue espectacular. Veintidós volúmenes escritos en latín —para garantizar su universalidad— que se convirtieron en la enciclopedia natural más importante del mundo: describe tres mil especies vegetales, introduce plantas exóticas como el cacao, el maíz, el tomate, la papaya, el peyote, el chili, y también plantas que vienen de Filipinas o el área del Índico, como la canela o el clavo; recoge más de cuatrocientos animales de la fauna mexicana y treinta y cinco minerales utilizados en medicina. Por la amplitud de sus informaciones y por lo avanzado de su método, Hernández se convertirá en la principal referencia de los naturalistas europeos hasta bien entrado el siglo XVIII.

EL SECRETO DE LAS PLANTAS

Lamentablemente, la obra de Hernández se quemó en el feroz incendio de 1671, cuando el fuego devoró durante cinco días el Monasterio de El Escorial: todos sus originales fueron pasto de las llamas. Por fortuna, Felipe II había tenido la prudencia de encargar a otro de sus médicos de cámara, el italiano Nardo Antonio Recci, que resumiera la obra de Hernández para su publicación. A Felipe II se le ha reprochado que encargara ese trabajo a otro que no fuera el propio Hernández, y a Recci también se le ha criticado mucho su forma de resumir la obra, pero el hecho es que gracias a eso pudo sobrevivir la portentosa investigación del médico toledano. En 1615 se publicó en México la primera edición de Hernández: *Quatro libros de la naturaleza y virtudes de las plantas.* Después aparecerá en Roma. La obra se reeditará varias veces. Aún hoy siguen apareciendo documentos originales de nuestro gran naturalista.

Hay que decir que la aventura científica de Francisco Hernández no fue un caso aislado. Otros estudiosos españoles, en estos mismos años, van a retratar la naturaleza del nuevo mundo con grandes aportaciones para la ciencia del momento. Cristóbal de Acosta, médico burgalés, que viajó por África y Asia, publicó en 1578 su *Tratado de las drogas y medicinas de las Indias Orientales* y también un volumen sobre *Remedios específicos de la India Oriental y de la América.* El jesuita José de Acosta, cura sapientísimo de Medina del Campo, que entre 1571 y 1587 recorrió México y Perú estudiando gentes y plantas, animales y tierras, contó todo eso en su *Historia natural y moral de las Indias.* Benito Arias Montano acumuló las mejores investigaciones de su tiempo en una *Historia Natural* que circulará intensamente por Europa. Bernabé Cobo, jienense, también jesuita, recorrió durante más de treinta años México, las Antillas y Perú, y en 1653 publicó su *Historia del Nuevo Mundo.*

De la gigantesca aventura de Francisco Hernández quedaron dos cosas: el mérito de haber realizado la primera expedición científica internacional y un sistema normalizado de clasificación que, mucho después, recuperaría el naturalista sueco Carlos Linneo. Una contribución decisiva a la ciencia moderna.

30

LA PRIMERA TEORÍA ECONÓMICA MODERNA

En la España del siglo XVI ocurrió algo que nunca antes había pasado: la entrada de metales preciosos en grandes cantidades produjo en muy poco tiempo una profunda alteración en los precios y en toda la actividad económica en general. Las viejas reglas que regían la compraventa, los préstamos y los intercambios se vieron completamente superadas por los acontecimientos. Por ejemplo, el préstamo con interés seguía sujeto a severas censuras morales, pero ¿cómo prestar sin interés cuando el valor del dinero subía tanto en tan poco tiempo? Los intercambios seguían sujetos a la regla de estricta equivalencia, pero ¿cómo medir la equivalencia cuando el mismo dinero tenía un valor en Castilla y otro distinto en Flandes? Estaba naciendo la economía moderna, pero faltaban herramientas conceptuales para entender la nueva situación. Y ahí entraron mentes españolas para pensar, por primera vez, las nuevas reglas económicas. Fue la Escuela de Salamanca.

Con el nombre de Escuela de Salamanca se conoce al grupo de pensadores, fundamentalmente religiosos, que estudiaron y enseñaron en la Universidad de Salamanca en el siglo XVI y constituyeron el verdadero cerebro de la España del Siglo de Oro. Los dominicos

Francisco de Vitoria, Tomás de Mercado, Domingo de Soto y Bartolomé de Medina, el agustino Martín de Azpilicueta, el obispo Diego de Covarrubias, el franciscano Luis de Alcalá, los jesuitas Luis de Molina y Francisco Suárez, etc. En estas mismas páginas hemos visto ya a la Escuela de Salamanca definiendo el concepto del derecho de gentes, que es el embrión tanto del derecho internacional como de lo que hoy llamamos «derechos humanos». En Salamanca se pensó sobre otras muchas cosas, tanto teológicas como jurídicas, e incluso sobre el origen democrático del poder. Y naturalmente, se pensó sobre la economía.

UNOS COMERCIANTES DE FLANDES

Todo empieza en realidad con un problema en absoluto teórico, sino urgentemente práctico. A la altura de 1517, un grupo de ricos comerciantes españoles establecidos en Flandes constata que tiene que alterar los precios de origen de sus productos para ganar dinero. Preocupados por la moralidad de ese enriquecimiento, elevan una consulta a Francisco de Vitoria, que en aquellos años está en la Sorbona de París. Hay que tener en cuenta que, hasta ese momento, las normas de la vida económica se regían por criterios estrictos de carácter moral pensados para un mundo ostensiblemente cerrado. El préstamo a interés era severamente reprobado como usura, el precio justo de las cosas no podía exceder el coste de producción, el valor de los bienes no podía alterarse so pena de incurrir en ilícito, etcétera. Eran las reglas del mundo clásico que, además, venían estrictamente vigiladas por la moral cristiana, que insistía en la condena de la ostentación, de la usura y del beneficio como fin en sí mismo, pues el fin natural de la economía —se pensaba— no es sino la satisfacción de las necesidades.

Pero todo eso tuvo que cambiar necesariamente cuando la vida mercantil saltó los límites de las ciudades y se extendió a las relaciones entre los reinos a través de rutas comerciales cada vez más seguras. Más actividad, más productos, más intercambios... Y una alteración imprevista en el precio de las cosas. En el siglo XVI los precios llegaron a triplicarse, cosa que para la mentalidad de la época era algo insólito. Los italianos venían desarrollando desde un siglo atrás teorías que justificaban la riqueza, como el *Libro de la familia* de Alberti, pero no llegaban a profundizar en las cuestiones monetarias y aún menos en las morales. Hacía falta una voz autorizada. España la tenía.

ECONOMÍA Y MORAL

¿Es legítimo el comercio? Vitoria piensa que sí: la libre circulación de personas y bienes forma parte del orden natural, de modo que el comercio no es reprobable, sino que incluso es beneficioso para el bien común. ¿Y es legítima la propiedad? También, porque estimula la actividad económica, lo cual es igualmente bueno para todos. Aún más, ese derecho no concierne solo al bien en sí (un molino, por ejemplo), sino también a los beneficios que pudiera producir (por ejemplo, la harina y el provecho obtenido por su venta). La experiencia demuestra que los bienes duran y rinden más en manos de sus propietarios privados que si son de uso comunal, lo cual, a la postre, beneficia también al conjunto. Así que, en definitiva, para la Escuela de Salamanca, actualizando y adaptando las enseñanzas de santo Tomás de Aquino, no hay nada moralmente reprobable en el comercio, la propiedad y el beneficio si se atiene a normas objetivas de justicia.

Quedaba sin embargo un problema: ¿qué hacemos con el préstamo, con el crédito? Desde finales del siglo anterior, la intensificación de la actividad económica había traído consigo una novedad y era que la gente ya no pedía dinero solo para subsistir, como ocurría antes, sino también para emprender negocios, es decir, pedía dinero para hacer más dinero. Pero el préstamo seguía sujeto al veto moral de la condena de la usura, que obligaba a no exigir por el dinero prestado más que la cantidad aportada. Cobrar cualquier interés era censurable. Ahora bien, eso, que tenía sentido en un escenario de precios constantes e intercambios en un entorno cerrado (una ciudad medieval, por ejemplo), ya no servía en el nuevo panorama de precios continuamente en alza e intercambios entre escenarios muy abiertos, con precios diferentes en cada lugar. Si no se cobraba algún interés, el prestamista perdería dinero. ¿Qué hacer?

La Escuela de Salamanca, sin perder de vista el norte moral que condenaba la usura, va a aplicar criterios de estricta racionalidad para decidir si cobrar un interés es justo o no. Por ejemplo, si el préstamo se concede para que el receptor emprenda un negocio y obtenga un beneficio, parece justo cobrar algún interés: el prestatario se juega su dinero en ese préstamo y corre el riesgo de perderlo, un dinero que podría haber empleado en otra cosa. En esas condiciones, el interés es una especie de prima al riesgo. Por otro lado, está la cuestión del tiempo: en principio, tener dinero en la mano hoy es objetivamente mejor que tenerlo dentro de diez años; para que al prestamista le resulte atractivo prestar su dinero y renunciar un cierto tiempo a verlo reembolsado, parece lógico otorgarle el derecho a que la cantidad devuelta sea mayor. Nace así el concepto de tiempo como factor clave del interés en los préstamos. Y en torno a esta reflexión va surgiendo algo que, hasta entonces, nadie se había planteado de manera sistemática, a saber: que el dinero también puede ser considerado como una mercancía en sí mismo.

LA TEORÍA CUANTITATIVA DEL DINERO

La gran pregunta teórica era esta: por qué el dinero cambia de valor, qué es lo que hace que los precios se multipliquen, por qué el valor de las cosas cambia de un sitio a otro. Al estudiar el efecto de la llegada de oro y plata procedentes de América, Martín de Azpilicueta constató algunos hechos muy relevantes. En los países con abundancia de metales preciosos, los precios son superiores a los de los países con escasez de oro y plata. Cuanto más abundante es un metal, menos poder adquisitivo tiene, porque hace falta una cantidad mayor para comprar cosas. De ahí podía deducirse perfectamente una relación directa entre el valor y la escasez. Estaba naciendo la teoría cuantitativa del dinero.

La teoría cuantitativa consiste en sacar las consecuencias oportunas de un hecho objetivo, a saber, que el valor del dinero no depende solo de su abundancia o escasez, sino también y sobre todo de su poder de compra. Por eso la llegada de grandes cantidades de oro y plata americanos a España había producido una subida anormal en los precios de las cosas que se compraban y vendían en los mercados, primero en nuestro país y después en el resto de Europa. «El dinero vale más donde y cuando hay gran falta de él, que donde y cuando hay abundancia», decía Martín de Azpilicueta en 1556. Allá donde el dinero escasea, una pequeña cantidad puede comprar muchas cosas; allá donde hay abundancia, por el contrario, hacen falta cantidades mayores para comprar las mismas cosas. Con la abundancia, suben los precios y los salarios; con la escasez, bajan.

¿Y esto es bueno o es malo? Sencillamente, es. Se trata de un fenómeno automático que el mercado produce por sí mismo, sin intervención exterior alguna: es la dinámica del intercambio, de la compra y la venta, del juego de la oferta y la demanda. La realidad económica había cambiado. Hasta entonces predominaba la concepción medieval del precio justo, según la cual este no era sino el coste de producción. Pero desde el momento en que la utilidad de un bien variaba de persona a persona, el precio justo tendrá que ser aquel que se acuerde mutuamente en un comercio libre, es decir, sin monopolios, engaños, etc. A eso se lo llamará después libre mercado: el precio justo es aquel que libremente fijan la oferta y la demanda.

Hay que tener siempre presente que toda la reflexión económica de la Escuela de Salamanca arranca de un objetivo moral: se trataba de saber si había cauces justos para la intensa vida mercantil desatada a partir del siglo XVI. Y los había, por supuesto. Si los precios suben o bajan en el mercado según mecanismos automáticos que derivan de la abundancia o escasez de dinero, y no por voluntad del agente económico, entonces está perfectamente justificado desde el punto de vista moral que los comerciantes suban los precios de las mercancías a medida que aumenta la cantidad de dinero en circulación.

COMPRAR Y VENDER DINERO

El desarrollo de estas reflexiones llevó a los maestros de la Escuela de Salamanca a enunciar otra teoría anexa: la de los intercambios monetarios según la paridad del poder adquisitivo. Una vez más, en el origen se trataba de un problema moral: ¿es lícito valorar un mismo bien en precios diferentes según el lugar donde uno se encuentre? Era un problema cotidiano no solo para los comerciantes españoles en Flandes, sino también para los gestores de un imperio que recaudaba tanto en España como en Alemania o Italia. Respuesta: sí, es lícito, porque el mismo dinero no vale lo mismo en unos lugares que en otros, y si el dinero vale menos en España que en Alemania, es lícito no recibir en Alemania la misma cantidad que se había entregado en España. «Si el duque de Alba entregaba en Medina mil ducados —escribe Francisco de Vitoria—, no tanto recibía en Alemania; y esto era lícito». Era lícito porque en Alemania aquellos mil ducados valían mucho más que en Medina, del mismo modo que hoy, por ejemplo, un dólar norteamericano vale mucho más en Cuba que en Estados Unidos, pues se pueden comprar con él muchas más cosas.

Esto solucionaba un problema de primera importancia que era la legitimidad moral de los que se dedicaban a comprar y vender dinero, los cambistas de las grandes plazas internacionales como Sevilla, Lyon o Amberes: lo que hoy llamaríamos el «mercado de divisas». Hasta entonces, el cambio de dinero con beneficio estaba muy mal visto. La concepción predominante era aún la de Aristóteles, que veía el mercado de dinero como algo contrario a la naturaleza, pues el fin natural del dinero es comprar cosas, no comprar más dinero. Pero Azpilicueta no está de acuerdo: «Aunque a Aristóteles le pareció mal esta arte de cambiar y mercadear cambiando dineros —escribe—, (...) no es verdad que el uso del dinero, para ganar con él cambiándolo, sea contra su naturaleza». ¿Por qué? Porque es verdad que no es su fin principal, pero eso no quiere decir que cualquier otro uso no sea natural. Por ejemplo —sigue Azpilicueta—, es lo que pasa con los zapatos: su uso principal es calzar, pero también se pueden vender y ganar dinero con ellos, y esto no va contra su naturaleza. Conclusión: es lógico y justo que se compre y venda dinero, y que en la operación haya beneficio.

Y entonces, ¿el precio de las cosas y el valor del dinero son perfectamente aleatorios, tienen su propia vida, hay que dejar que se muevan por sí mismos sin intervención alguna, sin ningún criterio de contención? No. Los maestros de Salamanca han descubierto que los precios suben en función de la masa monetaria en circulación, que el valor del dinero depende de su poder adquisitivo y que el cobro de interés por el dinero no es impropio, pero tiene que haber un requisito imprescindible: que los intercambios económicos y monetarios sean justos, es decir, que lo que se da y lo que se recibe tengan el mismo valor. ¿Y cómo podemos saber cuál es ese valor? Para eso hay que pensar otra teoría: la del valor de cambio.

La tradición escolástica, desde san Alberto Magno y santo Tomás de Aquino, en el siglo XIII, había enseñado que el precio de las cosas no reside en su naturaleza o en su perfección, sino en lo necesarias que son para los hombres. Ejemplo clásico: los ratones, que son seres vivos, son por naturaleza superiores al trigo, que es una planta, pero el trigo es mucho más necesario para los hombres y, por tanto, vale más. A esa necesidad la llaman los escolásticos «indigentia» y es el criterio para medir el valor de los bienes económicos.

¿Cómo se determina ese valor? Por la «estimación común», es decir, la necesidad común y general de todos los hombres, que es un criterio objetivo (y no subjetivo) en la medida en que exige un acuerdo generalizado sobre el bien en cuestión. Los de Salamanca recogen esos criterios para explicar que, por mucho que el dinero y los bienes varíen su valor de un sitio a otro, eso no significa que no haya un criterio para señalar cuál es el precio justo de las cosas.

EL COMERCIO JUSTO

¿Cuándo es justo un precio? Cuando puede fijarse por la «común estimación», es decir, por el acuerdo entre los agentes, sin interferencias ni monopolios. Si las cosas necesarias —por ejemplo, el trigo— están en manos de unos pocos y, por tanto, el propietario puede venderlo con los precios que le vengan en gana, entonces no es posible fijar una «común estimación» y los precios son injustos. Por el contrario, para que sean justos es preciso que haya muchos compradores y muchos vendedores compitiendo a la vez. «La compraventa —escribe Vitoria— ha sido introducida para utilidad común del comprador y del vendedor, puesto que cada uno necesita de la cosa del otro. Por consiguiente, debe establecerse entre ellos el contrato según igualdad objetiva, pues lo que ha sido introducido para común utilidad no debe gravar más a uno que a otro». Por cierto que, para garantizar esa igualdad objetiva, Francisco de Vitoria es partidario de establecer el precio de las mercancías por ley, particularmente si se trata de mercancías necesarias para la vida, concepto que después desarrollará Domingo de Soto. No era solo teoría: Juan de Mariana, por ejemplo, cumplirá año y medio de prisión en 1607 por haber denunciado a los políticos —en particular el duque de Lerma— que manipulaban artificialmente los precios para aumentar los ingresos del Estado.

Como los maestros de Salamanca defienden la propiedad privada y la libre competencia, se ha interpretado que son los precursores del liberalismo económico. Es verdad que ellos pensaron antes que los liberales conceptos que iban a ser cruciales en el desarrollo del pensamiento económico moderno, pero eso no los hace liberales *avant la lettre.* El liberalismo es una filosofía moderna que defiende la libertad económica, sí, pero como categoría emancipada de lo moral y de lo político, cosa que los de Salamanca no defendieron jamás. Hay que tener siempre presente que la Escuela de Salamanca era, ante todo, un grupo de teólogos, y que sus reflexiones jurídicas, políticas o económicas son inseparables de la filosofía cristiana de la vida. Cuando defienden, por ejemplo, que todos los hombres poseen derechos innatos, no lo atribuyen al hecho simple de su humanidad, sino a su condición de hijos de Dios. Y del mismo modo, en lo económico, el objetivo de estos pensadores no es aumentar la riqueza de las naciones, sino asegurar la moralidad y la justicia en tanto que criterios superiores a lo económico. El liberalismo, por el contrario, suele prescindir de estas consideraciones.

La reflexión económica de la Escuela de Salamanca, que se prolongó hasta finales del siglo XVII, no tuvo continuidad. En Europa se impuso el mercantilismo de corte francés, que limitaba la competencia. Después, las interpretaciones de corte estrictamente mecanicista o materialista la arrumbaron en el olvido. Al fin y al cabo, esta Escuela nunca quiso hacer solamente una teoría de la economía, ni una guía para sacar provecho del mercado, sino que su pensamiento siempre se mantuvo estrictamente ligado a la filosofía escolástica, y eso no les resultaba particularmente agradable a los teóricos modernos de la Ilustración. Quien más hizo por rescatar del olvido a los de Salamanca fue el economista austriaco Alois Schumpeter, que en 1954, en su *Historia del análisis económico*, consideró a la Escuela como fundadora de la ciencia económica. Más tarde, los exhaustivos estudios de Marjorie Grice-Hutchinson, entre otros, han puesto de relieve la importancia de unos pensadores que supieron establecer las primeras teorías económicas para afrontar los problemas que la economía moderna traía consigo.

31

LA REVOLUCIÓN CULTURAL DE LOS SIGLOS DE ORO

La España de los siglos XVI y XVII alcanzó un grado de esplendor, en todos los órdenes, que aún hoy sorprende a los historiadores. No se trata solo de la hegemonía mundial del imperio español en el plano político y militar —que ya sería bastante mérito—; es que, además, el desarrollo del espíritu, de las artes y de las ciencias fue extraordinario, hasta el punto de producir una enorme cantidad de obras que se han convertido en clásicos universales, desde santa Teresa hasta Don Quijote, pasando por Velázquez y El Greco. Con razón se habla de nuestro «siglo de oro»; un siglo que en realidad fueron dos y que imprimió un sello decisivo a nuestra identidad colectiva.

Los estudiosos dicen que la edad de oro de la cultura española empieza en 1492, cuando se publica la *Gramática* castellana de Antonio de Nebrija, y se prolonga hasta 1681, fecha de la muerte de Calderón. Son dos fechas como otras cualquiera, pero son dos puntos de referencia muy útiles. Y además, coinciden con el comienzo y el final de la gran época de España. 1492 es el año de la gran unificación y del descubrimiento de América; por el contrario, hacia 1681 España ha retrocedido ante Francia y ya se avecina el pacto entre marroquíes y holandeses para infestar de piratas las rutas marítimas españolas. Esto es un primer punto que hay que retener: el ciclo más alto del poder español es también el más alto de la cultura española.

UNA CULTURA DE ALIENTO RELIGIOSO

La España de los Reyes Católicos no solo dejó un territorio unificado y acrecentado, y un mundo nuevo descubierto al otro lado el mar; dejó también un clima de reforma social que afectaba a todos los estamentos y sectores —la universidad, las órdenes religiosas, la administración, la nobleza— y que hacía de la España del Renacimiento la sociedad más moderna de su época. Pero el esplendor empieza, en realidad, con un movimiento que suele pasarse por alto en los manuales, y que sin embargo es esencial para entender la España de aquel tiempo: la ola de profunda religiosidad que sacude a todo el país entre finales del siglo XV y principios del XVI.

Es la época de santa Teresa y san Ignacio de Loyola, de los grandes reformadores y los grandes místicos, y también de los grandes teólogos-filósofos de la Escuela de Salamanca. San Ignacio de Loyola, un militar guipuzcoano, funda en 1534 la Compañía de Jesús, que muy pronto va a convertirse en la más formidable máquina misionera de la Iglesia católica. Santa Teresa de Jesús, abulense, funda hacia 1560 la Orden de las Carmelitas Descalzas. San Pedro de Alcántara reforma hacia 1562 la Orden de los Franciscanos. San Juan de la Cruz, en la estela de santa Teresa, reforma a su vez la rama masculina de los carmelitas. El portugués Tomás de Jesús reforma la orden de los Agustinos Descalzos antes de morir mártir en Marruecos. San Juan de Dios, también de origen portugués, soldado en los ejércitos de Carlos V, se entrega a la vida religiosa y funda en Granada hospitales para pobres que serán el germen de la orden de los Hospitalarios. El aragonés san José de

Calasanz funda escuelas para niños pobres, las Escuelas Pías. La lista sería interminable.

En la misma ola, toda la cultura española del periodo transpira sentimiento religioso. En la literatura, además de santa Teresa y san Juan, están fray Luis de Granada y fray Luis de León (ambos, por cierto, con tropiezos inquisitoriales). En el pensamiento, la Escuela de Salamanca ha desarrollado toda una corriente filosófico-teológica a partir de la obra de Francisco de Vitoria. Pero también tenemos a Garcilaso o Alonso de Ercilla, o al primer Cervantes. En la música está Juan de la Encina. En la pintura y la escultura, Pedro y Alonso Berruguete, Juan de Juanes, Alonso Cano, Sánchez Coello, El Greco, Juan de Juni… Ellos nos abren ya al portentoso siglo XVII, que completará el Siglo de Oro.

En la Europa de aquel tiempo, lo español es la influencia dominante en todos los órdenes, desde el ritual cortesano hasta el idioma, y eso se debe al gran impulso de prácticamente todas las áreas de la cultura. A partir de la *Gramática* de Nebrija, la Lingüística ha hecho grandes progresos que se imitarán en otros países. El descubrimiento de América ha aportado conocimientos innumerables para la cartografía, la geografía y las ciencias naturales. Han surgido figuras de gran importancia en las Matemáticas, como Sebastián Izquierdo o Pedro Ciruelo, también en la Física, la Medicina, la Farmacia, la Psicología o la Filosofía.

LA SOCIEDAD MÁS VIVA DE EUROPA

Esta explosión es posible porque hay, primero, una sociedad muy inquieta, creativa y vigorosa. También porque la corona ayuda: a pesar de la mala fama que le atribuyó la leyenda negra, Felipe II era un extraordinario amante del saber, y mandará a sus sabios a buscar conocimientos del mismo modo que su nieto Felipe IV mandará a Velázquez a Italia para buscar cuadros. Además, la explosión será posible porque la cultura española de la época es enormemente receptiva y va absorbiendo todo lo que se encuentra, y así pueden convivir en una misma tradición el verso octosílabo del romancero popular y el endecasílabo importado del renacimiento italiano.

Todos los grandes nombres de la cultura española que hoy nos resultan imprescindibles —Lope de Vega, Cervantes, Quevedo, Calderón, etcétera— son fruto de aquel extraordinario florecimiento. No es posible contar esta historia ateniéndonos a una determinada corriente estética o limitándonos a una disciplina concreta. Entre el Renacimiento del siglo XVI y el Barroco del XVII, España produce de todo: novela picaresca, libros de caballerías, novela cortesana, comedias de capa y espada, autos sacramentales, poemas épicos... En líneas generales, puede decirse que se impone una estética realista y popular; una estética que es la de *La Celestina*, que se prolonga con la novela picaresca (*El Lazarillo*, por ejemplo) y que desemboca en *El Quijote.* Esa estética se mantiene también cuando refleja una ética caballeresca e idealista en versos de gran exigencia formal, como con Garcilaso. Más tarde, en época barroca, la lengua irá haciéndose más compleja, más intelectualizada, como si se convirtiera en una disciplina en sí misma, según veremos en Quevedo y, sobre todo, en Góngora. Es la época de los grandes enfrentamientos entre escritores, como los que opondrán a Lope contra Góngora, a Góngora contra Quevedo. No eran suaves aquellos debates. Góngora dedicó a Lope de Vega un poema ofensivo que decía así:

Dicen que ha hecho Lopico
contra mí versos adversos;
mas si yo vuelvo mi pico,
con el pico de mis versos
a este Lopico lo-pico.

Y Quevedo, por su parte, la emprende contra Góngora acusándole de ser un sacerdote indigno y, además, judío, reproche bastante común en una España que ha convertido en cosa cotidiana los expedientes de limpieza de sangre, destinados a demostrar que uno era cristiano viejo y no judeoconverso. Así sacudía Quevedo:

Yo te untaré mis obras con tocino,
porque no me las muerdas, Gongorilla,
perro de los ingenios de Castilla,
docto en pullas, cual mozo de camino. (...)
¿Por qué censuras tú la lengua griega
siendo solo rabí de la judía,
cosa que tu nariz aun no lo niega?
No escribas versos más, por vida mía;
aunque aquesto de escribas se te pega,
por tener de sayón la rebeldía.

En cualquier caso, lo que caracteriza a la creación cultural, especialmente en el ámbito literario, es que se busca llegar al público, es decir, que las obras se entiendan, y a eso se le concede más importancia que a respetar los cánones formales clásicos. Por eso en esta época aparecen muchos libros de divulgación —las misceláneas— sobre todo género de cuestiones. Y es también la época de las grandes renovaciones, de la innovación narrativa, teatral y pictórica.

RELIGIÓN, HONOR, AMOR...

Se escribe mucho y en todas direcciones. Alonso de Ercilla compone el primer gran poema de épica culta: *La Araucana*, sobre la conquista de Chile. Los episodios de la conquista de América están dando lugar al mismo tiempo a una impresionante cantidad de obras en prosa: las crónicas de los conquistadores. En su terreno, Lope de Vega renueva el teatro porque sus comedias dejan de obedecer a la unidad de acción, tiempo y lugar, que era la norma desde Aristóteles. Es asombrosa, por cierto, la ingente cantidad de obras que Lope pudo llegar a escribir: más de mil quinientas. Por su parte, Calderón crea el auto sacramental, que es una teología popular. Con Calderón, que estiliza y ordena el teatro renovado por Lope, aparece por primera vez sobre la escena una atmósfera claramente simbólica y espiritual. Los temas que uno encuentra aquí son siempre los mismos: la religión, el honor y el amor, que bien puede decirse que son los tres grandes motores de la mentalidad española del Siglo de Oro.

Al mismo tiempo que se escribe, se pinta y se hace música. Las artes plásticas conocen un periodo de esplendor desde el renacentista Sánchez Coello —por citar solo a uno— pasando por El Greco y hasta el barroco de Velázquez. Del mismo modo que en la literatura se han desarrollado las temáticas religiosas de la mística y la ascética, así en la escultura encontraremos a Juan de Juni o Alonso Cano. Y en cuanto a la música, tenemos talentos que construyen extraordinarias obras polifónicas de tema, sobre todo, religioso, como Tomás Luis de Victoria. De esta época datan también la gran escuela española de vihuela, la obra para teclado de Cabezón y las *Instrucciones* para guitarra de Gaspar Sanz.

Todas estas gentes de cultura no son, en absoluto, ajenas a la vida histórica de la España de su tiempo, no viven aislados en una burbuja para intelectuales y artistas. Al revés, en muchos aspectos son españoles prototípicos de la época imperial. El que no era eclesiástico, como Góngora o Gracián, había sido militar, como Garcilaso y Cervantes, y eso cuando no habían sido las dos cosas, cual ocurre con Calderón y con Lope de Vega, ambos soldados primero y religiosos después. Quevedo vivirá de primera mano la vida de la corte y hasta andará metido en intrigas de espionaje internacional, y Saavedra Fajardo será un político eminentísimo. Todos ellos viven y sufren los grandes —y trágicos— episodios de aquellos tiempos. Cervantes vence en Lepanto, como Lope de Vega fracasa junto a la Armada Invencible.

También es interesante observar cómo, en medio de todo ese florecimiento, va surgiendo un espíritu fatalista y pesimista, resignado ante lo que estos hombres empiezan a experimentar como decadencia. Y como los creadores del Siglo de Oro no viven al margen de la sociedad, sino metidos de hoz y coz en ella, hemos de pensar que sus sentimientos eran cosa bastante generalizada. Cuando Cervantes publica *Don Quijote de La Mancha*, en 1605, España es sin discusión la potencia hegemónica en el mundo, pero toda la obra transpira un evidente distanciamiento de los ideales heroicos. Se dice que Cervantes concibió *Don Quijote* para censurar a Lope de Vega, que, cual caballero de la Triste Figura, abandonó a su mujer para enrolarse en la Armada Invencible. Sea como fuere, lo cierto es que en el propio Lope, aparentemente tan festivo, tampoco faltan los textos sombríos, como su célebre «A mis soledades», que es una fuerte y profunda crítica social:

No puede durar el mundo,
porque dicen, y lo creo,
que suena a vidrio quebrado
y que ha de romperse presto (...)
Dijeron que antiguamente
se fue la verdad al cielo;
tal la pusieron los hombres
que desde entonces no ha vuelto.
En dos edades vivimos
los propios y los ajenos:
la de plata los extraños
y la de cobre los nuestros.
¿A quién no dará cuidado,
si es español verdadero,
ver los hombres a lo antiguo
y el valor a lo moderno?

Faltan todavía muchos años para que el imperio se colapse: eso no ocurrirá hasta el último tramo del siglo XVII. Y sin embargo, en el ánimo de estos espíritus especialmente sensibles empieza a pesar como una losa el fantasma de la decadencia. Se es consciente de que los tiempos de plata han dejado lugar a los tiempos de cobre, como dice Lope, y se reprueba la bajeza de una sociedad que ha sustituido la virtud de los valores heroicos por la mezquindad del dinero (como el «poderoso caballero» que denuncia Quevedo) o la vanidad de lo mundano.

LA CONQUISTA DEL ESPÍRITU

A este respecto es muy ilustrativo confrontar las fechas de las últimas grandes creaciones del Siglo de Oro con los acontecimientos que suceden por esos mismos años. Velázquez pinta *Las meninas* en 1656, justo antes de que España pierda ante Francia la decisiva batalla de Las Dunas. Calderón se consagra como dramaturgo en la década de 1640, la misma que verá la derrota española en Rocroi. Esta es también la década en la que muere Quevedo, que dejó escrito un auténtico epitafio a la gloria imperial: «Miré los muros de la patria mía»:

Miré los muros de la patria mía,
si un tiempo fuertes, ya desmoronados,
de la carrera de la edad cansados,
por quien caduca ya su valentía.
Salíme al campo, vi que el sol bebía
los arroyos del hielo desatados,
y del monte quejosos los ganados,
que con sombras hurtó su luz al día.
Entré en mi casa; vi que amancillada,
de anciana habitación era despojos;

mi báculo, más corvo y menos fuerte.
Vencida de la edad sentí mi espalda,
y no hallé cosa en que poner los ojos
que no fuese recuerdo de la muerte.

Es impresionante ver cómo Quevedo asimila el momento de su propia muerte con el de la ruina de la patria. A mediados del siglo XVII la cultura española es esplendorosa en todos los sentidos, desde la pintura hasta la reflexión filosófica, pero ya hay una aguda conciencia de que todo ha terminado. Bajo el fulgor del gran imperio, de las posesiones coloniales y de las banderas victoriosas, hay una sociedad hundida que ha entregado a sus mejores hijos para conquistar un sueño desmesurado.

¿Estaba justificada tanta amargura? Hoy nos ha quedado a todos la imagen de la España barroca como un mundo quebrado y deforme, con esas ínfulas de grandeza que ocultan la realidad, miserable, de una crisis profundísima. Y sin embargo, en menos de doscientos años se había escrito una página inmortal de nuestra civilización. Cuando se hace recuento, cuando se levanta el campo después de la derrota, lo que queda es un acervo cultural de un valor único, extraordinario. Se disipa el humo de las batallas y el resplandor de los imperios, y lo que vemos es que aquello, en realidad, fue otra conquista: la conquista del espíritu. Y ese sigue siendo hoy nuestro patrimonio.

32
DON QUIJOTE

El segundo libro más leído del mundo, después de la *Biblia*, es un libro español: *Don Quijote de La Mancha.* Una obra que en buena medida toca la fibra central de toda existencia humana. Por eso es un clásico. El clásico por antonomasia, que durante siglos ha hecho y seguirá haciendo universal la cultura española.

Con *Don Quijote*, un nombre: el de su autor, Miguel de Cervantes Saavedra, héroe de guerra, héroe de cautiverio, esposo catastrófico y funcionario de dudosa reputación. Sobre el linaje y nacimiento de Cervantes hay una ancha controversia, así que limitémonos a consignar lo más probable. Nuestro hombre habría nacido en el día del arcángel san Miguel (29 de septiembre) de 1547 y fue bautizado en Alcalá de Henares diez días después. Sus padres eran Rodrigo de Cervantes, cirujano, y Leonor de Cortinas. Se ha especulado mucho sobre su ascendencia judeoconversa. Eisenberg la da por segura. Canavaggio la niega.

Miguel nació en una familia muy numerosa. Tenía tres hermanos mayores: Andrés, Andrea y Luisa, y otros tres menores: Rodrigo, Magdalena y Juan. La familia al completo se trasladó a Valladolid en 1551. El panorama no era fácil: el padre cayó en deudas y estuvo preso varios meses. Una herencia familiar les salvó de mayores males, pero los Cervantes vivían sin holguras. Se supone que Miguel cursó sus primeros estudios con los jesuitas. A los diecinueve años lo encontramos en Madrid, en el Estudio de la Villa. Su profesor es el gramático y sacerdote Juan López de Hoyos, que debía de quererle muy bien, porque incluyó dos poemas de su joven alumno en uno de sus libros. Miguel, por su parte, descubre el teatro, que le fascina. Pero esa vida durará poco, porque enseguida nuestro hombre cambia de piel: se hará soldado.

DE APRENDIZ DE POETA A HÉROE DE GUERRA

¿Por qué Cervantes se hizo soldado? En aquella época eran muchos los que entraban en filas buscando gloria, pero otros lo hacían por necesidad o por escapar de la Justicia. Hay quien dice que Cervantes, con veintidós años, hirió en duelo a un maestro de obras, como atestigua cierta providencia firmada por Felipe II contra un tal «Miguel de Cervantes». Si ese es nuestro Cervantes, esta habría sido la razón por la que pasó a Italia justo en esas fechas, aunque sobre ese duelo no hay ningún dato más. Lo que sí sabemos es que hacia 1570, en efecto, Cervantes aparece en Italia como parte del séquito del cardenal Julio Acquaviva. Se da por hecho que en Roma devoró los poemas de Ariosto y los diálogos amorosos de León Hebreo, un sefardita cuya idea neoplatónica del amor iba a influirle poderosamente. Pero ese periodo en el séquito del cardenal iba a durar muy poco, porque en 1571 don Miguel sienta plaza de soldado. Lo hace en el Tercio del Mar, la primera infantería de Marina de todos los tiempos. Cervantes sirve en la compañía del capitán Diego de Urbina, del tercio de Miguel de Moncada. Y la ocasión no puede ser más trascendental: una gran coalición cristiana, liderada por España y comandada por Juan de Austria, se dispone a frustrar los intentos turcos de invadir Italia. Será la batalla de Lepanto.

Era el 7 de octubre de 1571. La flota aliada desarboló a los musulmanes. Los barcos españoles e italianos habían salvado a la cristiandad. Y en una de las galeras españolas, la *Marquesa*, había combatido con mérito un hombre que resultó herido: nuestro protagonista. Así lo dirá pocos años más tarde un documento oficial:

> *Cuando se avistó la armada del Turco en esta batalla naval, el tal Miguel de Cervantes estaba malo y con calentura. Su capitán y otros amigos suyos le aconsejaron que quedara abajo, en la cámara de la galera. Y el dicho Miguel de Cervantes respondió que qué dirían de él, y que no hacía lo que debía, y que más quería morir peleando por Dios y por su rey, que no meterse so cubierta con su salud. Y peleó como valiente soldado con los dichos turcos en la dicha batalla (...). Y acabada la batalla, cuando el señor don Juan de Austria supo y entendió cuán bien lo había hecho y peleado Miguel de Cervantes, le aumentó cuatro ducados más de su paga. De dicha batalla naval salió herido de dos arcabuzazos en el pecho y en una mano, de lo cual quedó estropeado de la dicha mano...*

Cervantes salió como un héroe de «la más alta ocasión que vieron los siglos pasados, los presentes, ni esperan ver los venideros», que así definirá en *El Quijote* la batalla de Lepanto. El apodo de «el manco de Lepanto» deriva de aquella ocasión. No es que le amputaran la mano, sino que perdió el movimiento del miembro por el destrozo en el tejido nervioso. Por otra parte, aquello no puso fin a su carrera militar. Después de pasar seis meses en un hospital de Mesina, volveremos a encontrarle en la expedición naval de Navarino y en las batallas de Corfú, Bizerta y Túnez, entre 1572 y 1573. Sirve bajo la bandera del capitán Manuel Ponce de León, en el regimiento de Lope de Figueroa. Más tarde recorrerá, siempre como soldado, Sicilia, Cerdeña, Génova, la Lombardía y Nápoles. Y fue al volver de Nápoles cuando le ocurrió lo peor que podía ocurrirle: cayó preso de los moros. Una flotilla de piratas berberiscos asaltó su galera a la altura de Rosas, en Gerona. Con Miguel fue capturado su hermano Rodrigo, también soldado.

Los cautivos fueron llevados a Argel, plaza en poder de los turcos. Durante cinco años nuestro protagonista sufrió un penoso encierro con frecuentes periodos de castigo. Héroe en la guerra, Cervantes supo serlo también en el cautiverio. Cuatro veces intentó huir, y las cuatro fue delatado por algún traidor. Si le mantuvieron vivo fue porque, en el momento de su captura, se le habían encontrado unas cartas de recomendación de don Juan de Austria, lo cual hizo pensar a los piratas que se trataba de alguien por quien sería posible obtener un sustancioso rescate. Se puso precio a su cabeza: 500 escudos de oro, una fortuna. Y eso sin contar con el rescate que se pedía por su hermano Rodrigo. ¿Quién podía reunir semejante cantidad? La madre de los Cervantes hizo cuanto pudo por allegar el dinero. Solo hubo suficiente para Rodrigo. Miguel permaneció preso. Ante sus reiterados intentos de fuga, los turcos decidieron trasladarlo a Constantinopla, lo que era tanto como la muerte. *In extremis* unos padres trinitarios lograron reunir la cantidad prescrita: 500 ducados de oro. Era septiembre de 1580.

LA REDENCIÓN POR LA LITERATURA

El Cervantes que volvía a España era un héroe, pero tenía un problema mayor: debía devolver a sus padrinos el dinero de su rescate. El gobierno le encomendó, entre otras cosas, una misión secreta en Argelia, pero cuando nuestro protagonista solicitó un puesto oficial en las Indias, se lo denegaron. Al mismo tiempo trataba de organizar su vida sentimental, y aquí los sinsabores fueron aún más notables: se lio con la esposa de un tabernero y tuvo con ella una hija, Isabel, a la que reconoció; se casó después con una mujer casi veinte años más joven que él, Catalina de Salazar, y el matrimonio resultó ser un error mayúsculo. Era 1584. El matrimonio durará solo dos años.

A estas alturas la paz estaba resultando un tanto decepcionante para el héroe, pero es entonces cuando Cervantes comienza a tomarse en serio la literatura. En 1585 publica en Alcalá de Henares *La Galatea*, una novela pastoril. En ese momento obtiene un nuevo trabajo: comisario de provisiones de la que se conocerá como Grande y Felicísima Armada (o sea, la «Invencible»). Por su trabajo recorre con frecuencia los caminos de Toledo, La Mancha y Andalucía. Hacia 1590 comienza a escribir una serie de novelas al estilo italiano, es decir, novelas cortas. Sigue desempeñando la tarea de recaudador de impuestos para las empresas bélicas del imperio. En una de estas campañas de recaudación, quiebra el banco que atesoraba el dinero y se acusa a nuestro hombre de haber defraudado fondos. Cervantes termina en la cárcel de Sevilla. No será un encierro largo, pero allí ocurre algo trascendental: aparece en su mente la figura de Don Quijote.

Vapuleado por la vida, siempre cerca de la corte, pero siempre en lugar subalterno, Cervantes se instala en Valladolid en 1604. A partir de este momento, sin embargo, lo que importa ya no es el viejo héroe de retorno desdichado, sino el escritor. En 1605 aparece *El ingenioso hidalgo don Quijote de La Mancha*, primera parte de una obra que cambiará literalmente la cultura universal. En 1613 publica en el volumen *Novelas ejemplares* todas las novelas cortas que había escrito con anterioridad: *La gitanilla*, *Rinconete y Cortadillo*, *El licenciado Vidriera*, etc. Dos años después aparece la segunda parte de *El Quijote*. En ese mismo año de 1615 aparecen sus *Ocho comedias y ocho entremeses nuevos nunca representados*, entre los que se cuentan sus recuerdos del cautiverio: *Los baños de Argel*.

¿Vivía Cervantes de sus libros? Evidentemente, no. Pero tenía un mecenas: Pedro Fernández de Castro y Andrade, VII conde de Lemos, un señor importantísimo que fue presidente del Consejo de Indias, virrey de Nápoles y presidente del Consejo Supremo de Italia, y que protegió sucesivamente a Lope de Vega, Góngora y a nuestro hombre. Al conde de Lemos dedicará Cervantes su última novela: *Los trabajos de Persiles y Segismunda*, que aparecerá póstumamente. Lo último que escribió Cervantes fue precisamente esa dedicatoria: «Puesto ya el pie en el estribo, / con las ansias de la muerte, / gran señor, esta te escribo…». Era el 19 de abril de 1616. Cervantes pasaba de los sesenta y ocho años. Moría el 22 de abril. Solo un viejo soldado más que se extinguía. Pero aquel soldado había dejado tras de sí una herencia incomparable: *Don Quijote.*

«EL CRISTO ESPAÑOL»

Don Quijote de La Mancha era, en principio, una burla del loco mundo caballeresco, pues los libros de caballerías, con sus delirios y fantasías, eran el género de moda en la literatura popular. Pero la obra de Cervantes es tan compleja y completa, su estilo es tan novedoso, y es tan sugestivo el contraste de la peripecia quijotesca con la vida del propio Cervantes y con la de España en general, que el libro alimentará reflexiones sin cuento a lo largo de los siglos. Para Unamuno, Don Quijote no es un loco, sino un mártir, el «Cristo español». El japonés Mishima se veía a sí mismo como «un don Quijote menor contemporáneo», entusiasmado por la pelea con los molinos de viento. El alemán Jünger profesaba la mayor admiración no solo por Cervantes, «un hombre que usó con profunda necesidad tanto la espada como la pluma», sino también por el propio Alonso Quijano, cuyas aventuras siguió muy lejos de cualquier degradación humorística. El inglés Chesterton se pregunta: «¿Ha reflexionado alguna vez sobre lo estupendo que habría sido que Don Quijote echara por tierra los molinos?». Y se contesta: «Necesitamos a alguien que se crea capaz de derribar gigantes. Y que consiga derribar molinos de viento».

El mismo Chesterton nos dejó un párrafo que bien puede servir para subrayar la actualidad de *El Quijote*: «Nuestra sociedad ha llegado a desarrollar una burocracia tan inhumana que casi parece espontánea, natural. Se ha convertido en una segunda naturaleza: tan indiferente, remota y cruel como ella. Otra vez regresa el caballero errante a los bosques solo que, ahora, no es entre los árboles donde se extravía, sino entre las ruedas del maquinismo. (...) Hemos encadenado a los seres humanos a una maquinaria gigantesca y no podemos predecir en qué parte dejará notar sus fallos. La pesadilla de Don Quijote ha encontrado justificación. Porque los molinos de hoy son verdaderos gigantes».

Y así ha seguido Don Quijote, esa creación de un genio español, iluminando a todos los hombres de todos los tiempos. Porque, sí, estaría loco, pero ¿quién no ha sentido alguna vez que estos molinos que nos rodean son, realmente, crueles gigantes?

33
NUESTROS SABIOS OLVIDADOS

A mediados del siglo XIX se extendió la idea de que España jamás había pintado nada en materia científica y técnica. En 1866 el matemático José de Echegaray, en su discurso de ingreso en la Academia de Ciencias Exactas, sostuvo que en España nunca había habido teoría matemática ni ciencia en general. Diez años después, el político liberal y poeta Gaspar Núñez de Arce repetía la jugada en su discurso de ingreso en la Real Academia Española. Cierto que no iban a faltar plumas dispuestas a desmentir esa idea, como la de Menéndez Pelayo, pero el hecho es que así se abrió una polémica que haría correr mucha tinta: la polémica sobre la ciencia española. Aún hoy predomina la idea de que España, en materia científica, no ha aportado nada al mundo. Grave error.

En realidad el asunto viene de lejos. A la altura de 1782, la *Enciclopedia* francesa, chauvinismo disfrazado de Ilustración, se preguntó «¿Qué se debe a España?» y se contestó a sí misma: «Nada». El texto en cuestión lo había redactado un leguleyo que se ganaba la vida como secretario de un duque, Nicolas Masson de Morvilliers, y decía así:

Hoy Dinamarca, Suecia, Rusia, la propia Polonia, Alemania, Italia, Inglaterra y Francia, pueblos enemigos, amigos, rivales, todos arden en generosa emulación por

> *el progreso de las ciencias y de las artes. Cada cual medita conquistas que debe compartir con las otras naciones; cada cual, hasta hoy, ha hecho algún descubrimiento útil que ha revertido en beneficio de la humanidad. ¿Pero qué se debe a España? Y después de dos siglos, cuatro, diez, ¿qué ha hecho ella por Europa?*

La descalificación era tan bárbara que se imponía una respuesta contundente. Quien cogió la bandera en aquel momento fue un emeritense de ánimo polémico y pluma incisiva: Juan Pablo Forner, cuya *Oración apologética* es un acabado ejemplo de patriotismo cultural. Hubo grandes debates sobre la cuestión. La idea de la esterilidad científica española, sin embargo, fue haciendo su camino, hasta convertirse en tópico. Al parecer, a Masson y los suyos, como después a Echegaray y compañía, no se les ocurrió plantearse cómo era posible que un país sin ciencia ni técnica avanzadas fuera capaz de mantener la hegemonía mundial durante más de siglo y medio. Aun hoy, a pesar de lo mucho que se ha escrito sobre la cuestión, seguimos enredados en esa tela.

Veamos. Es verdad que el colapso de la estructura política de la monarquía hispánica, sobre todo a partir de mediados del siglo XVII, limitó mucho las posibilidades de España para acometer procesos de acumulación de capital, procesos que son absolutamente necesarios para impulsar la aplicación de las ciencias. Por eso más tarde, andando los siglos XVIII y XIX, cuando la técnica moderna experimentó su gran aceleración, España llegaba tarde y en peores condiciones que Inglaterra y Francia. Pero eso no quiere decir en absoluto que España no haya aportado nada al mundo en materia científica y técnica, y basta un mero repaso a algunos hechos fundamentales para comprobarlo.

¿HEGEMONÍA MUNDIAL SIN CIENCIA?

España descubrió América, sin ir más lejos. Y acto seguido exploró a conciencia dos océanos en el breve lapso de medio siglo. La operación supuso un desarrollo sin precedentes de varias disciplinas científicas y técnicas: la cosmografía (que así se llamaba entonces a la astronomía, porque se navegaba según las estrellas), la cartografía (herramienta básica de la geografía), la náutica y la ingeniería naval con el perfeccionamiento de la carabela y la invención del galeón... Y de inmediato, la minería, con todos los procesos químicos necesarios para la explotación de minerales. No fue un trabajo solo español: los portugueses fueron decisivos en la náutica y los alemanes en la cartografía; a nadie se le ocurría entonces poner sellos de nacionalidad a los conocimientos.

Al mismo tiempo, en los frentes de batalla de Europa la guerra empujaba a la innovación técnica, como ha sucedido siempre en la historia: la ingeniería conocía avances asombrosos por los trabajos de fortificación y la artillería se hacía matemática hasta el punto de que con frecuencia veremos al frente de los cañones a los padres jesuitas, por la exclusiva razón de que sus escuelas de matemáticas eran las mejores del mundo. ¿De verdad alguien piensa que es posible ser la potencia hegemónica del mundo sin una técnica y una ciencia avanzadas?

Es cierto que nos falta documentación: datos, cifras, fechas, nombres, invenciones. Sabemos poco. O mejor dicho: sabemos mucho, pero desorganizado. Por un lado, porque los franceses despojaron el Archivo de Simancas en 1811, durante la Guerra de la Independencia, y no es fácil decir cuánto falta en lo que se devolvió en 1816. Por otro, porque en España no ha habido hasta fecha muy reciente estudios de Historia de la Técnica institucionalizados en el ámbito universitario, como incansablemente se ha encargado de repetir uno de los mejores especialistas en la materia, Nicolás García Tapia. Pero precisamente gracias a los trabajos de don Nicolás, entre otros, hemos podido redescubrir un universo realmente fascinante.

Por ejemplo, es asombrosa la intensidad con la que se estudió en la primera mitad del siglo XVI la mecánica de los molinos horizontales, asunto que en la época era de una importancia decisiva en

España por las condiciones hidrográficas del país. Con ojos de hoy puede parecer una investigación primitiva, pero su principio físico es el que luego dará lugar a las modernas turbinas. Algunas invenciones de ese tiempo solo podrán llevarse a la práctica con éxito varios siglos después. Por ejemplo, los barcos con palas de Blasco de Garay hacia 1543, que buscaban solucionar el problema de cómo navegar sin viento y sin remeros. Las ruedas verticales de palas adosadas en los laterales de la nave eran una opción lógica. No se trataba de un sistema de vapor, como erróneamente interpretó alguien después, sino que las palas eran empujadas por fuerza humana. El problema era que, en la época, no había materiales que pudieran sostener con eficiencia el gigantesco aparato a bordo, porque la madera terminaba cediendo bajo su peso. Solo más tarde, cuando sea posible armar barcos con metal, ya en el siglo XIX, se darán las condiciones para instalar ruedas de palas en los barcos, y la fuerza motriz entonces será ya el vapor.

Quien más en serio se tomó el trabajo de organizar y, por decirlo así, institucionalizar la técnica y las ciencias en España fue Felipe II. Véase el increíble trabajo de la Botica de El Escorial a propósito de la expedición americana de Francisco Hernández. Añadamos que, en este terreno de la Medicina, con Felipe II se establecen los criterios generales para el ejercicio de la profesión médica con el examen de Protomedicato, y que el cerebro de la operación fue el gran Francisco Valles de Covarrubias, médico del rey Felipe y fundador de la anatomía patológica, porque fue el primero que impartió clases prácticas con anatomías de cadáveres. Años más tarde, otro cerebro del Protomedicato, Luis Mercado, auténtico explorador de todas las enfermedades de las distintas partes del cuerpo, logró que los médicos tuvieran que estudiar cirugía y viceversa, lo cual significó un avance decisivo, porque hasta entonces los cirujanos eran simples matasanos armados de bisturí. Mercado se dedicó a poner por escrito todos los conocimientos médicos de su tiempo, y el resultado de esa obra, publicado en cuatro volúmenes entre finales del siglo XVI y principios del XVII, es una auténtica enciclopedia de la ciencia médica.

Con frecuencia se ha pintado a la cultura española de esa época como un mundo oscuro, asfixiado bajo la represión de la ortodoxia religiosa. Eso no es más que una caricatura. Es verdad que el pensamiento religioso lo teñía todo, pero eso no quiere decir que la inteligencia no volara. Por ejemplo, es muy interesante saber que las primeras formulaciones del método científico moderno no se deben a Descartes, sino a pensadores españoles. El famoso «pienso, luego existo» cartesiano es copia casi literal del principio de Gómez Pereira: «Conozco que conozco algo. Todo lo que conoce, es. Luego yo soy», escribe Gómez Pereira en 1554, casi ochenta años antes que el francés. No era un cualquiera, Gómez Pereira: médico personal del infante don Carlos, hijo de Felipe II, además de ingeniero hidráulico y filósofo. En cuanto a la duda como método de conocimiento, también aquí Descartes copia a un español: Francisco Sánchez «el Escéptico», un filósofo y médico gallego instalado en Francia. Su tratado *Que nada se sabe*, escrito en 1576, sienta las ideas que después tomará Descartes, y por eso a este se le acusará de plagio desde el mismo momento de la aparición del famoso *Discurso del método*.

MATEMÁTICA DE ESTADO

A Felipe II se debe también, y por impulso del arquitecto Juan de Herrera, la creación de la Academia Real Matemática en 1582. Es una historia que merece ser contada. El nivel de las ciencias matemáticas en España era ya muy alto desde bastante tiempo antes, al menos desde el *Ars Arithmetica* del cardenal Juan Martínez Silíceo (1514), uno de los manuales más importantes del siglo. Los profesores de las universidades españolas eran de un nivel excelente. En 1572, por ejemplo, Jerónimo Muñoz, que fue uno de los primeros en defender el sistema copernicano, observa y describe la supernova de ese año, fenómeno que fue fundamental para modificar las teorías clásicas sobre el universo; Tycho Brahe recogerá después las observaciones de Muñoz.

Desde algunos años atrás, Felipe II había prohibido a los españoles estudiar o enseñar en universidades de países que estuvieran en guerra con España. El asunto suele despacharse con una acusación de «oscurantismo» al rey y a la Iglesia, pero el motivo de aquella prohibición no era cultural o religioso, sino militar: había que impedir que el enemigo adquiriera los conocimientos españoles sobre náutica, cosmografía o armamento. El desarrollo de la ciencia y la tecnología estaba ligado a los fines militares; casi todos los trabajos debían ser secretos (lo mismo ocurrirá cuatro siglos después, durante la «guerra fría» entre Estados Unidos y la Unión Soviética). El hecho es que ese forzoso aislamiento hizo ver la necesidad de contar con una institución propia que, por así decirlo, captara y distribuyera conocimiento bajo el control de la corona, y eso fue la Academia.

Lo que hizo Herrera en 1582 fue concebir una institución que pudiera dar cobijo a los mejores geógrafos, astrónomos, arquitectos, ingenieros y, en general, cualquier destacado matemático, con el objetivo expreso de poner sus conocimientos al servicio del país. Al final, las necesidades de la guerra impusieron su peso y las disciplinas mejor desarrolladas fueron la navegación y la cosmografía, pero el plantel de científicos que pasó por la Academia fue excelente. El portugués Labaña, Pedro Ambrosio Ondériz, el milanés Ferrofino, Juan Arias de Loyola, Juan Cedillo, Cristóbal de Rojas, García de Céspedes... Estos profesores no solo impartían clases, sino que además acometían trabajos de fondo como traducir al español las obras clásicas de matemáticas que solo tenían edición latina, como hizo Ondériz. La Academia mantuvo un altísimo nivel durante todo el siglo XVII. Lo perdería ya en el XVIII, cuando Carlos III expulsó a los jesuitas y, con ellos, a los docentes y científicos de esa orden, lo cual terminaría llevando a la clausura de la institución. Curioso «mérito» para un ilustrado.

En la investigación sobre la ciencia y la técnica españolas en el Siglo de Oro hay una pieza muy sugestiva que son *Los veintiún libros de los ingenios y máquinas de Juanelo Turriano*. El tal Turriano era un milanés instalado en España hacia 1530 y que trabajó la mayor parte de su vida en Toledo. La obra es muy importante porque es el único testimonio sobre las técnicas hidráulicas en el siglo XVI: cómo evaluar la calidad de las aguas, normas para la construcción de acueductos, fuentes y cisternas, mecánica de los molinos, diseño técnico de puentes en madera o en piedra, edificaciones a la orilla del mar, etc. Entre los ingenios de Turriano se conoce bien una máquina hidráulica que permitió abastecer a la ciudad de Toledo con agua del Tajo gracias a un complejo sistema de mecanismos que, engranados unos en otros a altura creciente, permitía salvar un desnivel de cien metros. El «Artificio de Juanelo», como se llamó a la máquina, estuvo en funcionamiento durante casi un siglo llevando a la ciudad unos 16.000 litros de agua diarios. *Los veintiún libros* sirvieron como manual a numerosos técnicos del Siglo de Oro: Francisco de Mora, su sobrino Juan Gómez de Mora, Teodoro Ardemans, etcétera.

LA PRIMERA MÁQUINA DE VAPOR

Hay más. El examen de los archivos de los siglos XVI y XVII ha permitido descubrir una riquísima vida científica y técnica con sorpresas tan notables como, por ejemplo, la primera máquina industrial de vapor, que no fue francesa ni inglesa, sino española, y con un inventor perfectamente identificado: el militar e ingeniero navarro Jerónimo de Ayanz en 1606. En España existían desde mucho tiempo atrás lo que se llamaba «privilegios de invención», que es lo mismo que hoy conocemos como patentes. El primer privilegio conocido es el que en 1478 otorga Isabel la Católica al médico Pedro Azlor por inventar un nuevo sistema para moler el grano. Nicolás García Tapia ha estudiado los privilegios que se conservan en los archivos y el paisaje es fascinante: una pléyade de sabios españoles, portugueses, italianos, flamencos y alemanes acudieron a la corona española para patentar centenares de inventos tan diversos como bombas para achicar el agua en los barcos, balanzas de asombrosa precisión, ingenios para aprovechar al máximo los recursos hídricos, instrumentos para afinar la triangulación geodésica del terreno, obras de canalización de agua, sistemas para mantener a un buzo bajo el agua durante horas... y la primera máquina de vapor.

En efecto, la primera patente de una máquina de vapor moderna, aquel invento que desencadenaría la revolución industrial, fue española. La registró en 1606, con otro medio centenar de inventos, el citado militar y político navarro Jerónimo de Ayanz y Beaumont, administrador general de las minas del reino. No solo la patentó, sino que además la aplicó. Jerónimo de Ayanz fue una auténtica celebridad en su época. Lo fue, ante todo, en el campo militar. Nacido en 1553, de familia noble, había empezado su carrera como paje de Felipe II. Dotado, según las crónicas, de una fuerza descomunal, había combatido en Túnez, San Quintín, Flandes, Portugal, las Azores, La Coruña... Había desmantelado una conjura francesa para asesinar en Lisboa a Felipe II. Lope de Vega le dedicaría unos versos en su comedia *Lo que pasa en una tarde*. Ayanz, caballero de la Orden de Calatrava, desempeñó importantes cargos públicos: regidor de Murcia, gobernador de Martos... Felipe II le nombró en 1587 administrador general de las minas del reino, es decir, gerente de las quinientas cincuenta minas que había entonces en España y de las que se explotaban en América. Pero, además, don Jerónimo fue músico, pintor, cosmógrafo, empresario y, sobre todo, inventor.

En su gestión al frente de las minas del reino, don Jerónimo se encontró con numerosos desafíos prácticos: había que aumentar la rentabilidad de las explotaciones y solucionar problemas que iban desde la limpieza de los metales hasta los impuestos sobre los proveedores, pasando por el desagüe de las galerías inundadas por las lluvias. Inicialmente, Ayanz inventó un sistema de desagüe mediante un sifón con intercambiador, haciendo que el agua contaminada de la parte superior, procedente del lavado del mineral, proporcionara suficiente energía para elevar el agua acumulada en las galerías. Este invento supone la primera aplicación práctica del principio de la presión atmosférica, principio que no iba a ser determinado científicamente hasta medio siglo después. Y si este hallazgo es realmente prodigioso, lo que eleva a Ayanz al rango de talento universal es el empleo de la fuerza del vapor.

A nuestro inventor se le ocurrió emplear la fuerza del vapor para propulsar un fluido (el agua acumulada en las minas) por una tubería, sacándola al exterior en flujo continuo. En términos científicos: aplicar el primer principio de la termodinámica —definido un siglo después— a un sistema abierto. Además, aplicó ese mismo efecto para enfriar aire por intercambio con nieve y dirigirlo al interior de las minas, refrigerando el ambiente. Ayanz había inventado el aire acondicionado. Y no fue solo teoría: puso en práctica estos inventos en la mina de plata de Guadalcanal, en Sevilla, desahuciada precisamente por las inundaciones cuando él se hizo cargo de su explotación. Muchos años después, el inglés Somerset, sobre los trabajos de Ayanz, diseñó una máquina que a su vez le será copiada por el también inglés Savery y que se aplicó igualmente a la minas. El francés Papin, el alemán Leibniz, el inglés Newcomen… esos son los nombres del camino que llevará a la máquina de vapor atmosférica en 1712, antes de la máquina de Watt con condensador incorporado. Así empezaría la revolución industrial.

Es un hecho que, después, España pasó a ocupar un lugar secundario en el desarrollo científico y técnico: el liderazgo pasó a Inglaterra, Francia, Alemania… ¿Qué pasó? Las causas son múltiples: el colapso socioeconómico del país a mediados del siglo XVII, la esclerosis de las instituciones de la monarquía hispánica en los últimos años de los Austrias, la ausencia de concentraciones de capital suficientes para impulsar procesos sostenidos de innovación, la pérdida de peso internacional de España tras el Tratado de Utrecht (1714), que supuso la pérdida de todos los territorios europeos, más el desmantelamiento institucional del país a lo largo del siglo XVIII con la sustitución del mundo de los Austrias por el de los Borbones... Todo eso relegó a España a una posición menor.

Aun así, el siglo XVIII verá cosas como la expedición de Jorge Juan y Antonio de Ulloa (1735-1746), con la primera medición precisa de la longitud del meridiano terrestre; expedición, por cierto, realizada en colaboración con la Academia francesa, cosa que al parecer ignoraba el «ilustrado» francés Masson de Morvilliers, aquel que decía que «nada» se debía a España. Más tarde tendremos la Expedición Malaspina (1789-1794), que compiló una enorme cantidad de conocimientos cartográficos, botánicos, médicos y astronómicos. Por esos mismos años, Félix de Azara vuelve a España tras veinte años de exploraciones en América y enuncia por primera vez la teoría de la evolución de las especies, que Darwin recogerá medio siglo después. Añadamos la Expedición Balmis contra la viruela, de la que también en este libro hablamos. Solo la Guerra de la Independencia, con sus tremendas destrucciones, dejará realmente a España noqueada.

Con todo esto delante, es francamente difícil sostener que España nunca ha tenido ciencia ni técnica, como si fuéramos una nación consustancialmente inapta para lo científico. Sorprende ver cómo el tópico arraigó en las mejores cabezas del siglo XX, como Unamuno u Ortega. Lo más llamativo de todo esto es que, en realidad, los datos nunca dejaron de estar ahí: bastaba con buscarlos, pero no se supo o no se quiso. Nuestros sabios nunca fueron desconocidos: simplemente, fueron olvidados. Por eso su trabajo no se enseñó en las escuelas modernas, y a partir de ahí creció la convicción de nuestra incapacidad colectiva para las ciencias. ¿No ha llegado el momento de acabar con el tópico?

34

LAS INDIAS NUNCA FUERON SIMPLES COLONIAS

Todas las grandes naciones europeas han tenido su imperio al otro lado del mar: Inglaterra, Francia, por supuesto Portugal, Holanda, y después Bélgica y, de forma más efímera, Alemania e Italia. Solo España concibió esa proyección como algo más que unas colonias; solo España se trasplantó literalmente a sus posesiones ultramarinas para construir algo que enseguida adquiriría personalidad propia. Porque las Indias nunca fueron meras colonias. Y por eso existe algo que se llama «hispanidad».

La conquista de América fue propiamente una conquista, es decir, una operación de dominio, de poder, y en su crónica surgen inevitablemente los mismos episodios de violencia, depredación y guerra que en cualquier otra conquista de cuantas la Historia conoce. ¿Fue violenta? Por supuesto: no más que la conquista romana de Hispania o la conquista musulmana de la península ibérica. Pero, al mismo tiempo, fue una empresa guiada por un innegable espíritu de misión en el sentido religioso del término: se trataba de convertir a la Cruz a pueblos que vivían al margen de ella, y por eso en la aventura aparecen elementos tan insólitos como la prohibición de la esclavitud, la protección legal de los indígenas, el mestizaje o la multiplicación de catedrales, universidades y hospitales a lo largo de todo el territorio conquistado.

TRASPLANTAR ESPAÑA AL OTRO LADO DEL MAR

Lo que nació allí, al otro lado del mar, no era un simple imperio colonial; no era una colección de factorías sin otro fin que la explotación económica. Por eso decimos que las Indias no eran colonias. España se trasplantó al otro lado del mar con la idea preconcebida de fundar otra España. ¿Hay algo parecido en la historia? Quizá solo la construcción del imperio romano: del mismo modo que Roma creó en Europa un mundo sobre la base de su lengua, sus legiones y su derecho, así España creó en América un mundo sobre la base de su religión, su idioma y su ley. Como aquella no era tierra virgen, sino que estaba habitada por otros pueblos cuya dignidad reconocerá la legislación española una y otra vez, el resultado del trasplante no será un calco de la metrópoli, sino una realidad nueva que muy pronto adquirirá sus propios rasgos distintivos, su personalidad específica. Y por cierto que quienes construyeron esa realidad nueva no fueron los conquistadores, sino los que vinieron después: los hombres que, siempre en nombre de la corona y de la fe, institucionalizaron la conquista y edificaron el mundo virreinal. Porque para explorar mundos desconocidos y conquistar imperios hace falta un temperamento muy singular, pero después hay que ordenar todo eso y convertir la tierra conquistada en un sitio habitable, y para eso se requiere un carácter completamente distinto.

La estructura principal de todo ese sistema fueron los virreinatos. Hubo cuatro virreinatos. El primero, en 1535, fue el de Nueva España, que abarcaba las Antillas, México y la América central excepto Panamá, más el sur de los actuales Estados Unidos y después las Filipinas. Llegó a incluir en el siglo XVIII buena parte de Norteamérica. En 1542 se creó el virreinato del Perú, que comprendía la totalidad del subcontinente suramericano (excepto la franja este, de jurisdicción portuguesa) más Panamá. En 1717 cobró vida propia el virreinato de Nueva Granada, que incluía todo el territorio de las actuales Colombia, Venezuela, Ecuador y Panamá. El cuarto fue el del Río de la Plata, creado en 1777, que desgajó del virreinato peruano territorios de las actuales Argentina, Chile, Bolivia, Paraguay y Uruguay. El virrey era literalmente un vice rey («visorrey», se decía en la época). El término —y el cargo— provienen de la tradición política de la Corona de Aragón. El virrey solo respondía ante el rey y hacía las veces de este en el territorio de su competencia. Era mucho más que un gobernador colonial: era el mismo rey presente por persona interpuesta, jefe político supremo, jefe militar y jefe judicial.

UN SISTEMA PROPIO DE PODER

Los virreinatos eran la pieza fundamental de la estructura, pero la base era otra: conforme a la tradición municipalista española, de la que ya hemos hablado aquí, la base real de la vida en los virreinatos eran los ayuntamientos, o sea los cabildos. La fuerza del cabildo reside en que no procede del rey, sino del pueblo. Encarnan por sí mismos una autoridad política directa, inmediata, que un gobernador puede ciertamente contravenir, pero no sin quebrantos. La autoridad de un cabildo —en las ciudades de América, auténticas asambleas vecinales con menos diferencias de clase o estamento que en el territorio peninsular— era muy notoria. Ningún gobernador, ni siquiera un virrey, podía ignorar su voluntad. Andando el tiempo, van a convertirse en el principal factor de identidad colectiva de la América hispana. A partir de la segunda o tercera generación después de la conquista, los vecinos de Lima, México o Cartagena, nacidos ya allí, van a dejar de verse a sí mismos como «españoles» —aunque sigan siendo muy fieles súbditos de su majestad— para empezar a adquirir una identidad nueva, específicamente hispanoamericana.

Otra pieza fundamental del sistema, que de hecho actuaba como limitación al poder político, eran las Audiencias, es decir, los tribunales de Justicia. No era un poder diferente, porque su presidente solía ser el gobernador o el virrey, es decir, el mismo sujeto del poder político. Pero en la práctica era un elemento de limitación del poder porque sus miembros (los «oidores»), nombrados generalmente desde España, tenían completa autonomía de juicio y no obedecían más que al ordenamiento legal, al cual el gobernador o virrey debía someterse. Así habrá audiencias que dicten prisión para el virrey, como ocurrió en el Perú con Blasco Núñez de Vela, o que procesen a un gobernador, como le pasó a Nuño Beltrán de Guzmán en Nueva Galicia. Las Reales Audiencias son siempre el signo de la consolidación del dominio territorial, y así su creación sigue la misma cronología que la expansión del imperio: Santo Domingo en 1511, México en 1527, Panamá en 1538, Guatemala y Lima en 1543, etc. Con el tiempo las Audiencias gozarán incluso del privilegio del «sello real», lo cual las convertía de hecho en representación directa del monarca.

No quedaría completo el mapa de los virreinatos sin mencionar a la Iglesia, que a lo largo de toda la conquista va a actuar como vigilante perpetuo de los conquistadores. Como la bandera de la conquista fue, desde el primer instante, la evangelización, los clérigos desempeñarán un papel fundamental en todos los procesos de consolidación del poder territorial político. Los obispados no se dedican solo a organizar a los misioneros que predican a los indígenas, sino que desempeñan una función de guía moral que frecuentemente entrará en conflicto con la pura práctica del poder. Toda la legislación de protección de los nativos proviene en realidad del celo de los misioneros. Estos recurrirán con alguna frecuencia a las Audiencias para exigir la aplicación de las leyes, y las Audiencias, con la ley en la mano, les tendrán que dar la razón.

Sobre esta arquitectura —cabildo, audiencia, gobernación, virreinato— se edificó institucionalmente la América virreinal. Pero en el proceso hubo otras dos instituciones de gran importancia, esta vez no en América, sino en España, encargadas de organizar y reglar toda la actividad que se proyectaba al otro lado del Atlántico, siempre bajo la dependencia directa de la corona: en lo político, el Consejo de Indias, y en lo económico, la Casa de la Contratación.

NO HUBO «EXPOLIO» EN LAS INDIAS

Como uno de los habituales reproches a España de la literatura contemporánea es la «depredación» de los metales preciosos de América, es decir, que España dejó esquilmado el continente, vale la pena hablar un poco de la Casa de la Contratación y del oro y la plata del Nuevo Mundo, porque era esta institución la que llevaba la cuenta de los metales que entraban en España. ¿De cuánto hablamos? Casi 800 kilos de oro al año entre 1503 y 1520 (el oro de las Antillas), gran descenso en los años siguientes por el agotamiento de los filones, fuerte recuperación a partir de 1531 con 14.466 kilos de oro hasta 1540, ascenso a 24.957 kilos para el decenio siguiente y un pico de 42.640 kilos para el periodo 1551-1560. A partir de aquel momento la producción de oro cayó en picado: en los últimos cuarenta años del siglo XVI entraron «solo» 52.511 kilos de oro. Pero la producción de plata compensaba con creces el descenso del oro.

¿Se quedó América esquilmada por esta explotación minera? En absoluto. Basta ver la proporción real de metal extraído en comparación con lo que puede extraerse hoy día, en el siglo XXI. Por ejemplo, entre 1521 y 1600, es decir, casi un siglo, entraron en España unas 17.000 toneladas de plata y 181 toneladas de oro. Pues bien, la producción de oro en Sierra Pelada, Brasil, en 1983 fue de 14 toneladas en un solo año y en un solo yacimiento. Más datos: el tesoro enviado a España por los virreinatos y capitanías generales en ciento veinte años, entre 1530 y 1650 —lo explica el profesor de la Universidad de Texas Francisco Marcos Marín—, equivale a la extracción actual de plata durante veintiséis meses y de oro durante seis meses. Todo el oro y la plata enviados a España desde la conquista hasta 1810 se extrae actualmente en cuatro años de minería de plata y uno de oro. Hoy Venezuela produce anualmente alrededor de 12 toneladas de oro. En 2018 México extrajo 6.000 toneladas de plata. Y un dato absolutamente definitivo: en 2020 los dos primeros productores de plata del mundo fueron México y Perú. Así que no es verdad que España dejara América arruinada.

Añadamos algo importante: en realidad la mayor parte del oro y la plata de las Indias se quedó allí. Los registros de la Casa de la Contratación solo reflejan el valor del metal que entraba en España, porque una parte no desdeñable permanecía en las Indias, en manos de los propietarios de las explotaciones. Las minas no eran propiedad de la corona: eran propiedades privadas. La corona participaba de los beneficios con impuestos de diverso tipo e, instrumentalmente, con los envíos de azogue, o sea, el mercurio, que era preciso para extraer el oro. ¿Qué parte de la extracción minera viajaba a España? Uno, los beneficios privados, que normalmente se reinvertían en propiedades y bienes; dos, el tributo a la corona, que pasaba a las arcas reales. La corona se quedaba por capitulación con el quinto real, es decir, un 20 por ciento de lo extraído. A eso se añadían los impuestos y los derechos aduaneros, que, variando según las condiciones, podían representar entre un 10 y un 20 por ciento más. O sea que la mayor parte de la riqueza se quedaba en las Indias. Que no, no eran simples colonias.

LA VERDAD SOBRE EL MUNDO VIRREINAL

La inmediata fundación de universidades y centros de enseñanza en América, lugares donde se iba a formar la elite autóctona, es probablemente la mejor muestra de que las Indias no eran una simple colección de colonias, sino verdaderamente un proyecto de mundo nuevo destinado a perdurar y, aún más, a vivir por sí mismo. Vale la pena reparar en las fechas de fundación de las universidades hispanoamericanas: Santo Domingo en 1538, San Marcos de Lima en 1551, México en 1551, Puebla (México) en 1578, Bogotá en 1580, San Carlos de Cebú (Filipinas) en 1595 y Santo Tomás de Manila en 1611, Córdoba de Argentina en 1613... Entre 1538 y 1792 España fundó nada menos que veintiséis universidades en América y dos en Filipinas. Y a esas fundaciones hay que añadir un sinfín de colegios menores tanto para los hijos de la aristocracia local como para los indios y los mestizos. La gran mayoría de estos centros fueron iniciativa de la Iglesia con el respaldo expreso de la corona.

¿Comparamos con otras potencias coloniales? En Estados Unidos, Harvard nació en 1636, pero como iniciativa personal y privada de una secta protestante. Realmente la primera universidad de iniciativa regia es el College of William and Mary de Virginia en 1693. En cuanto a la órbita francesa, la universidad de Laval en Canadá se atribuye la fecha de 1663, pero, en rigor, ese es el año de fundación del seminario del obispo Montmorency-Laval; no se convirtió en universidad hasta 1852. El resto de las universidades norteamericanas antes de la independencia (hasta ocho incluyendo las dos anteriores) se funda ya en el siglo XVIII.

Lo más notable del modelo virreinal es que funcionó muy bien. En los casi tres siglos que estuvo vigente, la América hispana apenas conoció los trastornos que en ese mismo periodo iban a sacudir a Europa. Hubo, sí, revueltas de colonos, revueltas de indios, revueltas de esclavos, ataques piratas y guerra con el inglés, pero su crónica se escribe con episodios muy concretos, ocasionales sobresaltos en un horizonte que, en resumidas cuentas, fue ostensiblemente más pacífico que el europeo. Hasta ya iniciado el siglo XIX, y en el contexto excepcional de las guerras napoleónicas, no hubo una contestación generalizada contra el sistema. Y sería para ponerle punto final.

¿Cómo era la América virreinal a principios del siglo XIX, justo antes de las independencias y después de tres siglos y medio de hispanidad? Lo sabemos, entre otras fuentes, por el *Ensayo político sobre el reino de Nueva España* del naturalista alemán Alexander von Humboldt, que estuvo varios años en los virreinatos del Perú, Nueva Granada y Nueva España. Humboldt era un ilustrado que apostaba abiertamente por las emancipaciones de los territorios americanos, y su crónica está llena de reproches a las contradicciones que minaban ya la estructura virreinal. Y sin embargo, estas son algunas de sus opiniones: «El agricultor indio es pobre pero libre. Su situación es mucho mejor que la de los campesinos del norte de Europa, en especial rusos y alemanes. El número de esclavos es prácticamente cero (...) ¡Esto debe saberse en Europa! Los mineros mexicanos son los mejor pagados del mundo, reciben de seis a siete veces más salario por su labor que un minero alemán (...). La Nueva España tiene una ventaja notable sobre los Estados Unidos, y es que el número de esclavos, así africanos como de raza mixta, es casi nulo. El número de esclavos africanos en los Estados Unidos pasa de un millón, que es la sexta parte de su población (...). Entre todos los reinos (de España en América) México ocupa actualmente el primer lugar, tanto por sus riquezas territoriales como por lo favorable de su posición para el comercio con Europa y Asia (...). Ninguna ciudad de América, sin exceptuar las de Estados Unidos, puede exhibir tan grandes y solidas instituciones científicas como la Ciudad de México. La capital y otras ciudades de México tienen establecimientos científicos comparables con los de Europa». Para ser el balance de un crítico, no está nada mal.

Y es que las Indias, en efecto, nunca fueron simples colonias. Fueron realmente otra España. Ningún imperio europeo supo hacer nada igual. Y es otra razón para estar orgullosos de la Historia de España.

35

Epílogo

TÚ

Esto es lo que somos. Esto es lo que eres tú, y tus padres, tus abuelos... Somos el país que nació de su herencia romana conservando hasta el nombre. El país que se constituyó por primera vez como unidad política con los bárbaros más romanizados de todos, que fueron los visigodos. El país que tuvo que pelear año tras año, siglo tras siglo, para seguir siendo Europa y no otra cosa, y que en esa lucha se convirtió en valladar de una civilización frente a otra. El país del que nació una lengua que hoy hablan cerca de seiscientos millones de personas y que es la segunda lengua del mundo por número de hablantes nativos.

Somos un país que ha escrito páginas singulares en la defensa de la libertad de la gente, de las personas de carne y hueso. El país donde nacieron las primeras ciudades libres. El que alumbró las primeras cortes con representación popular. El primero que creó una fuerza de policía para garantizar la seguridad de cualquiera en todo el territorio del reino. Aquí tuvimos a las primeras mujeres que impartieron clases en una universidad y también al primer catedrático negro de la historia, todo eso tan temprano como en el siglo XVI. España es el único país del mundo que, después de vencer en una conquista, dictó leyes para proteger a los vencidos. El país donde nació eso que hoy llamamos «derechos humanos». Y tuvimos Inquisición, sí, pero también fuimos los primeros en dejar de quemar brujas cuando toda Europa se volvió loca. Y tuvimos esclavitud, también, pero los esclavos negros de la América inglesa huían a tierra española porque bajo nuestras banderas se vivía mejor.

Tú, tus padres y tus abuelos sois el país que descubrió América. El que abrió las rutas del océano Atlántico con barcos de una fragilidad que hoy nos pasma. El primero que dio la vuelta al mundo y comprobó que la Tierra, en efecto, es redonda y se puede transitar en toda su extensión. Y que después, con esos mismos barcos, se lanzó a la aventura inconcebible de abrir el océano Pacífico, una tercera parte de la superficie del planeta, creando rutas estables que hasta entonces nadie había sabido dibujar. Sois, somos, el país que en poco más de medio siglo descubrió, exploró, conquistó y en buena parte pobló un territorio veinte veces mayor que la península ibérica, que creó el imperio ultramarino más longevo de cuantos han existido y lo mantuvo casi tres siglos frente al acoso permanente de otras potencias. El país que creó el primer ejército moderno, profesional y popular, abriendo un campo que después todos imitarían. En ese camino, de este suelo surgieron centenares de héroes capaces de escribir hazañas que hoy nos parecen inconcebibles, en la guerra y en la paz. Como la epopeya de la primera campaña transoceánica de vacunación para vencer a la viruela. O también como esa otra hazaña, que algún día se reconocerá, de recoger un país roto, atrasado y empobrecido y convertirlo en la novena potencia industrial del mundo en poco más de veinte años.

Ese país que tú eres, como lo son tus padres y tus abuelos, supo crear una civilización. Dio una columna vertebral a la cristiandad europea con el Camino de Santiago. Supo aprovechar el acervo cultural creado durante la dominación islámica con la llamada Escuela de Traductores de Toledo, que permitió recuperar buena parte de la sabiduría clásica. Fue pionero en el campo del conocimiento al concebir las primeras gramáticas de las lenguas modernas, por supuesto la del castellano, pero también las de muchas lenguas amerindias, que gracias a nuestros misioneros tomaron forma y se salvaron de una más que probable desaparición. Este país, que algunos siguen tachando con el estigma del perpetuo atraso, fue el primero que organizó una expedición científica internacional y en nuestros archivos descansan las pruebas de una extraordinaria actividad en el campo de la invención técnica. Aquí nacieron las primeras teorías que daban cuenta de la naturaleza de la economía moderna. Aquí se vivió una de las mayores revoluciones culturales de todos los tiempos en nuestro Siglo de Oro. Aquí nació la novela moderna con *El Quijote*. Y mientras tanto, al otro lado del mar, se iba construyendo un mundo nuevo, que ya no era exactamente España pero tampoco dejaba de serlo, y que iba a alumbrar eso que todavía llamamos «Hispanidad».

Tú eres todo eso. Tú eres la razón número treinta y cinco por la que cabe estar orgulloso de la Historia de España. Por supuesto, tú, y también tus padres e incluso tus abuelos siempre podéis pensar que todo esto no va con vosotros. Que es cosa del pasado. Que vosotros sois otra cosa. También eso, por cierto, forma parte de lo que somos: la autonomía individual es un rasgo muy nuestro. Y bien, sí: hacedlo. Dejad que las hierbas salvajes cubran el cementerio, que el moho recubra los viejos libros, que el óxido pudra las armas, que las polillas devoren las banderas y que se borre toda memoria de lo que fuimos. Creed que la historia del mundo ha comenzado con vosotros. Tenéis esa opción. Pero entonces…, ¿qué sois, qué seremos? Mirad alrededor: ¿de verdad vale la pena ser, simplemente, lo que somos hoy? Y decidme: cuando paséis por cualquiera de nuestras ciudades, ¿cómo haréis para explicaros lo que sois si no guardáis memoria de lo que fuimos? ¿Cómo sabréis adónde ir si no sabéis de dónde venimos? ¿No es más grato pensar que, al fin y al cabo, toda esa larga historia llena de episodios extraordinarios es el árbol del que tú naces? ¿Pensar que, de algún modo, lo que da sentido a ese libro de oro es que en su última página estás tú, y que a ti te corresponde escribir la página siguiente?